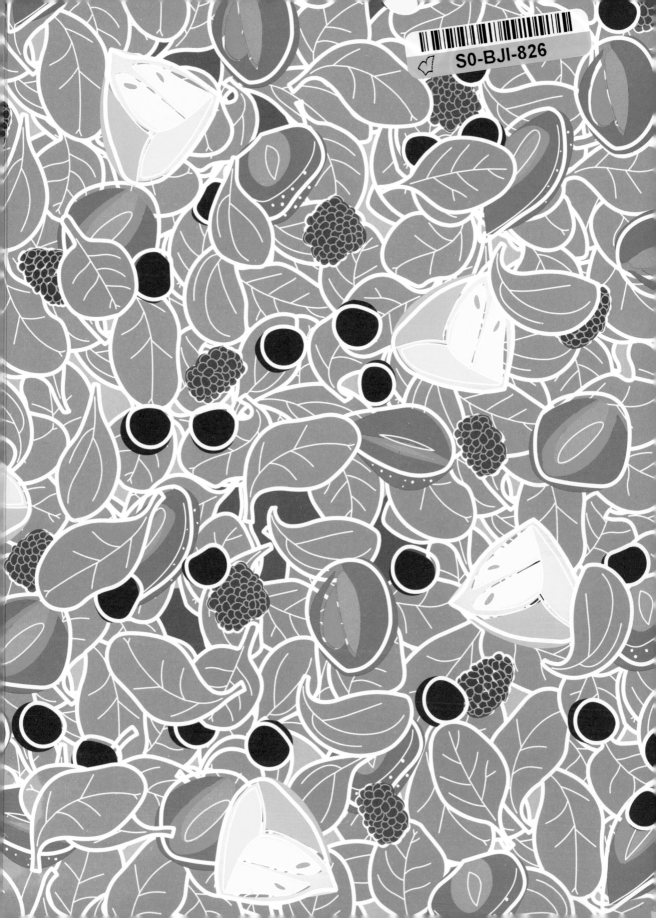

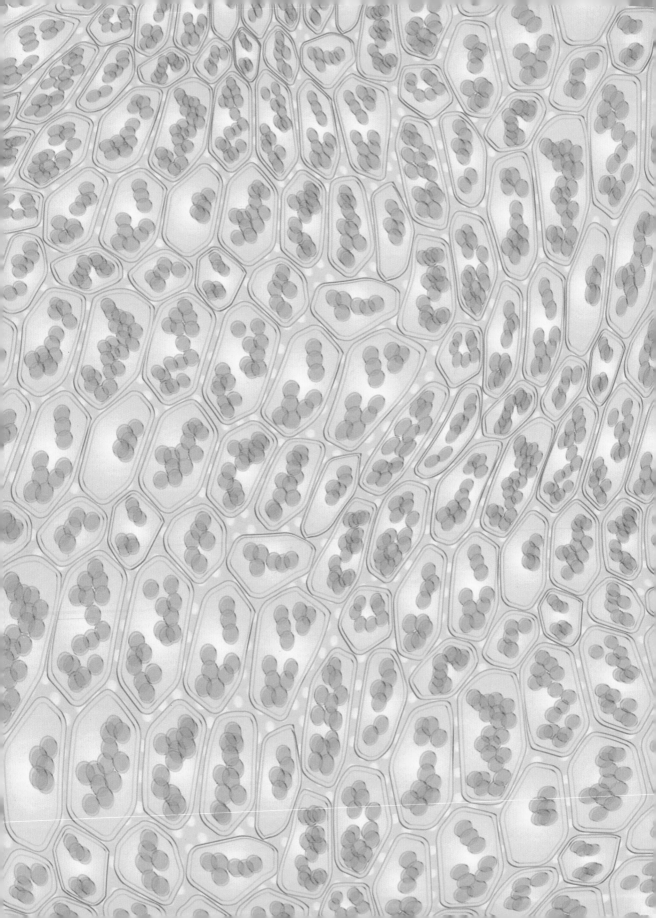

RAW FOOD ANTI-AGING

LA COCINA DE LA LONGEVIDAD:
SALUD, VITALIDAD, CONSCIENCIA y BELLEZA

Consol Rodríguez

U R A N O
Argentina – Chile – Colombia – España
Estados Unidos – México – Perú – Uruguay – Venezuela

1ª edición Abril 2016

Fotografías e ilustraciones: Consol Rodríguez
Gráficos: johnnyrichards.com
Diseño: twice.es

Copyright © 2016 by Consol Rodríguez
All Rights Reserved
© 20165 *by* Ediciones Urano, S.A.U.
Aribau, 142, pral. – 08036 Barcelona
www.edicionesurano.com

ISBN: 978-84-7953-923-8
E-ISBN: 978-84-9944-911-1
Depósito legal: B-18.158-2016

Impreso por: MACROLIBROS, S.L.
Polígono Industrial de Argales – Vázquez de Menchaca, 9
47008 Valladolid

Impreso en España – *Printed in Spain*

El contenido de este libro no sustituye la opinión de ningún médico,
ni pretende desprestigiar ningún tratamiento convencional.

———

Consulta con tu médico o terapeuta cualquier tratamiento natural
y complementario que desees realizar.

Agradecimientos

Este libro ha sido posible gracias al afectuoso apoyo, al interés continuado y al aliento de muchas personas. En verdad, me sorprenden todos los nombres y caras que vienen ahora a mi mente y que llenarían muchas líneas de esta página de agradecimientos. Con algunos he intercambiado opiniones, palabras, comentarios, inquietudes. Con otros, más cercanos a mí, he compartido experiencias, dudas, alegrías, proyectos, talleres, clases, libros, charlas, paseos, cenas y almuerzos.

Sin duda, todos habéis aportado un granito de amor al proceso de gestación de este libro y, sin duda, por esto, os estoy sinceramente agradecida; feliz de saber que, por más o menos lejos que nos encontremos, caminamos juntos.

Sé que no puedo nombraros a todos aquí, pero sí que quiero mencionar con cariño a varias personas sin las que este libro no sería el mismo. Quiero dar gracias a Carmen y a Rolf, por su generosidad, altruismo y su acogida; en especial, gracias a Rolf, por hacerme ver la importancia de entender los orígenes y la evolución de los primeros seres vivos para comprender nuestra propia naturaleza. Quiero dar gracias a Johnny, por el intenso trabajo y la belleza de los gráficos que diseñó para este libro. Quiero dar gracias a Mariano, por su apoyo incondicional, sus valiosos consejos y su opinión sincera y entusiasta sobre el resultado de mis recetas. Y, finalmente, gracias al equipo de profesionales cuyo trabajo de edición, diseño, maquetación y producción ha dado forma final a este libro.

A todos, os estoy infinitamente agradecida.

Para levantar una carga muy pesada,
es preciso conocer su centro.
Así, para que los hombres puedan embellecer sus almas,
es necesario que conozcan su naturaleza.

ROLF BEHNCKE

Presentación

Mi nombre es Consol Rodríguez. Soy formadora en alimentación viva y cocina crudivegana —*raw food*—, artista visual, profesora universitaria y autora del blog **Kijimuna's Kitchen**. Recetas sencillas con alimentos vivos (kijimunas-kitchen.com), donde publico y comparto, desde enero de 2010, recetas crudiveganas y otros artículos de interés relacionados con la alimentación viva y las propiedades curativas y medicinales de los alimentos.

De manera progresiva, después de un tiempo de alimentación vegetariana, decidí adoptar un estilo de vida vegano a finales de 2007, y una alimentación cruda y vegana en 2008. Mi cambio fue motivado por razones éticas y morales al descubrir las atrocidades que se cometen con los animales en granjas, factorías y mataderos para justificar, infundadamente, nuestra supervivencia. A la vez, mi transición progresiva a una alimentación cruda y vegana se debió a cuestiones serias de salud: me diagnosticaron una enfermedad degenerativa muy grave, lupus, que conseguí revertir con un cambio radical en mi estilo de vida, dieta incluida.

Siempre me interesó la salud y la alimentación, y cocinar es algo que me apasiona. Desde 2005, he dedicado gran parte de mi tiempo a leer sobre nutrición y a tratar de conocer el punto de vista de los científicos que actualmente investigan en el campo de las enfermedades degenerativas, cerebro-vasculares, cardiovasculares, autoinmunes... aprendiendo a aplicar métodos preventivos sencillos al alcance de todos para prevenirlas y luchar contra ellas.

Mi filosofía de bienestar se puede resumir en la siguiente frase: *«Moverse como Tarzán, comer como Gandhi, aprender como Jesús»*. Es algo que aprendí de las enseñanzas del científico e investigador Rolf Behncke.* Y, aunque pienso que la imagen que Rolf crea con esta tríada de comportamiento para una vida saludable

* *Podréis encontrar esta referencia en sus Escritos Salud, en www.rolfbehncke.cl*

y rejuvenecedora brilla y se explica por sí misma, vendría a decir: evitar el sedentarismo y practicar ejercicio no estresante a diario (especialmente en ayunas); evitar comer en exceso, comer verduras y frutas —preferiblemente crudas— como base de nuestra alimentación; evitar el trato social tenso sin interés comprensivo por el prójimo, así como el estrés, la ira y el miedo.

Hoy en día hay mucha información disponible sobre las sustancias naturales que se encuentran en los alimentos y sus propiedades bioquímicas capaces de prevenir, impedir e incluso revertir los mecanismos promotores de las enfermedades degenerativas en nuestro cuerpo, y sobre cómo la alimentación y el estilo de vida son clave en esta lucha.

En las teorías sobre alimentación hay muchos mitos sobre los nutrientes que, nos quieren hacer creer, son exclusivos de cierto tipo de alimentos. Pero está científicamente demostrado que no necesitamos proteína animal para vivir de forma saludable, siempre y cuando nos preocupemos de llevar una dieta racional y equilibrada; y que los alimentos más fisiológicos* para el ser humano son de origen vegetal: hojas, verduras, frutas, semillas, frutos secos, brotes, germinados, algas.

El ser humano, durante su historia, ha pasado por diversas fases de hambruna y carencias que le han llevado a incluir en su dieta "alimentos" que no le son tan naturales, ni digeribles ni saludables y que, de no ser cocinados, no se podrían consumir. Estos "alimentos" variados son tanto de origen vegetal (patatas, cereales, berenjenas, legumbres secas, etc.) como de origen animal. Pero para vivir sanos no sólo no los necesitamos, sino que si ingerimos grandes cantidades de ellos a diario, acabamos enfermando. Por otra parte, hay grandes poblaciones tradicionalmente vegetarianas y veganas, como en la India, que han llegado a nuestros días saludables, longevos y activos hasta una edad muy avanzada.

La enfermedad ha sido para mí uno de los mayores regalos que me ha hecho la vida. Porque, de la misma manera que enfermé, conseguí sanar con un cambio de alimentación y de hábitos. De ahí nació lo que ahora es uno de mis proyectos más importantes, Kijimuna's Kitchen. De mi interés por la dieta como medicina, nació el deseo de crear y compilar recetas sencillas, nutritivas y saludables que aprovecharan los beneficios naturales de los alimentos, así como el deseo de compartir este conocimiento con los demás.

---

*Los alimentos fisiológicos son aquellos que nutren, vitalizan y depuran, sin generar residuos. El doctor Seignalet los definía como aquellos alimentos adaptados a nuestro sistema digestivo originario. Desde esta perspectiva, es importante que comprendamos cuál es el diseño original de la fisiología del ser humano. Lo veremos más adelante.

Gracias a este viaje que supusieron para mí los cambios de hábitos diarios, alimentación incluida, conseguí revertir mi enfermedad. Pero eso ya ha pasado a la historia y estoy muy feliz de poder decir que esto ha sido así gracias a incorporar en mi vida sólo alimentos naturales, aquellos que la Naturaleza diseñó para el ser humano, y a la práctica de ejercicio físico diario.

Mis amigos, colegas y familiares cercanos han visto en mí esta transformación increíble. De sentirme una persona debilitada y enferma a estar supervital y cargada de energía. A través de mi blog, empecé a divulgar los beneficios de esta alimentación, y mi opción de vida. Son muchas las personas que conozco que también se han beneficiado de este conocimiento sencillo, adoptando filosofías de vida parecidas, ya sea porque me siguen en la blogosfera y las redes sociales, ya sea porque han asistido a los talleres y clases que imparto desde hace ya unos años. No hay mayor satisfacción para mí que trabajar sabiendo que mi trabajo favorece a tantísimas personas de manera tan positiva.

Desmitificar mitos

Desde pequeños nos inculcan datos y creencias sobre la alimentación que debemos llevar, y que hoy día están científicamente rebatidos. Aun así, es habitual encontrar ataques contra la alimentación vegana que son, más que realidades, mitos infundados. Señal de esto son las habituales preguntas que se formulan a personas que, como yo, han decidido llevar una alimentación basada en plantas con resultados más que positivos. Preguntas como: ¿Y de dónde obtendrás la proteína? ¿Y el omega 3? ¿Y el hierro? ¿Y el calcio? ¿Y la vitamina D? ¿Y la vitamina B12?

Las preguntas parece que nunca se acaban; van relevándose y sucediéndose en el tiempo como si fuesen la última moda, cuando en la mayoría de los casos aquel que pregunta y que, supuestamente, lleva una dieta estándar "equilibrada", no se da cuenta de que lo que realmente necesita una buena revisión es su opción alimentaria y su estado de salud. A lo largo de los capítulos de este libro, iremos viendo más en profundidad a qué mitos responden estas preguntas.

Gran parte de la responsabilidad de la existencia de estos mitos recae en las industrias de la alimentación y de la farmacia, que no tienen interés en que nos alimentemos de manera correcta y gocemos de la salud y la vitalidad que nos ofrece una alimentación basada en plantas. A fin de cuentas, los vegetales —el alimento que la Naturaleza diseñó para nosotros— son ricos en proteínas, azúcares y grasas, y los únicos alimentos donde encontraremos todas las vitaminas que necesitamos, los minerales en su forma orgánica y los antioxidantes imprescindibles para una vida sana, vital, vibrante, sostenible, compasiva, ética, moral y rejuvenecedora.

Una cosa es comer, otra cosa es alimentarse (acto voluntario y consciente de ingerir alimentos para mantener la vida) y otra cosa es asimilar nutrientes. Si perseguimos el cambio a una vida más saludable y no tenemos éxito, puede ser que a nuestra alimentación le falten nutrientes o puede ser que no los asimilemos bien porque nuestros órganos no estén limpios.

Por propia experiencia, estoy convencida de que lo mejor que podemos hacer para cuidar nuestra alimentación es pensar en añadir a la dieta alimentos vivos, llenos de vitaminas, minerales, azúcares y grasas naturales y saludables, aminoácidos esenciales, fibra, enzimas... todo de origen vegetal.

Los cambios, a pesar de todo, deben ser siempre progresivos. No podemos cambiar de la noche a la mañana y esperar un milagro; a nuestro organismo no le gustan los virajes bruscos.

No hay que perder de vista que las "dietas" no lo son todo. Tampoco hay que olvidarse de practicar ejercicio y de descansar: irse a dormir temprano, levantarse temprano y dormir entre 7 y 8 horas cada día. Uno tiene que ser feliz y sentirse satisfecho con su vida emocional, social y laboral. Puedo hacer ejercicio a diario, alimentarme bien, descansar y tener una vida profesional que no me apasione, por ejemplo. Pero lo ideal es cuidarse a todos los niveles. Sin embargo, aquella persona que ya se cuida físicamente, seguro que tiene más vitalidad e iniciativa para realizar cualquier otro cambio de valor en su vida que la que no lo hace.

Hay cambios muy fáciles que podemos realizar en nuestro día a día para llevar un estilo de vida más saludable. Para mí, lo primero sería eliminar los tóxicos de nuestra dieta: alcohol, tabaco, excitantes (cafeína, teína, teobromina, mateína...). Lo segundo, eliminar los refinados (azúcares, harinas...), los procesados y preparados, es decir, todo aquello que viene envasado y preparado sin consciencia y listo para consumir. A cambio, habría que incluir productos frescos tal y como los encontramos en la Naturaleza y preparándolos nosotros mismos con tesón y cariño. Tercero, habría que intentar consumir la mayor parte de alimentos en crudo, un 70 % mínimo de crudos en cada plato. Hay que tener en cuenta que el calor cambia los alimentos a nivel molecular, los debilita y puede incluso crear toxinas muy dañinas (dependiendo de la temperatura y del alimento), eliminar enzimas, vitaminas, degenerar grasas, proteínas... El fuego en la cocina es un desvitalizador. Por último, habría que practicar ejercicio y evitar el estrés, pasear al aire libre con los seres queridos, tomar el sol y no olvidarse de estar en contacto con la Naturaleza. Son todos consejos sencillos que seguro nos van a ayudar a mejorar a pasos de gigante.

Nutrirse y estar sanos son actos claros de responsabilidad ética y moral personal, son actos políticos y sociales, especialmente en el momento en que vivimos, pues la industria alimentaria convencional, la industria farmacéutica y la medicina occidental, en general, sólo velan por sus propios intereses económicos.

Que la mayoría de la población esté enferma y dependa de fármacos carísimos y tratamientos igual o más caros es un negocio bien obvio. Desafortunada y sospechosamente, no se venden fármacos que curen del todo y no se prescriben tratamientos médicos que curen eficazmente enfermedades inflamatorias y degenerativas que no existirían de llevar una dieta correcta y tener una calidad de vida mínima.

Espero que en este libro encuentres inspiración e ideas saludables para ayudarte a construir un día a día saludable y lleno de vitalidad. A mí, el conocimiento que resumo bien brevemente en las siguientes páginas me salvó de una enfermedad muy grave y me dio calidad de vida. Espero que también ilumine tu día a día con la misma luz.

ALIMENTACIÓN *RAW FOOD* O ALIMENTACIÓN VIVA

Introducción:
¿CRUDISMO? ¿CRUDIVORISMO?
¿CRUDIVEGANISMO? O, ¿ALIMENTACIÓN VIVA?

El crudismo o *raw foodism* es la práctica dietética que consiste en consumir alimentos crudos no procesados.

Dependiendo de la filosofía de vida y los resultados deseados, las dietas crudas pueden incluir una selección de frutas, verduras, frutos secos, semillas, brotes, germinados y fermentados como en el crudiveganismo; pueden incluir también yema de huevo, miel y lácteos crudos como en el crudivegetarianismo; o pueden incluir además de todos estos alimentos, carnes, mariscos, pescados y otros productos animales (vísceras o insectos en algunas culturas) como en la dieta paleolítica cruda (esta última excluye lácteos, legumbres y cereales).

El crudismo o *raw foodism* en su forma más pura excluye cualquier producto de origen o explotación animal. Es decir, es de naturaleza 100 % vegetal o basada en plantas (*plant-based nutrition*) y también recibe el nombre de crudiveganismo. En este sentido, el crudismo no es sólo una dieta, sino una filosofía de vida que defiende una alimentación consciente y respetuosa con el propio cuerpo, el respeto y compasión reales por los otros seres sintientes y la sostenibilidad del planeta.

En cualquiera de los casos se persigue siempre el consumo de alimentos orgánicos e integrales, no procesados, no pasteurizados ni homogenizados y que no hayan sido producidos con pesticidas sintéticos, fertilizantes químicos, disolventes industriales ni aditivos químicos. El crudismo defiende que cuanto mayor sea la cantidad de crudos incluidos en la dieta, mayor será su beneficio. Sin embargo, ya se considera cruda una dieta que incluye un mínimo del 70 % de sus alimentos crudos.

Dentro del crudiveganismo existen diversas tendencias, como el frugivorismo, que defiende que el 75 % de la dieta debe estar formada por frutas (en sentido botánico, los tomates, pimientos, pepinos, calabacines y demás hortalizas con semillas se consideran frutas bajas en azúcares) y posiblemente frutos secos y semillas; aquellos que basan su alimentación en zumos recién extraídos en frío de vegetales y que podríamos llamar "zumarianos" —que traduzco libremente del término en inglés *juicearianism*—; o aquellos que defienden que la base de la alimentación deberían ser brotes y germinados y que podríamos llamar "brotarianos" —como sería la derivación del término en inglés *sproutarianism*.

Como sistema de alimentación, en la propuesta crudista se preparan los alimentos sin fuego ni cocción ni sometimiento a temperaturas superiores a los 38-42 °C. De esta manera, se preservan sin alterar los tan preciados macronutrientes (carbohidratos, grasas, proteínas), los micronutrientes (vitaminas, sales minerales, oligoelementos, fitonutrientes) y la estructura molecular de los alimentos; se evita la generación de tóxicos propia de la cocción a altas temperaturas; se preservan las enzimas —de vital importancia para la eficacia digestiva y la salud en general—; se aumenta la asimilación de nutrientes; se limpia el intestino y se desintoxica el organismo mientras se nutre y se hidrata.

Las raíces científicas del crudismo o *raw foodism* se asentaron en EE.UU. hace unos 170 años dentro del movimiento Natural Hygiene, y en Europa por los miembros del movimiento Vuelta a los Orígenes, en Alemania. El higienismo natural sostiene que **la salud es el estado normal de todos los organismos vivos y que se mantiene a través de procesos naturales de sanación iniciados por el propio organismo.** Sostiene también que la salud es responsabilidad personal de cada individuo, y que una salud vibrante se logra sólo por la aplicación concienzuda de prácticas de vida saludables en todas las áreas de la vida de cada individuo.

Desde entonces, la práctica del *raw foodism* y sus bases científicas han dado muchas vueltas y han pasado por las manos de muchos; algunos de ellos gurús e iluminados que, la mayoría de las veces, más que transmitir la esencia pura, científica y vitalizante de este sistema de alimentación y estilo sobrio de vida, han creado confusión con sus propias propuestas esotéricas, mágico-dietéticas e histriónicas, muy alejadas del origen científico y filosófico del movimiento.

Pero el estilo de vida propuesto por el *raw foodism*, que tan sofisticado suena en inglés, es una filosofía mucho más antigua y sensata que se remonta más allá de estos escasos dos siglos y que responde mejor a la naturaleza de su otro nombre, menos conocido, pero más ilustrativo: ***living foods*** o **alimentación viva.**

Durante toda nuestra vida, debemos defender la integridad
de nuestro organismo contra las peligrosas influencias de nuestro entorno.
Es fundamental comprender que el contenido de nuestro tubo digestivo
forma parte de este medioambiente.
Es en este aspecto en el que más frágiles somos y menos protegidos estamos.
Doctora CATHERINE KOUSMINE

Si tuviésemos que datar el final de la ancestral alimentación natural cruda de los primeros homínidos, a no pocos se les ocurriría que este fin coincidió con la aparición del uso del fuego, hace unos 300.000 años. Este enfoque, sin embargo, es demasiado simplista.

Aunque parece que el uso del fuego para la preparación de algunos (pocos) alimentos data de esas fechas —especialmente raíces y tubérculos almidonosos que no se pueden digerir en crudo—, **el uso del fuego para preparar nuestros alimentos de cada día es algo mucho más reciente**. Debemos, primero, considerar la limitada disponibilidad energética y tecnológica que requiere este tipo de preparaciones. De hecho, muchas culturas longevas han heredado métodos ancestrales de preparación de los alimentos que poco tienen que ver con el uso del fuego y mucho que ver con la salud. Métodos como la fermentación, la maceración, la deshidratación al sol o la germinación datan de épocas prehistóricas y han llegado a nuestros días con gran prestigio.

El consumo puntual de carne, primer hábito que se aparta de la fisiología digestiva de los homínidos originales, como recurso de supervivencia en épocas de carencias, está datado de hace unos dos millones de años, bastante antes del uso del fuego —que es el segundo hábito alimentario que se aparta de nuestra fisiología—. Esto nos lleva inevitablemente a darnos cuenta de que las primeras presas del ser humano para su forzada supervivencia eran consumidas en crudo o eran las sobras que abandonaban otros animales, por naturaleza carnívoros; es decir, se trataba de carne en proceso de descomposición al más propio estilo de los animales carroñeros.

El tercer fenómeno transcendente que cambió la manera de alimentarse del ser humano fue la aparición de la agricultura y de la actividad pastoril y ganadera, que tienen unos 8.000 años de antigüedad.

El cuarto fue la introducción del uso de los endulzantes derivados de la caña de azúcar en los alimentos a finales del siglo X en las clases pudientes, y su uso generalizado en toda Europa durante el siglo XVI con el cultivo de la caña de azúcar en América.

El quinto data de apenas 80 años, coincidiendo con la Segunda Guerra Mundial, y fue la industrialización en la producción masiva de los alimentos, con la consecuente modificación y globalización de las diferentes culturas alimentarias.

La distancia entre los cambios en este catastrófico calendario se va acortando a medida que se van sumando. Teniendo en cuenta que los homínidos habitan el planeta desde hace unos cinco millones de años y que se estima que se necesitan unos 100.000 años de adaptación evolutiva positiva, entenderemos perfectamente que nuestra fisiología digestiva (enzimas, mucinas digestivas) está lógicamente desadaptada no sólo ante estos cambios clave, sino ante los muchos otros que de estos se han derivado recientemente (refinación, procesamiento, cruce artificial de plantas, modificaciones genéticas de cultivos, uso de químicos en la agricultura, procesamiento de alimentos, uso de colorantes, conservantes y saborizantes artificiales...)

Pasando de la prehistoria del crudismo a su historia, el primer testimonio escrito de una filosofía alimentaria similar se encuentra en el Evangelio Esenio de la Paz, traducido del arameo al latín por san Jerónimo en el siglo IV d. C.

En este Evangelio se describen las costumbres y la filosofía de los esenios, una comunidad judía de vida muy austera cuyo origen se remonta al hijo adoptivo de Moisés, Esén, unos 1.500 años a. C. En estas comunidades se dice que vivió Jesús y que esta filosofía de vida fue una gran influencia en el cristianismo original.

En su Evangelio se encuentran recogidas las normas de vida adoptadas por estas comunidades para la longevidad, junto con recomendaciones dietéticas para una opción alimentaria vegetariana estricta (vegana) y crudista. Entre los métodos de preparación de los alimentos ya figuran la activación, la germinación de semillas y la deshidratación al sol.

Más cercano a nuestros días, a principios del siglo XX, el médico y nutricionista suizo Maximilian Bircher-Benner fue el primero en hablar específicamente de crudismo, defendiendo que frutas y hortalizas, por su capacidad de realizar la fotosíntesis, atesoran la inteligencia natural para almacenar la energía solar y traspasarla a quien las come.

Le sigue el higienista natural Herbert Shelton, investigador y defensor del higienismo natural y el ayuno. Entre otros libros de interés, Shelton es autor de *La combinación de los alimentos*, una obra práctica que te recomiendo como tu imprescindible guía diaria si quieres iniciarte en el arte de la buena alimentación. En cada capítulo de este libro, el doctor Shelton nos redescubre el mundo perdido de nuestros instintos alimentarios y explica, de manera científica pero asequible, las bases naturales de una alimentación fisiológica saludable, combinando alimentos para una correcta digestión y una óptima asimilación de los nutrientes, algo que parece que hayamos olvidado en el largo transcurso de la evolución de las especies.

A estos dos verdaderos pioneros de la alimentación viva se suman otros muchos nombres de importancia que defienden que, aunque el hombre lleve cociendo sus alimentos durante miles de años, está biológica y fisiológicamente preparado para comer sin utilizar el fuego como hizo durante millones de años y como hacen todos los animales. Ignorar esta lógica natural desemboca en las consecuencias indeseables que podemos contemplar hoy día: ningún otro animal del planeta cocina ni procesa sus alimentos, y ningún otro animal en el planeta, excepto el ser humano y sus animales domésticos, se ve aquejado por tantos padecimientos y enfermedades.

¿Comer o devorar?

Cada día hablamos sin pararnos a pensar por qué se utilizan muchas veces palabras diferentes para actos de naturaleza muy similares. Podemos decir que un animal come o que un animal devora para describir el mismo acto de ingerir alimentos de manera consciente y voluntaria. Pero ¿son "comer" y "devorar" la misma cosa? ¿Puedo decir que una vaca devora pasto y amapolas? ¿Puedo decir que un jilguero devora su alpiste? ¿Puedo decir que un león devora una gacela? ¿Puedo decir que un cerdo devora una manzana? ¿Puedo decir que un orangután devora unas frutas? ¿O que un orangután devora unas hormigas? ¿Puedo decir que un lince devora un conejo?

Pensemos unos instantes sobre el uso de estas dos palabras.

¿Qué ocurre si en vez de utilizar la palabra "devorar" utilizamos la palabra "comer" en los ejemplos anteriores? En algunos casos, puede sonar incluso infantil utilizar el verbo "comer" en vez de utilizar "devorar"; mientras que en otros encaja a la perfección.

Lo que parece claro, aunque intuitivo, es que el uso del verbo "devorar" está relacionado con animales carnívoros, cuya alimentación el ser humano siente como violenta: perseguir, cazar, desgarrar las presas con los dientes e ingerirlas inmediatamente para mantener el alimento lo más fresco posible, sin preludios, rituales, envasados, salteados, condimentados, ni cubiertos ni tiempo de poner la mesa.

Curiosamente, el verbo "devorar" tiene también otros usos menos literales —"devorar con los ojos"— y más poéticos —como en las canciones *pop* pasionales— que se utilizan normalmente en contextos donde encontramos ansiedad, pasión, deseos carnales... Parece ser que el verbo "devorar" esté vinculado a las pasiones bajas o instintivas y, en alto grado, a su relación con la carne, sea esta una conexión literal o figurada.

Volviendo al uso más básico del verbo "devorar" como sinónimo de "comer", ¿no es curioso que el término no nos resulte biensonante para describir la acción de alimentarse de todos los animales por igual? Muchas veces no prestamos suficiente atención al lenguaje, aunque parece que, como en este caso, resida en él la historia evolutiva del ser humano y, con ella, del resto de las especies. "Devorar" lo utilizamos con animales de actitud fiera y naturaleza ofensiva, mientras que "comer" lo utilizamos con animales de actitud tranquila y naturaleza no ofensiva.

De la misma manera que nos parecería aberrante dar de comer carne a una gacela, o una ensalada a un lince, el ser humano, igual que los otros animales, debería alimentarse de los alimentos que le son biológicamente específicos y para los cuales está adaptada su fisiología. Estos alimentos no son la larga lista de comestibles con la que estamos familiarizados hoy en día, sino muy pocos alimentos y, definitivamente, ninguno de los procesados que la industria alimentaria nos ha hecho creer panacea de salud.

Por otra parte, estamos acostumbrados a los enfoques nutricionistas que nos dictan las proporciones de micro y macronutrientes que deben incluirse en nuestras dietas en base a los resultados de tests, análisis químicos e investigaciones llevados a cabo en laboratorios.

De estos estudios resultan fórmulas con las cantidades exactas que una persona (dependiendo de su sexo, complexión, edad y actividad física y/o intelectual) necesita consumir de cada nutriente por día: cuánta proteína, cuántas calorías, cuánto calcio, cuánto hierro, cuánto omega 3, etc. Al final, si seguimos este acercamiento, acabaremos comiendo según listas, tablas, gráficos y porcentajes. Comeremos tanta cantidad de sésamo por su calcio, tanta cantidad de aceite de lino por su omega 3, tanta cantidad de frutos secos por su selenio, tanta cantidad de ajo por su azufre, tanta cantidad de espárragos por su ácido fólico..., y cuando no seamos capaces de conseguir el tiempo ni los alimentos adecuados para completar cada misión nutritiva, es posible que acabemos utilizando suplementos por comodidad.

¿Realmente tiene lógica este acercamiento para el día a día saludable de cualquier persona? ¿Cómo hicieron nuestros antepasados para sobrevivir hasta nuestros días? ¿Cómo lo hacen los animales salvajes para comer saludablemente sin seguir pautas de laboratorio?

Según el higienismo natural, lo más efectivo sería **seguir una lógica biológica para volver a reencontrarnos con nuestra verdadera dieta original.** ¿Qué lugar ocupa el ser humano en la Naturaleza? Y, en base a este lugar, ¿cuál sería nuestro comportamiento dietético ideal?

¿De qué se compone una dieta crudivegana saludable?

**Alimentos medicinales:
incluir en pequeñas cantidades**

Sol.

Microalgas o algas de lago.
Aceites de primera presión en frío.
Endulzantes naturales.

Verduras del mar: nori, dulse, musgo irlandés,
arame, wakame, cochayuyo, kelp...
Levadura nutricional. Superalimentos. Setas.

Hierbas aromáticas y silvestres: romero, tomillo,
perejil, cebollino, cilantro, eneldo, orégano...
Microgreens: hoja de mostaza, rúcula, berros...
Zumos frescos de hierba de trigo, de hierba de cebada.
Agua de mar isotónica.

**Proteínas, aminoácidos, dulces:
incluir moderadamente**

Zumos de frutas muy dulces.
Fruta seca: piña, peras, dátiles, pasas, mango,
ciruelas, manzana, orejones...

Frutos secos activados.
Pseudocereales activados, germinados y en brotes.
Leches vegetales.
Zumos de vegetales y zumos de frutas recién hechos.

Semillas activadas, brotes y germinados: de zanahorias, de brócoli, de espinacas, de berros, de alfalfa, de
tréboles, de fenogreco, de girasol, de calabaza...

**Alimentos base:
incluir abundantemente a diario**

Frutas frescas orgánicas jugosas.
Bulbos: hinojos, cebollas, chalotas, ajos...
Vegetales de raíz: zanahorias, remolachas, nabos, rábanos...
Verduras crucíferas: coles de Bruselas, brócoli, coliflor,
bok choy, coles.
Verduras y hortalizas: tomate, pimiento, calabacín, pepino...

Verduras de hoja: kale, espinacas, lechuga, endivias,
acelgas, col, escarola...

Agua purificada, agua de manantial.

Los tres principios

Para mí hay tres principios lógicos a seguir en el día a día para conseguir una nutrición completa, natural y lógica.

1 CONSUMIR AQUELLOS ALIMENTOS QUE LA NATURALEZA DISEÑÓ PARA MÍ.

2 CONSUMIR LOS ALIMENTOS DE LA MANERA MENOS ELABORADA POSIBLE Y PREFERIBLEMENTE CRUDOS, COMBINARLOS LO MEJOR POSIBLE PARA UNA MEJOR DIGESTIÓN Y ASIMILACIÓN DE NUTRIENTES Y PERMITIRME DE CUANDO EN CUANDO ALGÚN CAPRICHO ELABORADO EN CASA CON MIMO Y CREATIVIDAD, CON AMOR E INTENCIÓN, quizá menos ligero y más difícil de digerir, pero ideal para disfrutar y compartir con la familia y amigos y sentirme feliz con mi dieta.

3 PRESTAR ATENCIÓN Y RESPETAR TANTO COMO PUEDA OTROS FACTORES PARA UNA NUTRICIÓN Y SALUD ÓPTIMA: DORMIR Y DESCANSAR LO SUFICIENTE, PRACTICAR EJERCICIO, EVITAR HÁBITOS POCO SALUDABLES (consumir excitantes, medicamentos, drogas, alcohol, ir con compañías "tóxicas", etc.)

PRIMER PRINCIPIO: CONSUMIR AQUELLOS ALIMENTOS QUE LA NATURALEZA DISEÑÓ PARA MÍ

Las dietas de los demás animales están restringidas al consumo de unas pocas categorías de alimentos, y son los alimentos que pueden digerir mejor, sin enfermar, sino nutriéndose y desarrollándose de manera saludable y sin carencias. Aunque parece ser que el animal humano es el único capaz de comer absolutamente de todo. ¿Será esto natural?

Según la biología, la forma de los dientes y del aparato digestivo en los animales es de vital importancia para determinar el tipo de alimentación natural que les corresponde.

A diferencia de los animales **carnívoros**, el ser humano carece de caninos poderosos, largos y cónicos. Al cerrar las mandíbulas, los caninos de los animales carnívoros se entrelazan entre sí, sin permitir el movimiento lateral (izquierda y derecha) de las mandíbulas. Precisamente este movimiento lateral es de gran utilidad al ser humano a la hora de masticar frutas y vegetales. Los animales carnívoros carecen de este movimiento mandibular; sus dientes están diseñados para desgarrar y tragar enteros los pedazos de la carne de sus presas.

Los animales carnívoros no necesitan masticar tanto; pueden producir jugos gástricos tan ácidos que son capaces de digerir carne cruda sin apenas masticar e incluso huesos. Nuestros jugos gástricos son muy débiles en comparación, y todos los alimentos que digerimos deben ser previamente masticados e insalivados a conciencia para que no salgan de nuestro cuerpo casi de la misma manera que entraron.

Como acabamos de ver, no sólo los dientes, sino todo el sistema digestivo es importante para determinar a qué grupo alimentario pertenecen los distintos animales según su fisiología.

La Naturaleza ha dotado a los animales carnívoros (como el tigre o el león) de una estructura ósea depredadora: garras, mandíbulas fuertes, con incisivos, caninos, molares acuminados y lengua rasposa. A su vez, tienen pocas glándulas salivares y no producen ptialina —la enzima que inicia la digestión de los almidones—; su tubo digestivo es corto —aproximadamente 3 veces el tamaño de su tronco— para poder eliminar rápido la carne sin que se produzca putrefacción en el interior de su organismo—, y sus jugos gástricos son muy ácidos —10 veces más que los de un animal herbívoro— para poder digerir las proteínas animales. Producen ureasa —una enzima que les permite neutralizar el exceso de ácido úrico—, no tienen poros en la piel —así evitan la cristalización del ácido úrico que les provocaría artritis—, y tienen la orina ácida. El tránsito intestinal de su bolo alimenticio es de unas 2-4 horas. Son animales potentes y rápidos, pero de poca resistencia física.

Los **herbívoros** (como el elefante o la vaca) son animales de estructura fuerte pero no agresiva. Su dentadura no tiene incisivos superiores para morder frutas ni caninos para desgarrar carne; sus molares están diseñados para triturar hierba y hojas; tienen la lengua lisa, su mandíbula permite movimientos laterales para triturar bien la fibra de hierbas y plantas, y su saliva es alcalina y produce ptialina. Su tubo digestivo es largo —20 veces el largo de su tronco—, el estómago tiene tres partes —para ayudar a triturar y digerir la fibra vegetal—, los jugos gástricos son poco ácidos y la orina es alcalina. El tránsito intestinal de su bolo alimenticio es de unas 40 horas.

Aunque capaces de adaptarse a una dieta más variada, los animales omnívoros (como el cerdo o el jabalí) mantienen características de los animales carnívoros. Son agresivos, de incisivos desarrollados, molares con pliegues, saliva ácida y lengua lisa. Su tubo digestivo es más largo que el de los animales carnívoros —8-10 veces el largo de su tronco—, producen jugos gástricos muy ácidos y orina muy ácida. El tránsito intestinal de su bolo alimenticio es de unas 6-10 horas.

Los animales **frugívoros** (como el orangután o el gorila) tienen una estructura física fuerte pero no ofensiva. Sus lenguas, lisas, contienen miles de glándulas salivares capaces de producir ptialina y una saliva alcalina; los incisivos están bien desarrollados, los molares son planos; el estómago tiene duodeno, el tubo digestivo tiene una longitud aproximada de 10-12 veces el largo de su tronco, los jugos gástricos son poco ácidos y su orina es alcalina. El tránsito intestinal de su bolo alimenticio es de unas 15-18 horas, y más que potentes, rápidos o resistentes, son ágiles.

El **ser humano** tiene una estructura física no ofensiva, sin garras sino con uñas planas; su saliva es alcalina, su lengua dispone de numerosas glándulas salivares, con lengua lisa, capaz de producir ptialina; su mandíbula es débil y capaz de movimientos laterales, con incisivos bien desarrollados y molares planos. El estómago tiene duodeno, el tubo digestivo es unas 12 veces más largo que su tronco, y sus jugos gástricos son poco ácidos (unas 20 veces menos ácidos que en los carnívoros). El ser humano no produce ureasa, dispone de glándulas sudoríparas repartidas por todo el cuerpo y su orina tiene tendencia alcalina. El tránsito intestinal de su bolo alimenticio es de unas 15-18 horas.

Pero ¿podríamos considerarnos animales **granívoros** o, al menos, algo graní-voros? ¿No debieron pensarlo así aquellos que diseñaron la pirámide alimentaria en cuya base encontramos alimentos feculentos y almidonosos (cereales, tubér-culos, legumbres secas)?

Muchas aves están adaptadas a una alimentación granívora. Se alimentan bási-camente de una serie de semillas ricas en almidón (cereales y pseudocereales), además de pequeños insectos, frutas y brotes, que también necesitan de una fisio-logía específica para su correcta digestión y la asimilación de sus nutrientes. Las aves tienen una compleja estructura digestiva con buche y dos estómagos, poseen un sistema cardiopulmonar mucho más potente que el del ser humano, adecuado al metabolismo del almidón, y gastan rápidamente el gran aporte energético de estos alimentos a través del gran esfuerzo físico que supone el vuelo.

Es sabido que, **con el inicio de la agricultura, el ser humano empezó a contro-lar cultivos que antes encontraba de manera mucho más escasa en campos y bosques, pudiendo así sobrevivir a las épocas de hambrunas y carencias tra-bajando la tierra. De esos cultivos obtenían granos y legumbres que, una vez secos, se podían almacenar fácilmente, para después consumir rehidratán-dolos y cociéndolos. Fueron alimentos que ayudaron al ser humano a sobre-vivir durante los períodos de escasez.**

Sin embargo, hoy día se usa y abusa, de manera innecesaria, de este tipo de productos. Se nos ha inculcado que los cereales deben ser la base de nuestra alimentación, aunque no deja de ser revelador el gran número de intolerancias, alergias, enfermedades autoinmunes, degenerativas e inflamatorias relacionadas con el consumo excesivo de cereales (con gluten y sin gluten), pseudocereales (sin gluten) y otros productos almidonosos (legumbres secas, raíces y tubérculos).

En su libro *La revolución verde*, Victoria Boutenko compara la dieta estándar americana, basada en un alto consumo de cereales y un relativo bajo consumo de frutas y verduras, con una dieta crudivegana mal entendida o la dieta típica de un *foodista raw* —consumo excesivo de grasas, semillas, frutos secos y frutas dulces deshidratadas, zumos de frutas sobre todo dulces, frutas frescas dulces y muy dulces, azúcares y siropes— y la dieta de uno de los primates que, genéticamente, se acerca mucho al ser humano, el chimpancé. Las diferencias de dieta en el grá-fico son muy reveladoras de lo lejos que están estos dos acercamientos "saluda-bles" a la dieta natural de nuestros familiares evolutivos con los que compartimos un 99 % de nuestra herencia genética.

Dieta del chimpancé vs. dieta americana estándar vs. dieta típica de un *foodista raw*

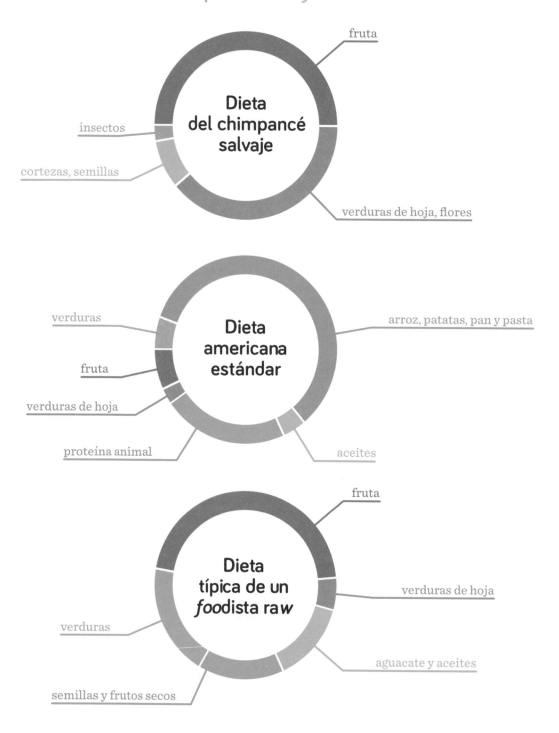

Dieta del chimpancé salvaje
- fruta
- insectos
- cortezas, semillas
- verduras de hoja, flores

Dieta americana estándar
- verduras
- fruta
- verduras de hoja
- proteína animal
- arroz, patatas, pan y pasta
- aceites

Dieta típica de un *foodista raw*
- fruta
- verduras de hoja
- verduras
- semillas y frutos secos
- aguacate y aceites

Por otra parte, **nuestra actual dieta mediterránea está muy lejos de la verdadera dieta variada mediterránea original basada en el consumo de verduras y frutas.** Hoy día nuestra dieta se asemeja mucho más a la *Standard American Diet.*

———

La primera pirámide alimentaria fue publicada en Suiza en 1974. En su base, esta pirámide mostraba cinco tipos de alimentos en los que sugería en qué se debía basar una alimentación saludable. Estos alimentos incluían la leche, el queso, la margarina, el pan, los cereales y las patatas. Una segunda y amplia sección mostraba alimentos considerados como suplementarios: los vegetales y las frutas. La cúspide de la pirámide quedaba reservada para un pequeño grupo de alimentos también considerados complementarios: la carne, el pescado y los huevos.

Esta primera pirámide ha sufrido muchos ajustes y transformaciones a lo largo de los años. Pero, sin duda, la transformación más conocida y que aún hoy en día muchos, de manera errónea, consideran como saludable y vigente, es la pirámide alimenticia elaborada y publicada en 1992 por el USDA (Departamento de Agricultura de Estados Unidos). En ella, se recomendaba como saludable incluir en una dieta para un adulto de 6 a 11 raciones de alimentos almidonosos (pasta, arroz, pan, cereales en general), de 3 a 5 raciones de vegetales, de 2 a 4 raciones de fruta, de 2 a 3 raciones de lácteos (leche, yogur, quesos), de 2 a 3 raciones de proteína animal, y se recomendaba el uso moderado de grasas, aceites y dulces. Es decir, el protagonismo seguía descansando sobre los alimentos almidonosos.

Esta misma pirámide ha sufrido dos adaptaciones posteriores: *MyPiramide* elaborado también por el USDA en 2005 y *MyPlate,* elaborado en 2011 por el Gobierno de EE.UU., proyecto liderado por la primera dama Michelle Obama, donde la pirámide se convierte en un plato dividido en los grupos de alimentos considerados como básicos. En cada nueva versión de estas guías visuales, las porciones de alimentos almidonosos y proteicos han sufrido reducciones consecutivas en favor del aumento del consumo de verduras y frutas y en detrimento del consumo de grasas, aceites y azúcares, que en su última versión de *MyPlate* ni siquiera son mencionados.

Aun así, el papel asignado a los alimentos almidonosos sigue siendo privilegiado y, hoy en día, cada vez estamos más familiarizados con condiciones y enfermedades degenerativas relacionadas con el consumo excesivo de estos alimentos (diabetes, alergias, celiaquía, colon irritable, Chron y un largo etcétera).

El técnico en nutrición Néstor Palmetti, en su libro *Nutrición vitalizante*, explica con todo lujo de detalles qué implica y qué requiere la digestión y asimilación de los almidones complejos en granos y tubérculos, alimentos de los que se abusa y se nos anima a abusar en nuestra dieta contemporánea, poniéndolos en la base de una supuestamente equilibrada pirámide alimentaria.

Según Palmetti, el almidón es uno de los elementos más abundantes en la actual alimentación humana. Se consume a diario de manera masiva en granos (cereales, legumbres y sus derivados), tubérculos (patatas, ñame, yuca, etc., y sus derivados) y en algunas hortalizas y frutas. Estos almidones son un nutriente de reserva, la manera que tienen algunas semillas (cereales y pseudocereales), legumbres, tubérculos, hortalizas y frutas de almacenar los azúcares (glucosa) necesarios para el crecimiento; pero el almidón, tal cual, es tóxico para el ser humano.

Desde hace unas décadas, el ser humano ha venido incorporando este combustible botánico en su dieta como el principal carbohidrato generador de combustión celular.

Sin embargo, para que el almidón no se convierta en una importante fuente de toxemia, se necesitan cumplir ciertas condiciones metabólicas. La toxemia corporal, fruto del consumo de almidones, es favorecida por la excesiva permeabilidad intestinal, que permite que se incorporen al flujo sanguíneo las moléculas intactas de almidón, causa de gran número de enfermedades crónicas y degenerativas.

Además del consumo excesivo de almidones naturales (algunas hortalizas y frutas, cereales, legumbres y tubérculos), se unen al problema las modificaciones genéticas, la popularización de la molienda en la producción de harinas y el avance de los métodos industriales que ha permitido procesos de refinamiento impensables tan sólo hace unos años (la finísima harina grado 00000, la ligera, inmaculada y blanquísima maicena). Estos procesos eliminan las sinergias del resto de elementos de la planta integral: el germen, la fibra, los minerales, las proteínas, las vitaminas o las vitales e insustituibles enzimas. A su vez, esto impide llevar a cabo las tradicionales técnicas de preparación de las semillas para su consumo, que contribuyen a una mejor digestión y absorción de nutrientes gracias al desdoblamiento del almidón en azúcares simples: hidratación, activación y cocción.

Estos requisitos clave no sólo son imposibles debido a la industrialización de la molienda, sino a los métodos de panificación industriales e incluso artesanos que utilizan estas harinas que, generalmente, ya incluyen agentes leudantes rápidos y añadidos que mejoran la textura de los panificados y que reducen enormemente los tiempos de remojo y fermentación natural.

Si añadimos a esto el escaso tiempo que dedicamos a comer con calma e insalivar correctamente nuestros alimentos, la ausencia de enzimas alimentarias —escasez de crudos y fermentos naturales en la dieta—, la debilidad de la flora intestinal y la permeabilidad de su mucosa, tendremos un cuadro que explica por sí solo muchos estados de salud relacionados con el consumo de almidones.

Señala también Palmetti, citando al profesor Prokop, de la Universidad de Berlín, que *«se pueden encontrar gránulos de almidón en la sangre, minutos o media hora después de la ingesta». Como estas moléculas no son solubles en sangre, el organismo las detecta como moléculas tóxicas, «lo cual puede generar: microembolias, muerte neuronal, coagulación, hemorroides, cálculos, hígado graso, moco, tumores...»*

Para poder ingerir el almidón sin que esto ocurra, debemos someterlo a cocciones prolongadas que transformen el almidón en azúcares asimilables. Sin embargo, el resultado de esta cocción es una sustancia completamente desvitalizada, extraña, artificial y patológica, sin vitaminas ni nutrientes reconocibles por nuestro organismo.

Esta aparente pesadilla del complicado consumo, preparación y procesamiento de los almidones, no lo es tal, ya que podemos cubrir nuestras necesidades de hidratos de carbono consumiendo frutas frescas y verduras, que contienen azúcares simples de fácil digestión y fácil asimilación. Los almidones no son imprescindibles en nuestra dieta, sobre todo si vivimos en sociedades donde la superabundancia alimentaria nos brinda un gran abanico de alimentos frescos y saludables que no necesitan cocción.

Pero ¿qué sucede si disponemos de los cereales integrales, el tiempo y dedicación para su preparación con remojo, activado, cocción y masticación para su correcta digestión? Podríamos entonces realizar el desdoblamiento de los almidones de manera correcta, pero la elevada densidad de carbohidratos que contienen almidones y tubérculos resultaría inadecuada para nuestra fisiología.

Sólo los animales granívoros poseen los mecanismos fisiológicos adecuados para gestionar la gran cantidad de azúcares que circulan en sangre al ingerir

granos amiláceos. Las aves, debido a las exigencias calóricas del vuelo, consumen grandes cantidades de energía. Disponen también de una eficiente estructura cardiopulmonar que les permite mantener tal cantidad de azúcar en sangre en movimiento y responder a la demanda del metabolismo de hidratos de carbono.

Hoy en día, el ser humano tiene un estilo de vida sedentario y no realiza actividades de alta intensidad y duración que requieran tanta energía como el vuelo de las aves —aunque se podría pensar en excepciones como la práctica de algunos deportes de élite—. Según nos explica Palmetti, consumir cereales como base de la alimentación *«trae aparejada la necesidad de disipar el exceso de azúcar circulante, por lo cual se advierte abundante calor en el cuerpo tras su consumo. Esto acarrea hiperactividad del páncreas, que debe poner en marcha, con el auxilio del hígado, un mecanismo para convertir rápidamente el azúcar simple en glucógeno de reserva. Este proceso debe invertirse nuevamente en caso de necesidad, volviendo a convertirse el azúcar de reserva (glucógeno) en azúcar simple (glucosa)».*

El carbono y el hidrógeno que componen las cadenas de los azúcares terminan convirtiéndose (por oxidación) en dióxido de carbono (CO_2) y agua (H_2O). La cantidad de oxígeno necesaria para llevar adelante el metabolismo gaseoso exige al sistema respiratorio de manera continua. Por esa razón los pájaros están dotados de los sacos aéreos, una especie de estructuras suplementarias de los pulmones que les permiten almacenar e insuflar el suplemento de oxígeno necesario para la oxidación del abundante volumen de carbono e hidrógeno circulante en sangre.»

Pero no sólo se necesita producir mayor cantidad de oxígeno para quemar estos azúcares, sino que para hacerlos circular con rapidez y por largo tiempo, las aves cuentan con un corazón mucho más potente que el humano, pues alcanza, en algunos casos, el 10 % de su peso. Utilizando el mismo ejemplo que nos ofrece Palmetti, es como si un ser humano de 70 kg de peso tuviese un corazón de 7 kg, cuando el peso aproximado del corazón, según el *Journal of the American College of Cardiology*, de un hombre adulto es aproximadamente de 300 g y de unos 500 g en el caso que practique ejercicio intenso regular.

Esto nos lleva a concluir que el aparato cardiopulmonar humano se somete a una gran exigencia tras una comida de cereales; que la gran cantidad de azúcares producidos por una comida rica en cereales no consigue ser utilizada y, por lo tanto, se acumulará en nuestro organismo, y que los cereales y sus almidones suponen una fuente de toxemia añadida que acabará traduciéndose en la pérdida de vitalidad del individuo.

Y acaba Palmetti: *«La fatiga y el desgaste cardiopulmonar son moneda corriente en los grandes consumidores de cereales. Esto es fácil de comprobar a través de la amplificación del pulso cardíaco durante la digestión, aumentando las pulsaciones como si se hiciese un ejercicio físico importante.*

Todo esto se agrava notablemente por un detalle no menor. Nadie consume sólo cereales. [...] El proceso de germinación se convierte en una alternativa de consumo más lógica y eficiente, sobre todo en el caso de individuos con desorden de salud.

Esto no quiere decir que no puedan consumirse cereales, pero es obvio que una persona debilitada o enferma tendrá grandes mejoras en su estado de salud si prescinde del consumo de alimentos amiláceos, sobre todo cocidos y mal combinados, aun cuando sean integrales y orgánicos.»

En definitiva, granos, cereales, pseudocereales y vegetales con altos contenidos en almidones no sólo no son los alimentos naturales del ser humano, sino que los procesos de producción alimentarios contemporáneos y la falta de preparación correcta los hace más tóxicos que nutritivos.

———

Manos para recoger y pelar frutas

Tras toda esta evidencia, parece ser que biológica y fisiológicamente el ser humano es un animal frugívoro, como el resto de primates. **Frugívoro es aquel animal que se alimenta básicamente de frutas, frutos y vegetales, hojas, semillas, raíces, tubérculos... todo crudo.** Según escribe el doctor Shelton en su libro *La combinación de los alimentos*:

«El hombre, arquetipo del quiroterio [clase zoológica que comprende los animales provistos de manos], debería desarrollar aquellos hábitos frugívoros que responden a su estructura anatómica, y de los que se ha ido apartando considerablemente en el transcurso del tiempo, debido sin duda en gran medida a su histórico deambular desde que abandonó su Edén de las cálidas regiones. Su sentido del gusto, al ser la expresión de la petición del organismo, tiene mucho que ver con su estado de salud. Ahora bien, el gusto, que hoy pide carne, debe volver a afinarse para poder apreciar la gran variedad de sabores de las frutas, hortalizas y frutos oleaginosos (nueces, almendras, etc.) en sus múltiples combinaciones, que tan atractivas son para la vista, el olfato y el gusto.»

Si miramos nuestras manos, es muy fácil concluir que están diseñadas para coger y pelar frutas. Los animales carnívoros y herbívoros carecen de manos y dedos prensiles, y sólo pueden utilizar sus bocas para alimentarse. Lo mismo ocurre con los animales omnívoros como el cerdo, que, cuando ingiere frutas, las devora enteras, con piel o cáscara. Pero si miramos a los primates, sus manos son similares a las nuestras. Como nosotros, tienen cinco dedos que pueden usar para agarrar y pelar frutas. Los chimpancés, incluso, utilizan piedras para romper las cáscaras más duras de los frutos secos.

Los **gorilas** se alimentan básicamente de vegetación verde (95 %), que es lo que abunda en su entorno natural. Cuando es temporada, también comen frutas y frutos, y hormigas, termitas y sus larvas. En experimentos donde se les da la opción de alimentarse de fruta o de hojas y verduras, los gorilas prefieren las frutas.

Los **chimpancés** se alimentan básicamente de frutas, algunas hojas verdes, nueces y, ocasionalmente, de alimentos de origen animal, aunque no representan más del 5 % de su dieta. Cuando los chimpancés consumen carne, persiguen y cazan al animal con sus propias manos y los comen frescos tan pronto les dan caza. ¿Cuántos de nosotros seríamos capaces de llevar a cabo esta hazaña para conseguir la carne de nuestro plato?

Los **orangutanes** comen básicamente frutas dulces, algunas hojas y verduras, y algunos frutos secos. Cuando no abunda la fruta, se alimentan de más hojas verdes y de algunos insectos.

Los **bonobos**, junto con el chimpancé, son los primates más cercanos genéticamente al ser humano: compartimos el 99 % de herencia genética. Mientras que el chimpancé es muy agresivo y territorial por naturaleza, el bonobo es muy tranquilo y resuelve sus conflictos de manera muy diferente y pacífica (literalmente, a través de relaciones sexuales). En su dieta se encuentran las frutas, un tipo de planta muy parecida a la caña de azúcar, así como hojas, verduras, brotes y las yemas tiernas de las ramas. No comen frutos secos, pero sí algunos insectos. Los alimentos de origen animal constituyen menos del 1 % de su dieta.

Observando estos hechos, e intentando escuchar a nuestros dormidos instintos, ¿cuál sería nuestra dieta ideal? Nuestra dieta debiera tener muchos puntos en común con la dieta de los primates, categoría natural de la cual formamos parte.

Según lo expuesto hasta aquí, la mayoría de los primates no consumen otros animales, excepto insectos, y, de hacerlo, el motivo suele ser la escasez de sus alimentos biológicos: frutas y hojas. En su deambular evolutivo, el ser humano se vio forzado a consumir alimentos no fisiológicos para poder sobrevivir a las épocas de carencias. Pero ¿estamos en una época de carencias o en una época de superabundancia de producción de alimentos?

La dieta del animal humano, siguiendo esta **lógica biológica y coincidiendo con los principios higienistas, debería estar basada en el consumo de frutas y vegetales crudos (verduras, hojas, verduras del mar), muy pequeñas cantidades de semillas y de frutos secos activados, germinados o brotes, así como en evitar el consumo de grandes cantidades de almidones y féculas (cereales y pseudocereales, tubérculos, legumbres secas) y condimentos.** Nada más. Y nada menos. En estos alimentos naturales encontraremos, en cantidades adecuadas, los macronutrientes que necesitamos a diario (proteínas, carbohidratos, grasas) así como los micronutrientes (minerales, vitaminas, oligoelementos).

SEGUNDO PRINCIPIO: CONSUMIR LOS ALIMENTOS CRUDOS DE LA MANERA MENOS ELABORADA POSIBLE Y BIEN COMBINADOS

El biólogo, inmunólogo y gerontólogo Ilya Metchnikoff, colaborador de Pasteur y premio Nobel en 1908 por sus estudios en inmunología y descubrimiento de la fagocitosis, desarrolló la teoría de que el envejecimiento es causado por las bacterias tóxicas que viven en nuestros intestinos. Estas bacterias tóxicas existen debido al consumo de alimentos desnaturalizados: alimentos cocinados a altas temperaturas, refinados, procesados, proteínas animales no frescas, pasteurizados, homogeneizados, bebidas carbonatadas, alcohol, café... Aunque también pueden ser fruto de una mala digestión debido a la incorrecta combinación de alimentos.

Los alimentos desvitalizados o desnaturalizados se pudren, fermentan o enrancian dentro de nuestro aparato digestivo, ya que no se adaptan a nuestra condición biológica de evolución, produciendo efectos degenerativos a medio plazo. A corto plazo, nos aportan calorías, proteínas y grasas de escasa calidad que nuestro organismo utiliza para alimentarse mal. A largo plazo, esto tiene un coste elevado, pues son alimentos difíciles de digerir y metabolizar que generan mucha toxemia, nos debilitan y desvitalizan a la vez que degradan nuestro cuerpo y tejidos creando congestión y saturación en nuestros órganos vitales y nuestro medio interno.

Mientras desarrollaba su teoría de la fagocitosis y el funcionamiento del sistema inmune, Metchnikoff descubrió que las bacterias tóxicas y la materia putrefacta resultante de una alimentación desnaturalizada invaden nuestros intestinos, donde encuentran un medio propicio para desarrollarse rápidamente. Si estas bacterias tóxicas y material putrefacto son resultado de una alimentación putrefactiva predominante, las defensas naturales que nuestro organismo tiene para luchar contra la toxemia y la putrefacción se van debilitando, y el intestino se va intoxicando y alterando hasta que, finalmente, las toxinas pasan al torrente sanguíneo e invaden nuestro organismo creando el caldo de cultivo de graves enfermedades degenerativas de naturaleza inflamatoria y/o autoinmune.

Metchnikoff fue el primero en postular los beneficios de las bacterias del ácido láctico *(Lactobacillus bulgaricus)*, los fermentos y los probióticos para la salud intestinal, y fue el propulsor del consumo de la bebida fermentada tradicional búlgara que todos conocemos hoy día y a la que se atribuye el potencial de alargar la vida de quien la consume: el kéfir.

En 1897, el doctor Rudolf Virchow descubrió que unos treinta minutos después de la ingesta de alimentos, el número de glóbulos blancos en sangre se multiplicaba. Normalmente, los leucocitos o glóbulos blancos se multiplican ante la presencia de microbios o toxinas que amenazan nuestro organismo y es una condición patológica común en casos de infección, intoxicación y envenenamiento. A pesar de esta evidencia, Virchow consideró esta reacción como un fenómeno normal, ya que todos sus pacientes lo manifestaron igual, y lo describió como **leucocitosis postprandial o leucocitosis digestiva**. De hecho, los leucocitos o glóbulos blancos tienen una extensa diversidad de enzimas que les permiten finalizar el proceso digestivo de hidrólisis (separación mediante el agua) de moléculas de gran tamaño.

Unos años más tarde, en 1930, el doctor Paul Kouchakoff publicaba sus estudios sobre leucocitosis postprandial. En ellos demostraba que tal reacción no es normal, como pensaba Virchow, y no siempre se producía tras la ingesta de alimentos. Kouchakoff probó que el número de leucocitos se duplicaba tras la ingesta de alimentos cocidos, mientras que nada ocurría tras ingerir alimentos crudos. En sus experimentos observó que este fenómeno era menos notorio si la ingesta de alimentos mezclaba alimentos crudos con alimentos cocinados levemente. También demostró que la combinación de crudos con alimentos cocinados a altas temperaturas, a partir de 70 ºC, no atenuaban esta reacción inmune. Por último, demostró que la mala masticación de los alimentos no alteraba los resultados de la leucocitosis postprandial.

Kouchakoff, a diferencia de Virchow, evidenció que este fenómeno no era ni normal ni saludable, ya que la leucocitosis recurrente tras las diversas comidas de cada día significa una activación innecesaria del sistema inmunológico —varias minileucemias diarias—, desvitaliza el organismo y disminuye su capacidad defensiva, cosa que causa vulnerabilidad ante infecciones.

Sin embargo, Kouchakoff no descubrió cuál era la sustancia que se desnaturalizaba en los alimentos cuando se sometían al calor y que provocaba que el organismo los interpretara como cuerpos extraños y peligrosos de los que hay que defenderse y fagocitar de la misma manera que se haría ante un virus o ante bacterias peligrosas. No fue hasta unos años más tarde y tras una serie de notables descubrimientos en el campo de la bioquímica que se demostró que **las diferentes temperaturas alteran el funcionamiento de las enzimas digestivas y que temperaturas superiores a 38 ºC las destruyen**.

———

Una enzima puede definirse como un catalizador fisiológico. Muchas sustancias que no combinan normalmente al ser puestas en contacto entre ellas, sí pueden reaccionar al estar presente una tercera o catalizador.

Las enzimas ayudan a iniciar, acelerar y provocar la combinación o reacción de las otras sustancias que no tienen esta capacidad, pero sin formar parte de la combinación. **Es el proceso conocido como catálisis.** Sin las enzimas, este proceso también puede ocurrir, pero sería tan lento que no se podría mantener la vida.

Tanto las plantas como los animales producen sustancias catalíticas solubles, de naturaleza coloidal y poco resistentes al calor, que se utilizan en los innumerables procesos de desintegración de compuestos y en la elaboración de nuevos compuestos orgánicos. Son las enzimas.

Hay más de 3.000 enzimas dentro del cuerpo humano que se encuentran en las células, los tejidos o son producidas por varios órganos. Aunque las enzimas se producen dentro de las células, son capaces de catalizar reacciones dentro y fuera de ellas. Las enzimas intracelulares actúan dentro de las células y aceleran las reacciones metabólicas. Las enzimas extracelulares, como las enzimas digestivas, actúan fuera de las células.

Se conocen muchas de ellas, todas de naturaleza proteica, y las hay de diferentes tipos según la función que desempeñen: metabólicas, digestivas y alimentarias.

Las enzimas que nos interesan aquí son aquellas que intervienen en la digestión, que son las enzimas alimentarias que se encuentran en los alimentos y las enzimas digestivas que produce nuestro organismo para poder digerir. La función de estas enzimas es la de reducir las complejas sustancias alimenticias a compuestos más simples que puedan ser incorporados al flujo sanguíneo y aprovechados por las células del cuerpo para la producción de nuevas células. Cada tipo de alimento (grasas, almidones, proteínas, etc.) necesitará de un tipo de enzima, y una misma enzima puede iniciar este proceso varias veces.

Las enzimas son diferentes dependiendo de la sustancia sobre la que actúen; esta sustancia recibe el nombre de sustrato. Cada enzima es específica en su acción, es decir, sólo actúa sobre una clase concreta de sustancias. Así, las enzimas que actúan sobre las proteínas no pueden actuar sobre los carbohidratos y viceversa.

Las enzimas actúan en medios con distintos PH, más alcalinos o más ácidos, y precisamente el cambio de PH en el medio anularía la digestión de los alimentos que necesitan de otro tipo de alcalinidad-acidez.

El doctor Hiromi Shinya, en su libro *La enzima prodigiosa*, relaciona el vigor biológico de cada ser humano con su capacidad para producir enzimas, ya sean metabólicas o digestivas. En su libro dice estar convencido de que nuestro organismo produce enzimas de diferente tipo según las necesidades que tengamos en cada momento; y que las diversas enzimas metabólicas y digestivas son producidas a partir de una especie de enzima matriz, una enzima todoterreno que deviene el tipo de enzima que se necesita cuando llega el momento; dice estar convencido de que cuando una persona saludable muere de viejo o de vieja (no a causa de enfermedades) es porque deja de ser capaz de producir las enzimas necesarias involucradas en las diferentes funciones metabólicas y digestivas. Por lo tanto, concluye, a menor desgaste enzimático, mayor pronóstico de longevidad. Así que, según la reflexión del doctor Shinya, si ahorramos en la producción de enzimas digestivas, aportando enzimas alimentarias presentes en los alimentos vivos (crudos) que nos ayudarán en la digestión, tendremos un menor desgaste enzimático en general.

El aparato digestivo humano se compone de tres cavidades: la boca, el estómago y los intestinos. En cada cavidad tiene lugar un tipo de digestión mecánica (por ejemplo, la masticación en la boca) y química (la producción de jugos de diferente PH y la producción de enzimas). Así, cada cavidad tiene sus jugos característicos que preparan los alimentos para la acción siguiente. La eficacia de la digestión intestinal, la última cavidad, depende del grado con que han sido realizadas la digestión salivar en la boca y la gástrica en el estómago.

La digestión es el proceso por el cual las moléculas grandes de los alimentos se descomponen en moléculas más pequeñas por la acción de la hidrólisis enzimática. Hidro (agua), lisis (separar) significa separar mediante el agua, o descomponer moléculas grandes en otras más pequeñas añadiendo agua. Las enzimas son los catalizadores que aceleran esa necesaria hidrólisis.

Las enzimas son muy sensibles a la temperatura, y actúan mejor en un ambiente de una temperatura entre 30 y 38 °C. Superar esta temperatura desnaturaliza las enzimas, que pierden su capacidad catalítica. Pero las temperaturas muy bajas, como en el congelado, tienen el mismo efecto. Esta es una de las razones por la que se dice que congelar un alimento equivale a una cocción lenta, y que cuanto más tiempo dura la congelación, más largo es ese

efecto de cocción. En definitiva, los congelados no se pueden considerar alimentos crudos porque sus enzimas están desnaturalizadas y también porque este proceso de almacenamiento a bajas temperaturas altera su estructura provocándoles daños celulares —alteración de proteínas, retracción de almidones, contracción de lípidos, recristalización de líquidos, quemaduras por frío, oxidación por modificaciones en los espacios líquidos residuales.

Como cada enzima actúa sobre un sustrato y en un medio de PH diferente, es de vital importancia que prestemos atención a la correcta combinación de los alimentos. Sin una buena digestión, nos privamos de elementos muy importantes y permitimos su descomposición, putrefacción, fermentación y/o enranciamiento al quedar semidigeridos, procesos que son causa de múltiples problemas de salud y no sólo digestiva.

Pensaremos en la combinación de los alimentos según los sustratos que los compongan, aunque hay alimentos que se pueden clasificar en más de un grupo debido a su composición más o menos equilibrada de sustancias que requieren digestiones, jugos y enzimas distintas (por ejemplo, los frutos secos son muy proteicos, pero también muy ricos en glúcidos y lípidos; o las legumbres secas son ricas en proteínas y en almidones). Estos alimentos son los más difíciles de digerir, pero al ser mezclas naturales, el jugo gástrico tiene la capacidad de adaptarse a los diferentes componentes, primero digiriendo un tipo y más tarde los otros, atendiendo así a los requerimientos digestivos del alimento.

Pero ¿por qué es tan importante hablar de enzimas? A la hora de digerir los alimentos, entender cómo funciona la digestión química (en la que intervienen enzimas y jugos) es de vital importancia. Por muy intrincado que parezca, a mí me fue de gran ayuda comprender cómo funciona la producción de las diversas enzimas y jugos en la digestión y qué factores inhiben su producción o la favorecen. Muchas veces nos encontramos resúmenes de normas a seguir para una mejor digestión, pero no se nos explica el porqué científico que subyace detrás. Por eso quiero dedicar unas líneas para, muy resumidamente, explicar cómo funciona la química de la digestión.

Al entrar en la boca, de PH ligeramente alcalino, los alimentos son masticados e insalivados, se transforman en una masa blanda llamada **bolo alimenticio**. La primera enzima que actúa sobre el bolo alimenticio es la **ptialina o amilasa salivar**, que sólo se produce en presencia de almidones y empieza su primera fase de digestión descomponiéndolos en **azúcares más simples, dextrina y maltosa**. Su digestión debe continuar un tiempo en el estómago, que tiene la capacidad de regular la acidez-alcalinidad de los jugos gástricos según los alimentos que ingerimos. Cualquier cambio de PH parará su primera digestión y la amilasa salivar, que requiere un medio neutro o ligeramente alcalino, lo que implica que la segunda fase de digestión de los almidones en el duodeno y en el intestino delgado se verá afectada. Cualquier ingestión de ácidos (vinagre, cítricos, medicamentos), por pequeña que sea, o de proteínas, cambiará el PH del ácido clorhídrico, el jugo que produce el estómago, y parará la digestión de los almidones. También es importante que al consumirlos no ayudemos la masticación ingiriendo ningún líquido, ya que este hecho diluiría la producción de ptialina. De los almidones no conviene abusar, y por ello se recomienda no consumir más de un tipo por comida, aunque son combinables entre ellos.

En el estómago, tras la nueva digestión mecánica y química, el bolo recibe el nombre de quimo, una masa mucho más fluida que la mezcla anterior. En el estómago se producen dos enzimas, la **pepsina y la lipasa gástrica**, cuya función es ayudar a digerir las proteínas y las grasas y aceites.

La **pepsina**, necesaria para la digestión de proteínas, sólo se produce en presencia de ácido clorhídrico y requiere un medio ácido. Este PH puede ser destruido por un elemento alcalino, como el bicarbonato sódico, dejando las proteínas a medio digerir y creando putrefacción. Es importante no consumir proteínas con almidones (cereales, raíces, legumbres secas), ya que estos quedarían a medio digerir, no pueden continuar su digestión durante un tiempo en el estómago y acaban absorbiendo la pepsina en el estómago e interfiriendo así en la digestión de las proteínas. La pepsina hidroliza las proteínas en varias fases y se obtienen **proteasas** y **peptonas**, que son sustancias inabsorbibles y que deben seguir siendo hidrolizadas en el intestino por otras enzimas rompedoras de proteínas. El alcohol y los alimentos o bebidas y sólidos fríos paran la producción de ácido clorhídrico e incluso los movimientos mecánicos del estómago que empujan el quimo hacia los intestinos.

Tampoco es conveniente beber mientras se come aunque no se ingieran almidones, ya que los líquidos diluyen los jugos gástricos dificultando la digestión de todos los alimentos, en especial de proteínas y grasas. Los azúcares, al inhibir tanto la secreción gástrica como los movimientos del estómago, interfieren en la digestión de las proteínas, y durante esa espera, fermentan. Los ácidos de toda clase impiden la secreción del jugo gástrico, e interfieren en la digestión de las proteínas, excepto las del queso, los frutos secos, las semillas oleaginosas y los aguacates. Estos cuatro alimentos contienen grasas o aceites que inhiben la secreción del jugo gástrico tanto o más que los ácidos, con lo cual su digestión no es alterada de manera apreciable por la ingesta de ácidos.

La **lipasa gástrica** hidroliza las grasas y los aceites y los descompone en ácidos grasos y glicerina. Un medio ácido destruye la acción de esta enzima, lo que quiere decir que no deberíamos combinar proteínas con grasas, ya que el medio ácido que requiere la digestión de las proteínas parará la producción de lipasa y se producirá enranciamiento de las grasas y aceites. De la misma manera, la presencia de grasas en el estómago inhibirá la secreción gástrica necesaria para la producción de pepsina. Se piensa que esto es debido a la presencia de una hormona, la **enterogastrona**, que se produce ante la presencia de las grasas y que ralentiza el proceso de digestión hasta el punto que puede llegar a causar fermentación de azúcares y frutas. Sin embargo, si combinamos las grasas y los aceites con gran cantidad de verduras, preferiblemente crudas, el efecto neutralizador de las grasas sobre los jugos gástricos es neutralizado y la digestión de las proteínas se lleva a cabo con normalidad.

La digestión de los azúcares tiene lugar en el intestino, al que deben llegar lo antes posible para evitar su fermentación. Por ello, es recomendable no mezclarlos con otros alimentos de digestión más lenta.

La digestión principal de las frutas se produce en el duodeno y los intestinos. Los melones (sandías, melones, papayas) no se digieren más que en el intestino y deben pasar rápidamente a él para evitar fermentaciones. Sería ideal no combinar las frutas con alimentos de otros grupos, tampoco azúcares, siropes, miel o melazas, y no comerlas entre horas, sino bien maduras y hacer una comida sólo de ellas con el estómago vacío.

Una vez llevada a cabo la digestión salivar y gástrica, el quimo está preparado para la última digestión en el intestino delgado, en la cual actúan las enzimas del *succus entericus* (la secreción de las glándulas intestinales), el **jugo pancreático** y la **bilis**, el jugo del hígado. En el intestino se obtienen los productos finales de la hidrólisis y los alimentos ya estarán listos para ser asimilados. La digestión en los intestinos es alcalina, aunque el quimo que viene del estómago es ácido; la bilis del hígado y el jugo pancreático, ambos alcalinos, preparan un entorno alcalino para que puedan proseguir el trabajo las enzimas del intestino. No debemos preocuparnos de la combinación de los alimentos para la digestión intestinal, ya que estos, si se han combinado y digerido de manera correcta para su digestión en la boca y en el estómago, llegan al intestino convertidos en sustancias más sencillas que continuarán su digestión sin problemas.

En el *succus entericus* la enzima **enteroquinasa** activa la **tripsina**, enzima producida por el páncreas para continuar la digestión de las proteínas, y la enzima **erepsina** completa el trabajo de las enzimas **pepsina** (producidas en el estómago) y la **tripsina**, rompiendo los **péptidos** (primer resultado de digerir las proteínas en el estómago) y convirtiéndolos en **proteasas**, **peptonas** y **polipéptidos**; con el tiempo suficiente y en condiciones favorables, la **tripsina** continúa su acción hasta transformar estas nuevas sustancias en los aminoácidos que necesitamos.

Las enzimas del *succus entericus* también rompen los disacáridos en monosacáridos o azúcares simples, como la **glucosa** y la **fructosa**, las formas finales en que el organismo puede absorber los azúcares. También en el intestino delgado, la enzima **maltasa** actúa sobre la **maltosa** y la **dextrina**, productos de la digestión salivar por la ptialina.

La enzima **sacarasa** hidroliza la **sucrosa** para obtener glucosa y fructosa; la **sucrosa** se encuentra en el azúcar de caña, pero también en el jugo de muchas plantas y algunas frutas.

La mayoría de las frutas contienen los monosacáridos **glucosa** y **fructosa**, azúcares simples que se absorben en el intestino sin necesidad de hidrólisis, siempre y cuando la combinación de frutas con otros alimentos haya sido correcta.

La enzima **lactasa** actúa sobre el azúcar de la leche, la lactosa, para obtener **glucosa** y **galactosa**; aunque la producción de esta enzima se reduce drásticamente e incluso desaparece cuando se termina el período natural de la lactancia y se acaba el proceso de dentición en el infante, alrededor de los 3 años.

La **bilis**, que no es una enzima, realiza muchas funciones importantes en el intestino delgado. Es un fluido alcalino que el hígado secrega de manera continua, pero que sólo se vierte en el duodeno (al final del estómago y al inicio del intestino delgado) cuando está el quimo. Se considera la bilis como una **coenzima** de la lipasa **pancreática**, ya que al combinarse, la lipasa pancreática descompone las grasas de manera más rápida. La bilis también facilita la absorción de los ácidos grasos al combinarse con ellos y hacerlos más solubles y más fáciles de absorber. De la misma manera, ayuda a la absorción de las vitaminas liposolubles como las vitaminas D, E y K. He aquí uno de los muchos motivos clave de la importancia de tener un hígado saludable.

La combinación de los alimentos y la acción de las enzimas

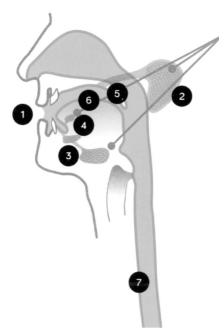

La saliva, producida en la boca, es el primer paso en la digestión y puede ser activada a través de imágenes, olores y pensamientos. Esta sustancia producida en la boca de los humanos y en la mayoría de los animales suele contener un 98 % de agua y un 2 % de enzimas, electrolitos y compuestos antibacterianos. En la boca tiene lugar el primer estado de la separación mecánica y química —hidrólisis— de nutrientes de los alimentos.

Las glándulas salivares producen la enzima ptialina o amilasa salivar, pero sólo ante la presencia de almidones. La saliva también contiene mucus, que lubrica la comida, y carbonato de hidrógeno, que crea un medio alcalino para que la amilasa pueda trabajar. Estas enzimas necesitan de un ambiente medianamente alcalino, ya que son destruidas por un ácido débil y por una reacción alcalina fuerte.

El consumo de azúcares genera una copiosa saliva que, por otra parte, no contiene ptialina; si comemos almidones (cereales, tubérculos, raíces) con muchos azúcares (frutas dulces, melazas, miel) o envueltos en ellos, estos últimos paran la primera digestión química de los carbohidratos en la boca. Los ácidos de las frutas, de vinagres y medicamentos también inhiben la formación de ptialina.

1. Cavidad oral
2. Glándulas salivales: Parótidas
3. Glándulas salivales: Submaxilares
4. Glándulas salivales: Sublinguales
5. Faringe
6. Lengua
7. Esófago

Aunque el hígado realiza más de 500 funciones, en la digestión, su papel se centra en la producción de bilis para disolver grasas.

La bilis se puede considerar como una coenzima de la lipasa pancreática, que sólo entra en el duodeno cuando está el quimo (bolo alimenticio).

La bilis combinada con la lipasa facilita la absorción de los ácidos grasos.

Los almidones tienen una segunda digestión en el duodeno (inicio del intestino delgado a la salida del estómago), bajo la acción de los jugos del páncreas y la enzima amilasa y en un medio alcalino.

Para una correcta segunda digestión de los almidones, el trabajo tiene que haber empezado en la boca para aliviar la tarea del páncreas y mejorar su digestión.

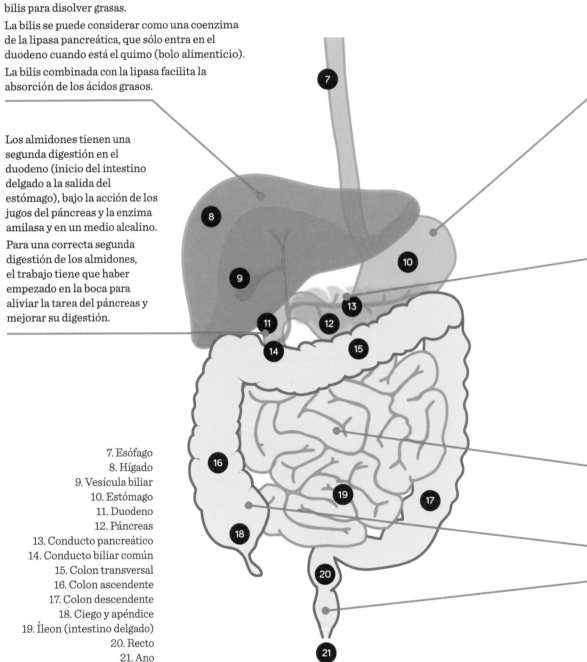

7. Esófago
8. Hígado
9. Vesícula biliar
10. Estómago
11. Duodeno
12. Páncreas
13. Conducto pancreático
14. Conducto biliar común
15. Colon transversal
16. Colon ascendente
17. Colon descendente
18. Ciego y apéndice
19. Íleon (intestino delgado)
20. Recto
21. Ano

El jugo gástrico puede variar desde una reacción casi neutra a una ácida fuerte, según la naturaleza del alimento ingerido. Contiene tres enzimas: la pepsina, que actúa sobre las proteínas en un ambiente ácido; la lipasa, de acción ligera sobre las grasas, que actúa en un ambiente neutro; y el fermento lab, que coagula la leche. Los alimentos ricos en proteínas son digeridos por la pepsina y requieren un medio ácido proporcionado por la producción de ácido clorhídrico.

La acción de la pepsina es detenida por un cambio de ambiente a alcalino. Los ácidos de los alimentos (vinagre, frutas) y medicamentos producen una repentina detención de la producción de jugos gástricos, deteniendo la acción de la pepsina.

El mismo efecto tiene la ingesta de alimentos o bebidas fríos, la ingesta de alcohol, la ingesta de azúcares (estos últimos también inhiben los movimientos del estómago), y la ingesta de almidones. Los almidones, además, tienen la capacidad de absorber la pepsina, con lo que las proteínas quedan a medio digerir y tenderán a crear putrefacción.

La ptialina es muy sensible a cualquier cambio de acidez, si tomamos proteínas con almidones se genera enseguida jugo gástrico para la digestión de la proteína, que inhibe la digestión de los almidones. Las grasas inhiben la formación de jugos gástricos y dificultan la digestión de la proteína.

Antes de empezar el viaje a través del intestino delgado, el quimo se mezcla en el duodeno con las últimas enzimas producidas por el páncreas y el hígado y destinadas a la absorción de proteínas, grasas y carbohidratos.

Además de regular la insulina, el páncreas produce enzimas que rompen los carbohidratos (amilasa), las grasas (lipasa pancreática) y las proteínas (tripsina). Requieren de un ambiente alcalino y, para actuar correctamente en la hidrólisis de los alimentos, estos tienen que haber sido digeridos correctamente en contacto con la saliva en la boca y los jugos gástricos en el estómago. Aunque los alimentos que ingresan en el intestino desde el estómago a través del duodeno crean un ambiente ácido, este se alcaliniza rápidamente gracias al vertido de bilis y jugos pancreáticos.

La digestión intestinal es la única fase de la digestión por la cual no es necesario que nos preocupemos. Sin embargo, preocuparse de la correcta combinación de alimentos para su digestión salivar y estomacal es de vital importancia para que puedan llegar en condiciones óptimas de digestión al intestino y facilitar así la última fase de digestión.

Cuando tomamos azúcares solos, estos pasan rápidamente del estómago al intestino delgado, el único lugar donde se digieren. Las frutas tienen una ligera digestión en la boca y en el estómago, pero su digestión principal es en el intestino delgado empezando por el duodeno.

En el intestino grueso, el alimento ya no se procesa ni transforma químicamente. Cuando llega a este estadio, el alimento es básicamente agua, fibra vegetal, electrolitos y algunas células muertas de las mismas paredes del tracto intestinal.

El intestino grueso absorbe el resto de agua junto con las vitaminas producidas por las bacterias colónicas. Luego se compactan y segmentan los desechos empujándolos hacia el colon y el recto para su evacuación.

Es importante tener en cuenta las premisas hasta aquí presentadas para entender la importancia de la combinación de los alimentos. Lo mejor sería evitar las combinaciones con muchos ingredientes para evitar putrefacción (proteínas), enranciamiento (ácidos grasos) y fermentaciones (frutas y azúcares) en el intestino que son causa de un lento envenenamiento.

Las bacterias de la putrefacción destruyen los aminoácidos que se forman en el intestino y que necesitamos para construir tejidos, y generan, como producto final, diversos venenos: indol, escatol, fenol, ácidos fenilpropiónico y fenilacético, ácidos grasos, dióxido de carbono, hidrógeno, sulfito de hidrógeno... Parte de estos productos es evacuada mediante las heces, pero otra parte se absorbe en el intestino y va al torrente sanguíneo que alimenta nuestras células para ser más tarde expulsada a través de la orina.

El siguiente gráfico presenta las mejores combinaciones de alimentos, aunque esto siempre dependerá de la salud intestinal de cada cual. Lo ideal es no combinar más allá de tres o cinco alimentos diferentes en cada comida y que estos estén bien combinados. Como base de nuestros platos podemos utilizar hojas verdes tiernas, que combinan bien con todos los alimentos y facilitan la digestión incluso cuando no se siguen estas premisas. En el fondo, combinar alimentos de manera óptima no es tan difícil, especialmente si sólo consumimos aquellos que se pueden comer en crudo, nuestros alimentos biológicos. Aunque al principio poner en práctica toda esta información pueda parecer un poco apabullante, la costumbre acaba convirtiéndolo en algo sencillo, un ingrediente más en nuestra cocina.

Las líneas sólidas indican
subgrupos de alimentos no
aconsejables de combinar.

Tiempos aproximados de digestión en el estómago

Marisco	: 8 horas
Prótidos de origen animal	: 3–4 horas
Prótidos de origen vegetal	: 2–3 horas
Amiláceos	: 1–2 horas
Grasas	: 2–3 horas
Verduras	: 1–2 horas
Brotes y germinados	: 1 hora
Frutas	: 30–60 minutos
Melones y sandías	: 30–60 minutos
Zumos	: 15–30 minutos
Agua	: 10–15 minutos

Las líneas discontinuas indican subgrupos de
alimentos cuya combinación es buena.

Combinación de los alimentos para una mejor digestión y asimilación de nutrientes

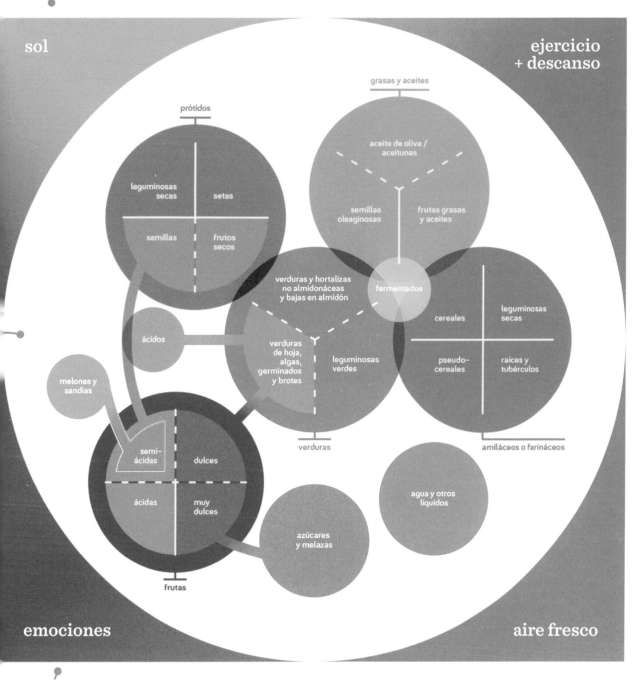

La siguiente es una lista orientativa de los grupos de alimentos para considerar su correcta combinación. Hay que tener en cuenta que algunos alimentos pueden estar en dos grupos, como por ejemplo los frutos secos y semillas oleaginosas, que son muy grasos, pero también muy proteicos.

VERDURAS: todas las que crecen por encima del suelo; hojas verdes tiernas (col, espinacas, lechuga, kale, acelgas, bok choy) y otras hortalizas (apio, brócoli, calabacín, calabaza, coliflor, pimiento, pepino), algas (verduras del mar).

FRUTOS SECOS: almendras, avellanas, nueces, nuez de Brasil, piñones, etc., mejor si están activados.

PRÓTIDOS: frutos secos y semillas, cereales, legumbres —mejor activados, germinados o en brotes—, setas.

AMILÁCEOS O FARINÁCEOS: todos los cereales y sus derivados (pan, pastas, etc.), tubérculos y hortalizas de raíz (zanahoria, nabo, remolacha, patata, boniato, colinabo, etc.), leguminosas secas (guisantes, habas, alubias, cacahuetes, etc.), coco, castaña, bellota, plátano, cacahuetes, calabazas, coliflores.

GRASAS Y ACEITES: aceites vegetales de frutos secos y de semillas, aceite de aguacate, de oliva, de coco; aguacate, aceitunas, semillas oleaginosas (lino, chía, etc.)

FRUTAS MUY DULCES: plátano, dátil, frutas deshidratadas, caquis, etc.

FRUTAS DULCES: uva dulce, higo fresco, chirimoya, etc.

FRUTAS SEMIÁCIDAS: uva ácida, pera, manzana, melocotón, albaricoque, cereza, ciruelas, kiwi, frutos del bosque, etc.

FRUTAS ÁCIDAS: limón, naranja, pomelo, piña, tomate, cereza, ciruela, etc.

FRUTAS NEUTRAS: pera, manzana, tomates maduros o deshidratados.

Algunas normas a observar para una correcta combinación de alimentos y una alimentación equilibrada y natural

Come sólo cuando tengas HAMBRE.

Prepara tu comida con AMOR, INTENCIÓN Y DE MANERA ATRACTIVA.

INCLUYE UN MÍNIMO DEL 70 % DE ALIMENTOS CRUDOS EN TU DIETA, empezando cada comida con una gran ensalada sencilla, presentada de manera estética y preferiblemente aliñada sin ácidos.

Si cocinas algunos de tus alimentos, que los MÉTODOS DE COCCIÓN sean SUAVES (vapor, salteados ligeros), que estos alimentos no superen 1/3 de cada comida y que sean un segundo plato o acompañamiento de una gran ensalada con alimentos crudos.

NO TOMES LÍQUIDOS INMEDIATAMENTE ANTES O DESPUÉS DE LAS COMIDAS, ni tampoco durante; los líquidos disuelven los jugos gástricos que activan los diferentes tipos de enzimas, y esto dificulta la digestión. Toma los líquidos unos treinta minutos antes de las comidas y unas dos a tres horas después.

COME UN SOLO ALIMENTO CONCENTRADO POR COMIDA —los alimentos concentrados son aquellos que apenas tienen agua, como los almidones o las proteínas.

LAS VERDURAS DE HOJA TIERNA SE PUEDEN MEZCLAR con todos los alimentos.

LAS VERDURAS NO ALMIDONOSAS SE PUEDEN MEZCLAR con todos los alimentos, aunque es preferible no mezclarlas con las frutas.

MEZCLAR ALMIDONES DIFERENTES ES ACEPTABLE, PERO SE RECOMIENDA NO ABUSAR DE ELLOS EN LA DIETA. Así que si añadimos un almidón por comida observar esta norma será mucho más fácil.

NO MEZCLES PROTEÍNAS DE DIFERENTE NATURALEZA ENTRE SÍ, aunque las proteínas vegetales son más fáciles de digerir y, puntualmente, podríamos mezclarlas en nuestros platos. Por ejemplo, se podrían mezclar semillas y frutos secos diferentes en algún dulce de manera puntual.

Siempre ACTIVA, GERMINA O HAZ BROTAR LAS SEMILLAS Y FRUTOS SECOS; este proceso ayuda a eliminar los inhibidores enzimáticos, las hacen más digestivas y aumenta su densidad nutricional.

Es mejor REMOJAR LAS FRUTAS DESHIDRATADAS ANTES DE CONSUMIR-LAS y procurar mezclarlas con frutas jugosas, dulces o muy dulces, porque así serán más digestivas y nutritivas y no nos "robarán" el agua al ingerirlas.

LA FRUTA ES MEJOR COMERLA SOLA, CON EL ESTÓMAGO VACÍO. A media mañana se aconseja consumir frutas ácidas o semiácidas. Para el almuerzo o merienda se aconsejan frutas dulces o muy dulces.

NO COMBINES FRUTAS MUY DULCES O DULCES CON FRUTAS ÁCIDAS.

LAS FRUTAS SEMIÁCIDAS LAS PUEDES COMBINAR CON FRUTAS DULCES O CON FRUTAS ÁCIDAS, PERO NO CON AMBAS A LA VEZ.

LOS MELONES, para los sistemas digestivos delicados, es preferible comerlos solos, sin mezclar ni siquiera con otros melones, ya que contienen mucha agua y azúcares naturales y tienen una digestión muy rápida. Para sistemas digestivos más fuertes, los melones SE PUEDEN MEZCLAR CON FRUTA SEMIÁCIDA O CON HOJA VERDE TIERNA.

PREPARA COMIDAS SENCILLAS, DE TRES A CINCO INGREDIENTES, para facilitar la labor de separación de alimentos y absorción de nutrientes en la digestión.

NO COMBINES PROTEÍNAS CON ÁCIDOS. En el caso de las semillas y los frutos secos, la combinación con frutos rojos (frutos del bosque) y frutas semiácidas es aceptable.

NO COMBINES PROTEÍNAS CON ALMIDONES. Necesitan de medios con PH diferente y ambos sustratos quedarán a medio digerir.

NO COMBINES PROTEÍNAS CON GRASAS. Es una excepción el aceite de oliva y las aceitunas, que se consideran neutros por lo beneficioso de sus ácidos oleicos.

NO COMBINES ALMIDONES CON DULCES: los azúcares en los dulces inhiben la formación de ptialina en la boca y eso impide la primera digestión de los almidones.

NO COMBINES ÁCIDOS CON DULCES, NI FRUTAS ÁCIDAS CON DULCES.

NO COMBINES FRUTAS DULCES O MUY DULCES CON FRUTOS OLEAGINOSOS (algunas semillas y frutos secos).

COMBINAR FRUTAS ÁCIDAS O SEMIÁCIDAS CON FRUTOS OLEAGINOSOS (algunas semillas y frutos secos) es aceptable.

NO COMBINES GRASAS CON DULCES. Puntualmente, podemos combinar grasas con frutas. Para sistemas digestivos delicados, recuerda que las grasas ralentizan la digestión. Esto puede resultar en fermentación de los azúcares de las frutas, hinchazón, gases, fermentación, dolores abdominales...

NO MEZCLES DOS TIPOS DE GRASAS DIFERENTES. En el caso de las grasas vegetales, el aceite de oliva y las aceitunas se consideran neutras y se pueden combinar con el resto de grasas y el resto de alimentos. Las grasas vegetales son también de más fácil digestión que las animales, así que si queremos combinarlas entre ellas en alguna ocasión puntual lo podríamos hacer.

NO AÑADAS AZÚCARES A LAS FRUTAS, SOBRE TODO A LAS ÁCIDAS. Las frutas deben estar maduras para que sus azúcares naturales nos parezcan agradables. Puntualmente, podemos combinar azúcares o melazas con frutas dulces o muy dulces, aunque hay que recordar que los primeros tienen una digestión más rápida y puede que fermenten en los sistemas digestivos más delicados.

NO COMAS "POSTRES". Es más, elimina los postres de tu dieta y opta por recetas a base de frutas, pero nunca las consumas al final de la comida, sino como una sola comida en sí y con el estómago vacío para evitar fermentaciones.

EVITA LOS REFINADOS, LOS ALIMENTOS INDUSTRIALES y, a ser posible, prioriza el consumo de alimentos de agricultura ecológica antes que de agricultura intensiva.

Capítulo 3

TERCER PRINCIPIO: DESCANSAR LO SUFICIENTE, PRACTICAR EJERCICIO Y EVITAR HÁBITOS POCO SALUDABLES

Qué ponemos en nuestra dieta y cómo lo ponemos son dos de los factores que hemos visto hasta ahora, pero no lo son todo. Cuándo lo hacemos es también de vital importancia.

Tu cuerpo sabe perfectamente qué hora es; a lo mejor no lo sabe con exactitud milimétrica, pero sí que sabe si es la hora de levantarse, de ir a dar un paseo y hacer ejercicio, de desayunar, de ir a descansar y muchas otras funciones fisiológicas que tienen lugar en nuestro cuerpo sin que necesariamente seamos conscientes de ellas. Es lo que se llama los ritmos circadianos o ritmos biológicos.

Es importante empezar el día hidratándonos y ayudando al detox natural matutino; un vaso de agua tibia filtrada con zumo de limón nada más levantarnos nos ayudará en este propósito. Cepillar el cuerpo en seco antes de la ducha con un cepillo de cerdas naturales, realizando movimientos circulares empezando desde las extremidades (desde los pies hacia las ingles, desde las manos hacia las axilas, desde la parte inferior de torso y espalda a la parte superior), activará la circulación sanguínea ayudando en el detox natural que tiene lugar cada mañana y en la eliminación de células muertas de la piel. Es ideal practicar cada día un poco de ejercicio no estresante en ayunas (con sólo agua); con treinta minutos es suficiente, pero puedes practicar más tiempo si te encuentras con energía y fuerzas. Lo importante es que no sea ejercicio estresante. El ejercicio en ayunas contribuirá a oxigenar nuestras células y nos dará energía sostenida durante el día, lo que ayudará a estabilizar nuestros niveles de azúcar en sangre y a fortalecer nuestros sistemas músculo-esquelético y cardiovascular.

Por la mañana tu cuerpo está en fase de eliminación de los restos de alimentos y los desechos resultantes del proceso de reparación nocturna. Esta fase se inicia aproximadamente a las 4 h de la madrugada y dura hasta las 12 h del mediodía. Conviene levantarse temprano, entre las 7 h y las 8 h. Durante esta fase es conveniente ayudar al cuerpo a eliminar toxinas y no entrometernos ni entorpecer este proceso con un desayuno demasiado temprano o demasiado copioso, o con la ingesta de sustancias tóxicas o excitantes. Lo ideal es alargar la hora del desayuno tanto como se pueda y tomarlo lo más cerca posible de las 12 h. Si mientras tanto te parece que tienes hambre, prueba a beber agua o a tomar alguna infusión de hierbas no excitante. A veces confundimos la sed con las ganas de comer. También puedes tomar un zumo vegetal; es mejor evitar los zumos de frutas y azúcares en ayunas, pues disparan los niveles de azúcar en sangre; también es muy saludable una leche de semillas o de frutos secos sin endulzar, que son muy alcalinizantes, o desayunar un plato de frutas bien combinadas cuando sientas que tienes hambre. Las frutas más adecuadas para la mañana, y que seguirán ayudándonos en este detox matutino diario, son las ácidas o semiácidas. La cantidad debe ajustarse a las necesidades de cada uno.

De 12 h a 20 h entramos en la fase de apropiación, cuando la comida se digiere y asimila. La hora del almuerzo es flexible, entre las 12 h y las 16 h, pero hay que dejar espacio suficiente con relación a la hora del desayuno, unas tres o cuatro horas, para no interferir en la correcta digestión de los alimentos y dar un reposo al estómago.

A la hora del almuerzo podemos hacer una comida glucídica que nos dé energía fácil de asimilar para el resto del día y no llegar a la cena con antojos. Será una comida con mucha verdura de hoja verde tierna y otras verduras de temporada: lechuga, espinacas, rúcula, endivia, escarola, col, zanahoria, remolacha, rábano, coliflor, brócoli, tomate, pimiento, pepino, etc. Si estás en una fase de transición o no llevas una dieta 100 % cruda, también puedes añadir un glúcido fuerte como tubérculos cocinados según temporada (boniato, patata blanca, roja, morada) o alguna verdura dura cocinada para aumentar la ingesta de carbohidratos. Puedes también añadir un elemento graso, como aceite al gusto, o semillas o frutos secos activados.

La última comida no la haremos más tarde de las 20 h. Igual que con el almuerzo, deja descansar tu estómago unas tres o cuatro horas antes de la cena. **Para la cena, también puedes preparar una ensalada con las mismas bases que en el almuerzo, pero sin glúcidos fuertes que nos aporten energía antes de dormir, sino con un extra de proteína añadida. Pueden ser frutos secos o semillas activadas, germinados, brotes o quesos vegetales.** Si decides cocinar algunas hortalizas, lo mejor es hacerlo al vapor y durante poco tiempo.

Como en la cena de la noche incluiremos la proteína, que nos ayudará en la siguiente fase a aportar elementos para la reparación celular, será mejor no aliñar las verduras para no ralentizar su digestión. La idea es irse a descansar con el estómago vacío, como a las 22:30 h, y ayudar al organismo en sus funciones de reparación nocturna.

En biología, estas oscilaciones de las variables biológicas en intervalos regulares de tiempo reciben el nombre de los **ritmos circadianos** o **ritmos biológicos**.

Los ritmos biológicos del cuerpo

El universo tiene sus ritmos, también los tiene la Tierra. Día, noche, estaciones. Todo es cíclico; empieza, acaba, se repite en una sucesión de acontecimientos.

Los animales, las plantas y los organismos vivos muestran variaciones rítmicas fisiológicas (tasa metabólica, producción de calor, floración, etc.) asociadas a un cambio ambiental rítmico.

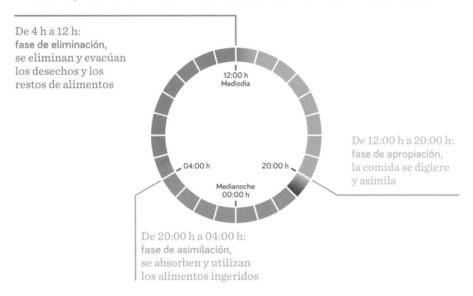

De 4 h a 12 h: **fase de eliminación,** se eliminan y evacúan los desechos y los restos de alimentos

12:00 h Mediodía

De 12:00 h a 20:00 h: **fase de apropiación,** la comida se digiere y asimila

04:00 h   20:00 h

Medianoche 00:00 h

De 20:00 h a 04:00 h: **fase de asimilación,** se absorben y utilizan los alimentos ingeridos

Los ritmos circadianos son importantes no sólo para determinar los patrones de sueño y alimentación de los animales, sino también para la actividad de todos los ejes hormonales, la regeneración celular y la actividad cerebral, entre otras funciones.

10 h estado de máximo despertar

9 h nivel más alto de testosterona
8:30 h heces probables
7:30 h parada de la secreción de la melatonina
6:45 h mayor incremento de la presión sanguínea

14:30 h mejor coordinación

15:30 h mejor velocidad de reacción

17:00 h mejor eficacia cardiovascular y fuerza muscular

12:00 h Mediodía

06:00 h1   8:00 h

4:30 h temperatura corporal más baja

18:30 h mayor elevación de la presión sanguínea
19:00 h temperatura corporal más elevada

Medianoche 00:00 h

21:00 h comienzo de la secreción de melatonina

2 h sueño más profundo

22:30 h interrupción de los movimientos intestinales

Aumento creciente de producción de vasopresina durante la noche (disminuye la sensación de sed)

Capítulo 4

ACTIVACIÓN, GERMINACIÓN Y BROTADO, LOS GRANDES ALIADOS DE LA ALIMENTACIÓN VIVA

La activación, la germinación y el brotado de semillas son las maneras más efectivas de consumir este alimento. Cada una de estas palabras describe una fase en el desarrollo del ciclo de la vida de las semillas mediante el remojo e hidratación con agua purificada o filtrada, el crecimiento del germen o raíz y el brotado de las primeras hojas de la plántula capaces de producir clorofila al ser expuestas a la luz.

El **activado** de las semillas se lleva a cabo remojándolas, y así hidratándolas, en agua purificada o filtrada un determinado número de horas. Se trata de una práctica que aumenta los beneficios de estos alimentos por tres razones:

1) activamos el ciclo de vida de la semilla, que hasta ahora ha estado dormida, en un estado de vida latente, cosa que **aumenta de manera exponencial el número de nutrientes de la semilla;**

2) al remojar, rehidratamos, **lavamos y eliminamos gran parte de los inhibidores de enzimas, elementos químicos naturales y tóxicos** que forman parte de todas las semillas (secas) y que tienen la doble función de protegerlas de sus predadores y de evitar su crecimiento en condiciones no propicias (por ejemplo, ante la ausencia de agua);

3) eliminamos parte de las grasas, especialmente interesante en los frutos secos, ya que minimizar las grasas favorece el funcionamiento de nuestro hígado y nuestro páncreas.

Las semillas se pueden germinar de muchas maneras dependiendo del tipo que sean. **Un método que suele funcionar en casi todos los casos es el del colador.** Primero se remojan las semillas durante las horas necesarias, cambiando el agua y lavándolas cada 12 horas con agua tibia abundante, purificada o filtrada. Después del último lavado, se colocan en un colador de malla fina y se deja el colador suspendido dentro de un bol, tapado con un paño de cocina limpio de algodón. Se dejan las semillas en un lugar tranquilo, aireado y seco en la cocina donde no dé el sol de manera directa. A partir de este momento ya sólo hay que esperar a que las semillas crezcan, sin olvidarnos de lavarlas una vez cada 12 horas más o menos.

En el caso de algunas semillas mucilaginosas, como el trigo sarraceno, el lino o la chía, es conveniente que el remojo sea de un tiempo bastante inferior: con unos quince minutos basta. En el caso del trigo sarraceno, si las remojamos mucho más tiempo y luego las lavamos, acabaremos lavando el mucílago, una capa viscosa que envuelve a la semilla y absorbe el agua al remojarlas, y es muy probable que la mayoría de semillas se pudran durante el proceso de germinación. Las semillas mucilaginosas favorecen el tránsito intestinal, son hidratantes y energéticas. Si se quiere germinar semillas mucilaginosas, el método del colador funciona muy bien. Como cada semilla es diferente, necesitan de diferentes tiempos de activación, germinación, brotado, de diferentes temperaturas e incluso de diferentes métodos (colador, bolsa de tela, bote de cristal, tierra); aunque, para simplificar, el método del colador suspendido en el bol funciona en casi todos los casos.

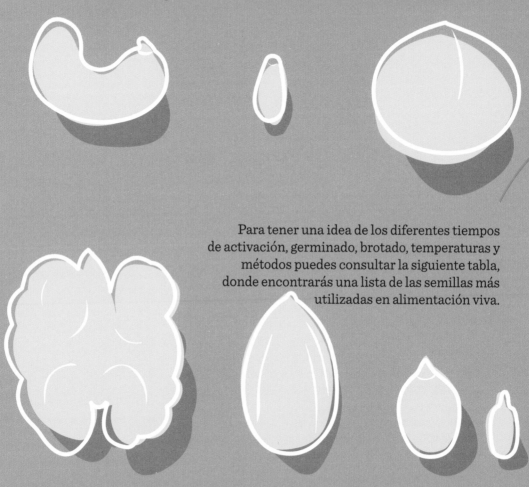

Para tener una idea de los diferentes tiempos de activación, germinado, brotado, temperaturas y métodos puedes consultar la siguiente tabla, donde encontrarás una lista de las semillas más utilizadas en alimentación viva.

Puede ocurrir que en alguna ocasión les salga moho a nuestras semillas durante el proceso de germinación y/o brotado. Esto puede ser debido a un excesivo tiempo de remojo, a que los recipientes utilizados no estén escrupulosamente limpios, o a las altas temperaturas, especialmente en épocas de calor (en épocas de calor se puede activar a temperatura ambiente y germinar en la nevera), a la falta de lavados (hay que lavar las semillas de dos a tres veces al día para evitar el crecimiento bacteriano y para rehidratar) o a la falta de oxígeno (si tapamos el bol o recipiente de manera que el interior no se oxigene).

Activación y germinado de semillas

Semilla	Método	Horas de remojo	Temperatura en °C	Lavados por día	Desarrollo en días	Exponer al sol los últimos días	Largo en cm
Alfalfa	tarro, bolsa	3-8	15-30	2-3	4-7	sí	4-7,5
Almendra	tarro, bolsa	10-12	21-30	2-3	1-2	no	0-0,3
Alpiste	tarro y tierra	10-12	21-30	2-3	5-7	sí	2-10
Anacardo	tarro	2-8	21-30	2-3	—	no	0-0,3
Arroz integral	tarro, bolsa	12-24	13-27	2-3	3-7	no	0,3-2
Avena	tarro, bolsa	1-5	20-27	2-3	—	no	—
Berro	plato de cerámica	—	10-22	—	4-5	sí	2,5-4
Brócoli	tarro, bolsa, tierra	3-6	18-30	2-3	3-10	sí	2,5-4
Calabaza	tarro, bolsa	4-12	18-30	2-3	1-2	no	0-0,3
Cáñamo pelado	tarro	10-12	21-30	—	—	no	—
Cebada	tarro, bolsa	6-10	20-27	2-3	3-7	no	0,3-2
Centeno	tarro, bolsa, tierra	6-12	10-22	2-3	3-7	no	0,3-4
Chía	plato de cerámica	—	18-30	—	3-5	sí	2,5-4
Espinaca	tarro, bolsa, tierra	4-8	18-30	2-3	3-6	sí	2,5-5
Fenogreco	tarro, bolsa, tierra	4-12	18-30	2	2-4	sí	2,5-5
Girasol pelado	tarro, bolsa	2-8	15-27	2-3	2-4	no	0,3-2,5
Girasol sin pelar	tierra	8-14	15-27	—	8-9	sí	9-15
Guisante	tarro	7-10	—	2-3	2-3	sí	0,6-1,2
Lechuga	tarro, bolsa, tierra	—	18-30	2-3	4-5	sí	2,5-4
Lenteja	tarro, bolsa	5-12	15-30	2-3	2-4	no	0,6-2,5
Lino	plato de cerámica	—	18-30	—	1-5	sí	2,5-4
Mijo	tarro, bolsa	5-7	21-27	2-3	1-2	no	0,6-1
Macadamia	tarro	10-12	21-30	2-3	—	no	—
Mostaza	tarro, bolsa, tierra	4-6	18-30	2-3	4-5	sí	2,5-4
Nuez de Brasil	tarro	10-12	21-30	2-3	—	no	—
Nuez	tarro	10-12	21-30	2-3	—	no	—
Pistacho	tarro	10-12	21-30	—	—	no	—
Quínoa	tarro, bolsa	2-4	13-27	2-3	1-4	sí	0,6-3
Rabanito	tarro, bolsa, tierra	4-8	15-30	2-3	4-5	sí	2,5-5
Rúcula	plato de cerámica	4-8	15-30	2-3	5-7	sí	4-7,5
Repollo	tarro, bolsa	4-8	15-30	2-3	3-5	sí	2,5-4
Sésamo	tarro, bolsa	2-8	20-27	3-4	1-2	no	0,1
Trébol	tarro, bolsa	3-8	15-30	2-3	4-7	sí	4-7,5
Trigo	tarro, bolsa, tierra	6-12	13-27	2-3	2-3	no	0,6-1,2
Trigo sarraceno	tarro, bolsa	15 min	15-30	2-4	2-3	no	1,2-2,5
Zaragatona	plato de cerámica	—	18-27	—	4-5	sí	1,8-4

Capítulo 5

COMER COLORES

En la naturaleza, los colores y las formas de frutas y verduras son clave para que los animales, el ser humano incluido, encuentren y reconozcan su alimento de manera efectiva. Gracias a ellos, somos capaces de interpretar a simple vista, tras un largo camino en la evolución de las especies, qué alimentos son los más apetitosos y los más nutritivos.

Los colores revelan la presencia de diversos componentes químicos en nuestros alimentos: **nutrientes, fitonutrientes, vitaminas, minerales y sustancias antioxidantes** que contribuyen a la salud de nuestros sistemas, órganos vitales y refuerzan nuestra inmunidad. Gracias a ellos, nuestra alimentación —el proceso consciente y voluntario mediante el que disponemos, preparamos e ingerimos los alimentos que nos dan la vida— podría reducirse a un simple acto de reconocimiento, recolección e ingesta de frutos, verduras, hortalizas y hojas.

La digestión, por mucho que lo hayamos escuchado o leído muchas veces, **no comienza en la boca**, donde el alimento se mastica, se insaliva y/o se mezcla con las primeras enzimas —generadas sólo ante la presencia de almidones—, sino mucho antes. La digestión empieza con la vista, el olfato y el pensamiento. Es lo que se llama la **fase cefálica de la digestión, cuando el córtex cerebral recibe el estímulo del pensamiento, visión u olor de comida.** ¿Cuántas veces nos hemos sorprendido diciéndonos «se me hace la boca agua» delante de alguna imagen *foodie* en Internet, libro, revista o ante un escaparate en una tienda de comestibles o pastelería en nuestro camino? Muchas, ¿verdad?

La digestión es el proceso inconsciente con el que nuestro organismo transforma y prepara los alimentos ingeridos para que podamos absorber sus nutrientes. En su fase cefálica, previa a la ingesta y donde colores, formas y presentaciones son protagonistas, el **organismo se prepara para la digestión y posterior absorción de nutrientes a través de estímulos** visuales, de olor y sabor que se envían al hipotálamo, la médula espinal y, finalmente, a través del nervio vago, llegan al cerebro. En esta fase se prepara la siguiente: primero la **fase bucal** con la salivación, luego la **fase gástrica**, donde tiene lugar la distensión del estómago, los cambios de PH y la producción de jugos gástricos y la activación de diferentes enzimas que **descompondrán los alimentos ingeridos y los prepararán para ser asimilados**. A la fase gástrica le sigue la fase intestinal, que se inicia en el duodeno, donde los jugos del hígado (bilis) y los pancreáticos (lipasas, amilasas) actúan sobre los alimentos parcialmente digeridos y **donde se absorben la mayoría de los nutrientes**. El resto acaba en el intestino grueso, donde se absorbe el agua y posteriormente se defecan las heces.

Un plato colorido y estético es clave para llevar una dieta equilibrada de manera intuitiva, sin la necesidad de memorizar las largas listas de nutrientes y propiedades en nuestros alimentos. Pero, además, también nos ayudará a potenciar, de la manera más natural, el inicio de los procesos de los que consta una buena digestión.

Algunos pueblos han conservado hasta nuestros días tradiciones ancestrales que enfatizan la importancia de añadir colores al plato para así no descuidar una alimentación saludable, variada y equilibrada. Son tradiciones sorprendentes por su sencillez, pero también por lo obvio, razonable y efectivo de sus métodos, con los que se transmiten conocimientos de manera fácil, práctica y asequible a todas las personas.

En **Japón**, por ejemplo, existe la expresión *«washoku»* para referirse a los principios que debemos seguir si queremos conseguir platos estéticos y equilibrados nutricionalmente. Según el principio del *washoku*, para tener un plato equilibrado debemos incluir los cinco colores (*go shiki*), los cinco sabores (*go mi*), las cinco formas de cocción (*go ho*) y no olvidarnos del efecto de nuestra comida en los cinco sentidos (*go kan*) a los que va asociada nuestra salud.

En la **medicina tradicional china**, los cinco colores (verde, rojo, amarillo-naranja, blanco, **negro-violeta**) están vinculados a la salud y el equilibrio de nuestros órganos y vísceras, lo mismo que a nuestras emociones, a las estaciones, a los diferentes ciclos de la vida, a los elementos, al clima, a las funciones vitales, a las secreciones corporales, a las aperturas externas del cuerpo, a los sabores, a los tipos de nutrientes, etc.

Hígado Corazón y pericardio Bazo/Páncreas Pulmón **Riñón**

Vesícula biliar Intestino delgado Estómago Intestino grueso **Vejiga**

Cólera Alegría Obsesión Tristeza **Miedo**

Primavera Verano Estación intermedia Otoño **Invierno**

Infancia Juventud Madurez Vejez **Muerte**

Madera Fuego Tierra Metal **Agua**

Viento Calor Ni frío ni calor Sequedad **Frío**

Sistema nervioso Sangre y sistema endocrino Digestión, linfa y músculos Respiración y piel **Sistema urinario y reproductor**

Lágrimas Sudor Saliva Mucosidad **Orina y fluidos sexuales**

Ojos Lengua y garganta Labios y boca Nariz **Oídos**

Ácido Amargo Dulce Picante **Salado**

Lípidos y grasas Vitaminas Hidratos de carbono Proteínas **Sales minerales**

Además de los valores nutricionales y medicinales y el potencial antioxidante de los componentes químicos que tiñen con el arcoíris frutas y verduras, los colores que nos rodean, con los que nos vestimos y que ingerimos a través de los alimentos, tienen un **efecto en nuestra psique**. En estos efectos fundan sus bases terapias como **la cromoterapia**. En cromoterapia, el color amarillo es estimulante y favorece la concentración, la creatividad y las actividades intelectuales. El color naranja se considera que estimula la digestión y la función de los riñones, pulmones y vejiga; es un color asociado con el optimismo y la alegría. La armonía se representa con el color verde, que da tranquilidad y nos recuerda el color de la naturaleza. El rojo es el color estimulante por antonomasia en la cromoterapia; se dice que fortalece la voluntad, la autoafirmación, la sensación de conexión con el entorno y la confianza en uno mismo; también se dice que tiene la capacidad de afectar la frecuencia cardíaca y respiratoria, la tensión arterial y el tono de las fibras musculares. El azul es el color de la relajación, mientras que el violeta se asocia con la capacidad creativa y la introspección; para combatir las tensiones, la irritabilidad y la superficialidad se utiliza el color azul, y el color violeta se utiliza para combatir la falta de energía vital y los estados de ánimo negativos. El blanco en nuestra cultura es símbolo de pureza, perfección y totalidad; en cromoterapia se utiliza para favorecer los procesos depurativos y la apertura de conciencia.

―――――――

Amarillos y naranjas

Los principales responsables de las tonalidades amarillo-naranja son los **carotenoides** —luteína, zeaxantina— y los **polifenoles —quercetina, curcumina—**, que también encontramos abundantemente en las verduras de hoja. En las plantas, estos pigmentos cumplen la función de protector solar contra los efectos de los rayos ultravioletas. Incluidos en nuestra alimentación, son responsables de la salud de la vista y del desarrollo de las células epiteliales que retrasan su envejecimiento.

De especial interés son los **betacarotenos**, carotenoides precursores de la vitamina A. Al ingerirlos, producen un efecto antioxidante en el cuerpo estimulando el sistema inmune y contribuyendo a la protección de la piel, los ojos y las membranas mucosas que recubren los tractos urinarios, digestivos y respiratorios. Los betacarotenos no sólo son muy antioxidantes, sino que también contribuyen a la **producción de colágeno** y se les atribuye la capacidad de prevenir ciertos tipos de cáncer (mama, ovarios) y enfermedades del sistema respiratorio (bronquitis, asma en personas no fumadoras). Para potenciar su absorción es conveniente ingerirlos con alimentos grasos como los aceites virgen extra de primera presión en frío.

El grupo amarillo-naranja, además de ser rico en betacarotenos, también es muy rico en vitamina C.

Estas sustancias *well-aging* se encuentran en los pimientos amarillos, las endivias, el limón, el pomelo, las naranjas, las manzanas, la piña, el jengibre, la vainilla, las ciruelas amarillas, los melocotones, los albaricoques, las zanahorias, etc.

Rojos y rosas

El **licopeno** es el pigmento responsable de colorear de rojo muchas frutas y verduras. Es un pigmento de la familia de los carotenoides, importante porque atrapa radicales libres e impide que se dañen los tejidos del organismo. Con la ayuda del licopeno, podemos reducir el riesgo de sufrir diversos tipos de cáncer (próstata, ovarios y pulmón). También contribuye a disminuir las probabilidades de sufrir enfermedades cardiovasculares en mujeres.

Generalmente, los fitonutrientes, las vitaminas y los minerales se destruyen o se dañan cuando preparamos los alimentos a temperaturas elevadas. Pero no es el caso del licopeno. Al contrario, el calor rompe las células vegetales y permite salir al licopeno e incorporarlo en nuestra dieta de manera más eficaz. Es por eso que muchos recomiendan la salsa de tomate o la pasta de tomate como buenas fuentes de licopeno fácilmente asimilables. Aunque también se pueden triturar los alimentos ricos en licopeno, e incluso deshidratar parcialmente a temperaturas bajas, para que surta el mismo efecto y podamos mantener enzimas y otras vitaminas.

En el color rojo también hay vitamina C, presente en grandes cantidades en fresas y naranjas sanguinas; la vitamina C favorece la formación de colágeno, las defensas y la cicatrización de las heridas.

Algunos alimentos de color rojo, como los frutos rojos o frutos del bosque, contienen **ácido elágico**, que refuerza el sistema inmune y tiene propiedades antivíricas y antibacterianas. También contienen **antocianinas**, sustancias antioxidantes altamente *well-aging*, que nos ayudan a contrarrestar los procesos degenerativos propios del envejecimiento, nos protegen contra varios tipos de cáncer y condiciones cardiovasculares y nos ofrecen propiedades antivirales y antibacterianas.

El licopeno lo encontramos en muchas frutas y hortalizas de color rojo. Algunas fuentes vegetales de licopeno son: el tomate, los pimientos rojos, los chiles, las lechugas rojas, las judías rojas, la remolacha, la granada, las cerezas, las fresas, los frutos rojos, las sandías, etc.

Morados, azules y negros

Unos compuestos pertenecientes a la familia de los **flavonoides** —las proantocianidinas y antocianinas— son los responsables de teñir de color azul y morado algunas frutas y vegetales. Se los ha tildado de superantioxidantes, porque son 50 veces más activos que la vitamina E y 20 veces más activos que la vitamina C. Estos pigmentos comparten una función con los carotenoides: proteger a las plantas ante las radiaciones solares UVA.

En el ser humano mantienen y promueven la flexibilidad y el buen estado de los vasos sanguíneos, lo que contribuye a la salud del sistema cardiovascular, del tracto urinario y la buena memoria ante el avance de la edad. Pueden prevenir inflamaciones en las venas pequeñas al favorecer el flujo sanguíneo y así evitar la acumulación de colesterol malo.

Muchos alimentos azul-morado como la achicoria, los higos, las ciruelas, las grosellas o las moras contienen **potasio**; el potasio es importante a la hora de proteger el tejido óseo y de reducir el riesgo de patologías cardiovasculares e hipertensión.

Las uvas negras contienen unos flavonoides (**resveratrol**) que estimulan la salud cardiovascular y el sistema circulatorio. Los arándanos y las moras negras contienen **ácido elágico** (ver "Rojos y rosas") y **catequinas**, que nos ayudan a prevenir el cáncer. Los arándanos, en concreto, nos ayudan a reducir el declive mental (Alzheimer incluido) y nos protegen de la inflamación.

Encontramos estos pigmentos en las berenjenas, algún tipo de cebolla, los arándanos, las ciruelas, algunos frutos del bosque como las grosellas negras, las bayas de saúco, las moras, las uvas negras, los higos, etc.

Blancos y amarronados

El color blanco de las hortalizas está asociado con la presencia de **azufre**. Encontramos compuestos azufrados en los miembros de la familia de la cebolla, en el ajo, las cebolletas, los puerros, el apio, etc. Uno de los compuestos más representativo en este caso es la **aliina**. Para poder beneficiarnos de las propiedas antioxidantes de la aliina, esta debe transformarse en alicina en el propio alimento a través de una reacción enzimática con las enzimas alinasa y sintasa también presentes en él. Esta transformación se produce al trocear, chafar o masticar estos alimentos. Por eso, antes de utilizar los ajos en nuestras recetas, los chafaremos y esperaremos unos minutos para que esta reacción tenga lugar. La alicina es antivírica, reduce la presión arterial y ayuda a combatir el colesterol malo.

Otro antioxidante propio de las frutas y hortalizas blancas es la **quercetina**. Forman parte de este grupo las manzanas y las cebollas, alimentos muy antioxidantes, excelentes para protegernos de tumores y beneficiosos para la salud pulmonar (especialmente los flavonoides que se encuentran en las manzanas).

Aparte de quercetina, las frutas y vegetales blancos son una excelente fuente de salud ya que son ricos en fibras, sales minerales y vitaminas, en especial la vitamina C.

Las setas, otro de los alimentos blancos, son ricas en selenio. El **selenio** es un buen antianémico, previene la hipertensión, distintas clases de tumores y el envejecimiento.

La coliflor blanca contiene **glucosinalatos y thicianatos** que nos protegen contra enfermedades del corazón, el cáncer, los desórdenes digestivos y la obesidad. La avena y las semillas de lino contienen **lignanos** que nos ayudan a reducir los niveles de colesterol, previenen enfermedades renales y equilibran las hormonas, mientras que los frutos secos y semillas contienen compuestos antiinflamatorios.

El color blanco se encuentra abundantemente en el reino vegetal: en los espárragos blancos, la coliflor, el puerro, el ajo, el apio, los cocos, los lichis, las chirimoyas, las cebollas, las chirivías, los nabos, el arroz integral, la avena integral, la mayoría de frutos secos y muchas semillas, etc.

Verdes

Este es el color de la savia, el principio vital de las plantas, su sangre verde. El verde es el color de la vida en todo el planeta, el de la **clorofila**, que transforma la energía del sol, el agua y el dióxido de carbono en los carbohidratos a partir de los cuales nos debiéramos nutrir principalmente. El núcleo molecular de la clorofila está compuesto por **magnesio**, sustancia *well–aging* imprescindible para la salud y fortaleza del sistema músculo–esquelético.

Las coles se consideran una de las hortalizas verdes más saludables por contener adicionalmente compuestos azufrados —**índoles** y **sulfurafanos**— que protegen a nuestras células frente a los posibles daños de las sustancias *pro–aging* producidas durante la digestión o que proceden del medioambiente.

El magnesio presente en la clorofila tiene propiedades para la metabolización de los carbohidratos y las proteínas; ayuda también a regular la presión sanguínea y la trasmisión de impulsos nerviosos. Es un mineral imprescindible para nuestra salud ya que nos ayuda a la absorción de calcio, fósforo, sodio y potasio. Además, los vegetales verdes son una buena fuente de **ácido fólico** o vitamina B9, imprescindible durante el embarazo, pues reduce el riesgo de un cierre incompleto del canal vertebral en los recién nacidos y es esencial para el correcto funcionamiento del sistema nervioso.

La vitamina C también está presente en este grupo, y facilita la absorción del hierro presente en frutas y verduras.

En todos los vegetales de color verde oscuro encontramos **luteína** (igual que en los vegetales de color naranja y amarillo), que previene la degeneración de los ojos y el desarrollo de cataratas. Ricos en **carotenoides** (ver "Amarillos y naranjas") y **zeaxantina**, que contribuyen a la prevención de ciertos tipos de cáncer (de pulmón y mama) y previenen contra las enfermedades cardiovasculares. También contienen **quercetina** (ver "Blancos y amarronados"), que actúa como un potente antiinflamatorio.

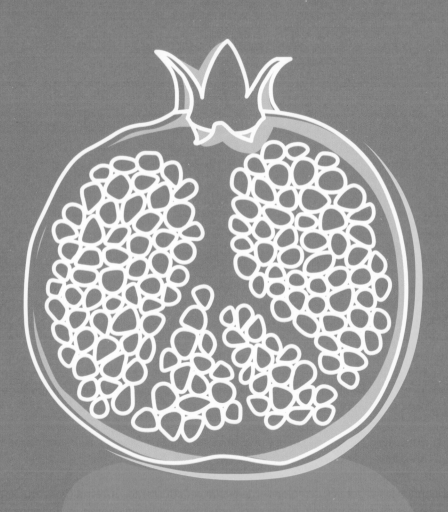

RAW FOOD ANTI-AGING

Capítulo 6

SOL LÍQUIDO, LUZ DE VIDA

Muchas veces me preguntan cuál es la base de mi dieta, lo que como a diario. Y siempre respondo: muchas hojas verdes y las verduras, frutas, frutos, semillas, algas, setas y fermentos del reino vegetal. Pero, sobre todo, muchas hojas verdes en forma de ensaladas, de batidos y zumos (el jugo de los vegetales sin la pulpa).

Las plantas son los únicos seres vivos capaces de transformar la luz del sol en alimento y transformarse a sí mismas en un alimento lleno de luz de vida que otras criaturas pueden consumir. La clorofila, que pinta de verde las plantas, es en esencia sol líquido. Las hojas verdes son vitales para la supervivencia de todos los seres vivos del planeta, el ser humano incluido. Las plantas —las verduras, los árboles, las hierbas, las algas, sus frutas, frutos y semillas— contienen los minerales, vitaminas esenciales e incluso los aminoácidos que el ser humano necesita para su salud. Las hojas verde oscuro son muy ricas en antioxidantes, vitaminas, minerales, proteínas y contienen omega 3.

Se dice de la clorofila que tiene propiedades curativas. A nivel molecular, es casi idéntica a la sangre humana —muchos la llaman hemoglobina verde—, sólo que donde en la sangre humana hay hierro, en las plantas hay magnesio.

Hemoglobina

Clorofila

La ingesta de clorofila equilibra de forma eficiente el metabolismo celular, beneficiando la regeneración celular, y es un compuesto tónico que aporta energía y vigor a la vez que nos ayuda a depurar. Se recomienda su uso en anemias, pérdidas de sangre y en casos de debilidad, astenia e intoxicaciones. La clorofila dispone de una acción destacada sobre el sistema cardiocirculatorio, el digestivo y apoya la función desintoxicativa hepática y renal.

Las hojas verdes tiernas, en concreto, son la parte más nutritiva y más cargada de antioxidantes de cada planta. Es esta parte la que consumen los animales de manera natural.

Si añadimos a nuestra dieta batidos y zumos verdes, donde la cantidad de hoja utilizada es mucho mayor, no sólo aumentaremos la cantidad de hojas verdes que consumimos al día, sino que, al estar mucho mejor trituradas de lo que las triturarían nuestros dientes, estarán en un estado más digerible que permitirá que aprovechemos de manera más eficaz y con menor esfuerzo todos sus nutrientes.

En el caso de los zumos verdes, la cantidad de hoja utilizada es todavía mayor, y la digestión y asimilación más rápida y mucho más ligera, pues hemos descartado ya la fibra de los vegetales, saciándonos muy rápido y dándonos energía sostenida en muy poco espacio de tiempo.

También les podemos dar protagonismo en nuestras ensaladas, añadiendo hojas variadas y combinando con pocos ingredientes más, preferiblemente frescos y de origen vegetal: hortalizas, frutas y verduras. A menudo, aliñamos las ensaladas con especias (pimienta, hierbas aromáticas), grasas vegetales (aceite de oliva, de girasol, de lino) y otros condimentos (vinagre, salsas) que hacen que se dificulte la absorción de nutrientes de las hojas en vez de ayudar a nuestro sistema digestivo a digerirlas. Por esto, es importante preparar aliños sencillos y mantener las combinaciones en las ensaladas también sencillas.

Para luchar por su supervivencia, las plantas contienen trazos de alcaloides en sus hojas. Los alcaloides en pequeñas cantidades son beneficiosos y ayudan a fortalecer el sistema inmune y a alcalinizar la sangre, aunque en grandes cantidades son tóxicos y pueden llevarnos a no sentirnos bien. Los alcaloides no son más que la manera natural que tienen las plantas de asegurar su propia supervivencia, asegurándose de que los animales que se alimentan de ellas tengan que ir variando la ingesta de diversos tipos de plantas y no acabar de esta manera con ninguna especie.

Algunos alimentos verdes, unos más que otros, también contienen otro tipo de tóxico natural, el ácido oxálico o los oxalatos, que se consideran no beneficiosos, ya que pueden privarnos de nuestro propio calcio —huesos, dientes— al consumirlo.

Es curioso que muchos sepan que las espinacas, las acelgas o los aguacates son ricos en oxalatos, pero que ignoren que también son ricos en oxalatos y otros inhibidores enzimáticos los cereales, las judías y, sobre todo, el café y el té. Mientras que las espinacas o las acelgas contienen grandes cantidades de calcio y vitamina C, lo que minimiza la pérdida del preciado mineral, el café y otros productos carecen de él.

Los oxalatos, que son tóxicos como los alcaloides, aunque están contenidos en pequeñas cantidades en algunas verduras, como en las espinacas o las acelgas, por ejemplo, son otro motivo para que rotemos las plantas de nuestras ensaladas, batidos y zumos verdes a menudo. La acumulación de ácido oxálico puede hacerte experimentar similares síntomas de intoxicación a los mencionados arriba.

Como la mayoría de plantas y verduras contienen alcaloides de diferentes tipos y a veces también oxalatos, no hay que olvidarse de ir rotando el tipo de hojas en nuestros batidos y zumos verdes, lo mismo que hacen los sabios animales en la naturaleza. Esto no quiere decir que cada semana consumamos sólo un tipo de hoja, sino todo lo contrario. La mezcla de hojas y verduras en las comidas —siempre y cuando no sea excesiva ni esté mal combinada— es mucho más beneficiosa y nutritiva que hacer una monodieta —comer un solo ingrediente en cada comida—, pues los diversos beneficios y nutrientes de los alimentos se combinan entre sí para una asimilación más eficiente a nivel ortomolecular y una mejor biodisponibilidad.

No es necesario que rotemos la fruta de la misma manera que las hojas verdes, pues raramente contienen cantidades significantes de oxalatos o alcaloides. De hecho, la naturaleza ha diseñado la fruta para ser comida y así esparcir las semillas. Si nos fijamos, la mayoría de semillas, si no se mastican a conciencia, entran y salen intactas del cuerpo, e incluso con abono para un mejor crecimiento. Es por eso que la fruta madura es atractiva, dulce y aromática: para atraer a los comensales que al final se convertirán en el transporte de las semillas de la planta; la naturaleza es la gran maestra del diseño.

Capítulo 7

MAÑANA MISMO EMPIEZO A COMER CRUDO

La mayoría de las veces, cuanto más radicales nos parecen las ideas a las que nos exponemos, mayor es su efecto. Sin embargo, es justo este poder lo que las puede hacer peligrosas.

Decidir cambiar a una dieta crudivegana de la noche al día es una idea de este tipo. Puede salvar tu vida, mejorando e incluso revirtiendo graves enfermedades degenerativas declaradas incurables. Pero también puede volver tu salud del revés si tomas las decisiones equivocadas y adoptas una dieta y estilo de vida desequilibrados.

Como punto de partida, no nos obsesionemos por comer todo crudo, y no entendamos el término crudo como sinónimo de saludable. Hay vegetales que en crudo no son para nada saludables y pueden ser incluso tóxicos y, para poder consumirlos sin problemas, necesitan de cocción. Es el caso de las berenjenas, las patatas, las yucas y otros tubérculos y raíces, las legumbres secas, los cereales...

De un tiempo a esta parte, se han puesto de moda los planes detox a base de ayunos prolongados combinados con la ingesta solamente de zumos vegetales. Personalmente, no soy partidaria de estos programas detox que muchas veces se proponen como un preámbulo imprescindible a una dieta crudivegana o una dieta alta en crudos. Nos prometen una limpieza de tóxicos y toxinas a nivel interior y un aspecto radiante y rejuvenecido en pocos días. Es cierto que la gran cantidad de nutrientes contenidos en los zumos recién exprimidos harán que brille nuestra piel y nuestro cabello, enseguida se nos verá rebosantes de salud. Pero también es cierto que estos largos ayunos a base de zumos disuelven toxinas acumuladas en nuestro organismo durante décadas que se ponen en circulación en nuestro torrente sanguíneo causando mareos, náuseas y otros tipos de malestar y nuestros órganos emuntorios —hígado, riñones, intestinos, pulmones y piel— acaban por no dar abasto en sus funciones de eliminación. Lo habitual es acabar estos ayunos aceleradores y disolventes de toxinas con algún problema relacionado con estos órganos, siendo comunes las afecciones renales.

Los posicionamientos inconscientes son peligrosos, ya que crudo tampoco es siempre sinónimo de lo mejor. Quizás esta nueva dieta que puede que estés tanteando no se trate sólo de comer crudo, sino de comer los alimentos que nos corresponden por biología, aquellos que la naturaleza ha diseñado para el consumo humano y que, por tanto, se pueden consumir sin ningún tipo de preparación. Si para poder consumir nuestros alimentos necesitamos cocinarlos, ¿no se tratará entonces de alimentos no tan aptos para el consumo humano?

Otra cosa muy diferente será que decidamos cocinar nuestros alimentos. Debemos pensar en la cocción como una predigestión que facilita el esfuerzo digestivo, o como una manera de calentarnos más fácilmente en el invierno. Pero, en este caso, cocinar con fuego o altas temperaturas sería una opción con finalidades diferentes de las de nutrirnos.

Mi consejo, si quieres adoptar una dieta cruda: tómate tu tiempo e infórmate bien; en este libro encontrarás consejos, gráficos, recetas y, al final, una interesante lista de bibliografía que puedes consultar si necesitas profundizar más. Pero recuerda que si tienes problemas de salud es imprescindible que consultes con un profesional.

Cuando quiera que sea el momento, puedes empezar a incluir un mayor número de alimentos crudos en tu dieta y eliminar aquellos que son menos naturales y más procesados. Dale tiempo a tus bacterias intestinales y a tu sistema digestivo para que se adapten; el cuerpo no es amigo de cambios bruscos.

Puedes adoptar sin problemas una dieta 70 % cruda, empezando cada comida con una sencilla y gran ensalada de hoja verde y tierna aliñada sólo con aceite de oliva virgen extra de primera presión en frío o con limón, y tomar un segundo plato de tu elección, preferiblemente con muchas verduras y ninguna cocción a altas temperaturas. Verás que, en muy poco tiempo, el cuerpo empezará a pedirte sólo los alimentos más frescos, naturales y menos preparados. **Comer saludable no es algo a lo que te tengas que obligar, sino algo que realmente te tiene que apetecer; hay que disfrutar con cada pequeño acto del día a día.**

Con verduras, hortalizas, frutas, setas, algas, semillas y frutos secos crudos se pueden conseguir platos exquisitos. La repostería *raw* tiene un nivel gastronómico muy alto, aunque no necesariamente siempre saludable cuando se cae en el abuso de grasas y de mezclas muy poco digestivas y hechas sin pensar en el alimento como nutrimento, sino como un simple capricho emocional.

Lo común en las propuestas de dietas crudas mal planteadas es encontrar recetas que se exceden en las mezclas, que ignoran las combinaciones y que abusan del uso de grasas y alimentos dulces —por muy naturales y vegetales que estos sean—. Estas propuestas se preocupan sólo por imitar texturas de otras recetas típicas de una dieta omnívora tradicional, dando prioridad al sabor por encima de los beneficios digestivos y nutritivos de los alimentos.

Llamémoslas recetas emocionales, que reproducen o recuerdan a platos que pertenecieron a nuestra menos natural y saludable dieta pasada y que pueden ser de gran utilidad en algún momento en que se echen de menos, o bien para preparar de manera puntual y celebrativa para compartir con amigos y familiares.

En este libro encontrarás algunas de estas recetas emocionales o celebrativas que intentan no caer en el exceso y combinar ingredientes de la mejor manera posible; también encontrarás otras recetas más sencillas y mejor combinadas y, por tanto, más aptas para el día a día. Pero también vas a tener la información para saber elegir qué recetas son las mejores para ti y cuáles reservar para situaciones contadas. Lo importante, desde este punto de vista celebrativo y emocional, es tener recursos para no cansarse ni aborrecer una dieta aparentemente inflexible y aburrida. Te aseguro que de esto último, una dieta sana y creativa no tiene nada.

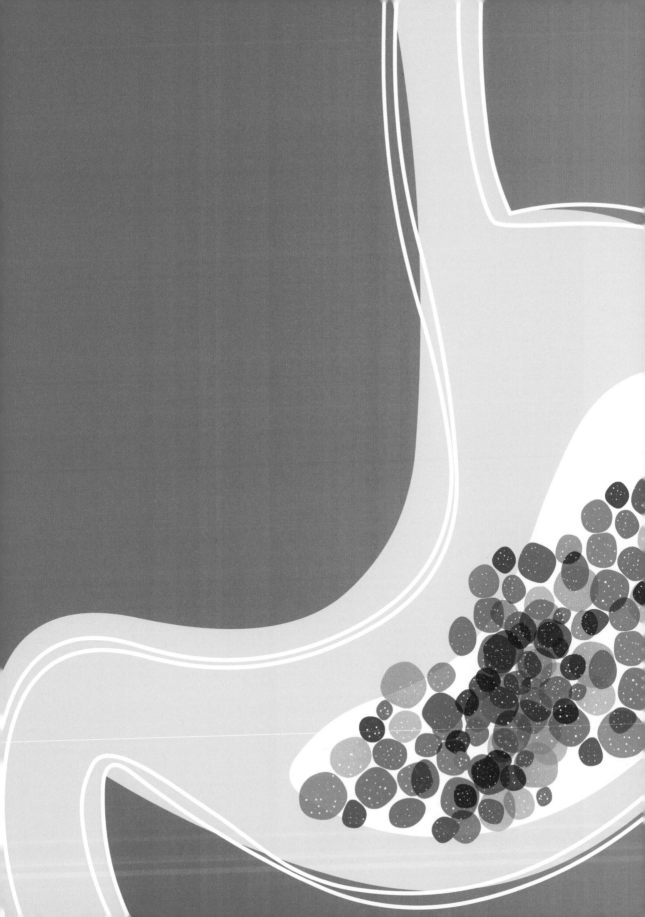

ALIMENTACIÓN ANTI-AGING. LA CIENCIA DE NOSOTROS

Mira hacia la tierra donde nadie es viejo; no está en ninguna parte, sino en ti.

DEEPAK CHOPRA

Durante mi proceso de sanación en el año 2009, tuve la suerte de conocer a una doctora especialista en medicina ortomolecular y medicina *anti-aging* que me propuso como tratamiento incluir en mi dieta una serie de zumos preparados, suplementos de ácidos grasos esenciales omega 3, unas cápsulas cuyo contenido consistía en una variedad de plantas medicinales micronizadas y terapia de flores de Bach. Lástima que no tomé nota de todos los ingredientes en aquel momento, pero recuerdo algunos de ellos con claridad. Algunos era la primera vez que los oía mencionar: frutas como el noni, la acerola, el açaí... Otros eran plantas y vegetales familiares como el ajo, la hoja de olivo, los arándanos, las frambuesas, las moras...

Reconozco que quedé sorprendida por lo que la doctora me había "recetado", no daba crédito al leer la lista de ingredientes de mi nueva "medicina". Continué haciendo caso a sus consejos sólo unas semanas, no porque discrepase con los consejos de mi terapeuta, sino básicamente porque encontraba absurdo tomar envasado lo que podía incluir fresco en mi dieta a través de una cocina cuidada y consciente. Fue así como empecé el camino hacia lo que hoy es mi estilo de vida y mi sistema de alimentación.

Pronto empecé a investigar estos nuevos alimentos y encontré información diversa sobre los antioxidantes y nutricéuticos de estas frutas y vegetales, y pude comprobar su efecto positivo en mi propia salud. Lo que al inicio eran suplementos dietéticos se convirtieron en ingredientes en mi cocina y en un fondo irreemplazable en mi despensa.

De esta manera tan sencilla empecé a aumentar el crudo en mi dieta, con productos lo más naturales e integrales posible y que no habían estado sometidos a preparación alguna, ya que todas las fuentes que consultaba coincidían en este punto: los procesados y el calor disminuyen e incluso destruyen las propiedades antioxidantes y los nutrientes de los alimentos.

Fue entonces cuando empecé a familiarizarme con el término y los planteamientos del movimiento *anti-aging* (antienvejecimiento) actuales que, resumiendo, exponen que los efectos negativos sobre nuestros problemas de salud se deben no sólo a una alimentación deficiente, sino a un estilo de vida sedentario y con estrés continuado. Desde entonces, las propiedades *anti-aging* de frutas y demás vegetales son el punto de partida de cualquiera de mis recetas y comidas; para mí, el factor más importante de cada plato es que sea nutritivo, consciente, respetuoso y compasivo. Si estos ingredientes ya están en la receta, no podemos sino obtener un resultado delicioso, rebosante de vida, amor y belleza.

Fue también entonces cuando, investigando, descubrí los orígenes de este movimiento al que le deben el nombre los acercamientos antienvejecimiento y antioxidantes de la alimentación, los tratamientos cosméticos y la medicina *anti-aging* de hoy día.

El movimiento *anti-aging* o movimiento antienvejecimiento es un movimiento social iniciado en los años 1990, encabezado por profesionales de la salud y la tecnología que dirigen su práctica hacia el desarrollo de métodos diversos con los que reducir e incluso revertir los efectos del envejecimiento en el ser humano. Desde sus inicios, este movimiento persigue, básicamente, las posibilidades de la extensión de la vida, y defiende las intervenciones quirúrgicas y cosméticas para mejorar o aliviar los efectos del envejecimiento en vez de pararlos o vencerlos.

En el fondo, el movimiento *anti-aging* responde al tan antiguo deseo del ser humano de hallar la fuente de la eterna juventud. Pero sus bases científicas contemporáneas y su extensión a la medicina y la alimentación han supuesto una revolución en estos ámbitos de la que todos nos podemos beneficiar.

Dos de las figuras más notorias de este movimiento son Ray Kurzwell, inventor, escritor e ingeniero informático, y Aubrey de Grey, gerontólogo en biomedicina y escritor. Kurzwell defiende que es posible combatir el envejecimiento a través de los avances tecnológicos: cirugía, implantes, nanotecnología, robótica, biotecnología, criogénesis; y de Grey considera que el cuerpo humano es una máquina muy compleja que puede ser restaurada ad infinitum gracias a los avances tecnológicos en medicina regenerativa, que permitirá reparar los daños celulares y moleculares causados por el proceso de envejecimiento.

Estas dos figuras no son precisamente apóstoles de una alimentación saludable y limpia y de un estilo de vida natural y ordenado; pero sus obsesiones y sus propuestas sin duda han influido en el movimiento y en los nuevos enfoques de la medicina y la alimentación contemporáneos. A estos planteamientos están dedicadas las siguientes líneas.

Capítulo 1

ENVEJECIMIENTO. OXIDACIÓN, ANTIOXIDANTES

La esperanza de vida máxima en una especie viene determinada por tres factores clave: por la tasa de envejecimiento inherente a sus genes, por factores medioambientales y por la alimentación, las inflamaciones crónicas y el estilo de vida. Envejecemos desde que nacemos, pero se considera que empezamos realmente a envejecer a partir de los treinta años, cuando el trabajo de formación de nuestro organismo está por fin completo con la formación del último órgano: el cerebro. Este es un envejecimiento fisiológico o normal, que ocurre en las personas sanas sin antecedentes de enfermedades crónicas; pero también se puede envejecer de manera patológica o acelerada, como en el caso de las personas con antecedentes de enfermedades crónicas.

El envejecimiento, en ambos casos, es el deterioro de la capacidad de respuesta del organismo ante ataques internos o externos, es la pérdida progresiva de adaptación al estrés, al medioambiente y, como resultado final, es el creciente riesgo de padecer enfermedades degenerativas y, finalmente, la muerte.

Durante el proceso de envejecimiento, un organismo acumula daño en sus macromoléculas, células, tejidos y órganos. Se cree que este daño es causado en su mayor parte por los radicales libres, que contribuyen así al envejecimiento. Los radicales libres son moléculas microscópicas (orgánicas o inorgánicas) resultantes del proceso de transformación de los nutrientes de los alimentos en energía en las células; son desechos tóxicos de los que el cuerpo se tiene que deshacer para mantener un equilibrio saludable. Es decir, además de energía, necesitamos sustancias que favorezcan la reparación y la eliminación de los desechos metabólicos del cuerpo.

Los radicales libres son moléculas muy inestables con tendencia a combinarse con el oxígeno y de un gran poder reactivo. Son capaces de alterar su entorno e incluso dañarlo. Estas moléculas agresivas atacan a diario unas 10.000 veces nuestro ADN, las estructuras de albúmina (proteína), los compuestos que regulan el metabolismo (enzimas metabólicas) y las grasas (lípidos), provocando oxidación en los componentes celulares y moleculares, incluso alteraciones en el ADN y cambios que aceleran el envejecimiento del cuerpo y que pueden derivar en diferentes enfermedades degenerativas.

Los radicales libres sólo son peligrosos cuando son demasiado abundantes —estrés oxidativo— y sobrepasan la capacidad de control de nuestro sistema inmunitario. Una de las funciones de nuestro sistema inmunitario es neutralizarlos a través de la acción de enzimas generadas por nuestro propio organismo y a través de la acción de las sustancias antioxidantes o captadores de radicales libres que incorporamos mediante la alimentación, sustancias que son nuestros protectores naturales contra el proceso biológico del envejecimiento.

Los captadores de radicales libres provenientes de la alimentación pueden ser muchos y muy variados. Generalmente se agrupan en **vitaminas, oligoelementos y ácidos grasos saludables.** Así que lo que nosotros llamamos nuestros alimentos no sólo nos sirven para producir energía o construir tejidos, sino **que nos ayudan a combatir estos componentes tóxicos** precisamente resultantes de la combustión de nutrientes llevada a cabo en las células para producir energía. ¿Una pescadilla que se muerde la cola? Si no nos paramos a pensar, lo podríamos ver así. Pero también es cierto que en nuestra dieta contemporánea hay muchos mal llamados alimentos que no contienen estos antioxidantes; son comestibles que nos aportan macronutrientes, pero no nos aportan nutrientes *well-aging*. Sin embargo, hay otros alimentos, alimentos de verdad, que son muy ricos en ellos y que siguen aportándonos los macronutrientes que necesitamos para sentirnos fuertes y enérgicos a diario. ¿Cuál de los dos tipos será más beneficioso y de efectos rejuvenecedores?

Desde el punto de vista de la medicina, **la medicina *anti-aging* es todo ventajas, pues integra la medicina funcional,** cuyo propósito es mejorar todas las funciones del cuerpo; **la medicina preventiva,** que actúa antes de que la enfermedad exista, y la **medicina integrativa,** que combina las terapias de la medicina alopática con las de la medicina natural poniendo el foco en la salud y bienestar de la persona como una totalidad (punto de vista holístico) en vez de centrarse sólo en la enfermedad y su tratamiento como algo aislado.

Así que, ¿por qué no inspirarnos en lo mejor y proponer una alimentación tan completa como este tipo de práctica? **Una alimentación funcional, preventiva e integrativa.** Seguro que no conseguiremos ser inmortales, pero sí que haremos todo lo que esté en nuestras manos para llevar un día a día lo más saludable posible.

Con una alimentación funcional, preventiva
e integrativa, no conseguiremos ser inmortales,

pero sí que haremos todo lo que esté
en nuestras manos para llevar un día a día
lo más saludable posible.

Capítulo 2

LA COCINA
DE LA ETERNA
JUVENTUD

Vitaminas, oligoelementos y ácidos grasos antioxidantes son todos muy sensibles en su preparación y pueden dañarse parcial o completamente al exponerlos al aire, a la luz y al calentarlos. Se encuentran en su mayoría en verduras y frutas frescas, así que lo mejor que podemos hacer para asegurarnos el aporte de antioxidantes diario es comer las piezas de verduras y fruta tal cual, o prepararlas con cariño e intención, como se hace en alimentación viva, sin someterlas a temperaturas elevadas para preservar sus enzimas y propiedades. Desde este punto de vista, la cocina con alimentos vivos, el *raw food* bien entendido, sería un paso hacia la preparación de los alimentos de la manera más saludable, la preparación más *anti-aging* posible. No sólo no desnaturaliza los alimentos ni genera tóxicos propios de la cocción a temperaturas elevadas, sino que preserva al máximo **los principios antioxidantes de los alimentos, la verdadera agua de la fuente de la eterna juventud.**

Eso sí, si lo que queremos es aprovechar al máximo las propiedades de los alimentos, entonces, lo mejor es olvidarse de cocinar y de cualquier tipo de preparación, incluso de los cuchillos, y simplemente lavar los alimentos con agua filtrada y comerlos como lo harían nuestros familiares cercanos, los primates.

Por otra parte, **una concentración sana de radicales libres es necesaria y cumple su función en nuestro organismo.** Este utiliza su potencial tóxico para defenderse en su guerra de guerrillas contra las bacterias y otros intrusos dañinos. Con lo cual, un total bloqueo de radicales libres es también peligroso para nuestras defensas. Un exceso de antioxidantes tampoco es saludable, pues llevaría a la producción de otras sustancias también nocivas para nuestra salud.

Por suerte, **si obtenemos los antioxidantes a través de alimentos frescos, nada de esto ocurrirá**: el cuerpo eliminará sin problemas el exceso de sustancias antioxidantes o *well-aging* que no necesite. No ocurre lo mismo si consumimos suplementos alimentarios antioxidantes, cápsulas y comprimidos producidos en laboratorios porque, si se toman en dosis más elevadas de lo necesario, pueden provocar efectos contrarios a los que buscamos. Así que si decides tomar suplementos de cualquier tipo, asesórate bien y déjate guiar por un profesional de la salud especialista en nutrición *anti-aging*. La verdadera salud *anti-aging* reside en el equilibrio y en lo natural.

Actualmente tenemos mucha suerte, ya que el **grueso de la investigación de las estrategias *anti-aging* para alargar la esperanza de vida se centra en la nutrición** —dieta y suplementos—. Aunque no hay muchos resultados comprobados de manera sistemática y muchas veces las dietas sugeridas por los defensores de la alimentación *anti-aging* son contradictorias, parece ser que los modelos de alimentación basados en la **restricción calórica** han dado ciertos resultados *anti-aging* en la reducción del riesgo de desarrollar diabetes tipo dos y aterosclerosis. Las dietas basadas en la restricción calórica, por otra parte, no son nada nuevo. En muchas culturas encontraremos perlas de sabiduría popular que nos advierten contra los peligros de la glotonería —cavar la tumba con los dientes— o que aconsejan la moderación. Un ejemplo claro lo encontramos en Okinawa del Norte, en una de las comunidades más conocidas por sus saludables, longevos y centenarios habitantes, que todavía mantienen dietas y costumbres ancestrales. Estas comunidades no sólo evitan comer ad líbitum, sino que aconsejan quedarse con algo de hambre en las comidas, siguiendo la máxima confucionista *hara hachi bu*, o comer hasta estar 80 % llenos.

Aparte de las dietas basadas en la restricción calórica como tratamiento rejuvenecedor y curativo, la gran industria generada hoy por el movimiento *anti-aging* también ofrece, entre otros muchos tratamientos, terapias hormonales diversas, como la terapia con hormonas del crecimiento (HGH, *Human Growth Hormone*) para adultos que presenten deficiencia de esta hormona que produce de manera natural la glándula pituitaria en personas sanas. La terapia con HGH sintética ha dado resultados cambiando la composición corporal donde lo debiera haber conseguido una producción de HGH adecuada. Con esta terapia se consigue el aumento de masa muscular, la disminución de materia grasa, el aumento de densidad ósea y de la fuerza muscular y la mejora de parámetros cardiovasculares —disminución del colesterol malo o LDL—, lo que, en esencia, mejora la calidad de vida de estas personas sin efectos secundarios significativos. Los síntomas propios de personas con deficiencia de HGH coinciden con las manifestaciones del envejecimiento biológico, por lo que estas terapias *anti–aging* aconsejan el uso de HGH como antídoto.

Existe también, como apuntaba más arriba, la teoría que sostiene que el envejecimiento y el daño celular y molecular son causados por la acumulación de radicales libres. Esta otra teoría aboga por el uso de suplementos antioxidantes capaces de neutralizar los radicales libres y equilibrar el estrés oxidativo, contribuyendo así a la prevención de enfermedades degenerativas y el envejecimiento celular y molecular.

En este contexto, surge la nutrición *anti-aging* como una manifestación más de este movimiento que, si nos paramos a pensar unos segundos, no es más que la versión contemporánea de la tan ansiada voluntad del ser humano de conseguir la inmortalidad.

Aunque en la nutrición *anti-aging* se prescriben una serie de preparados y suplementos de laboratorio de gran efecto antioxidante, generalmente vitaminas, minerales y ácidos grasos saludables, estos y otros **compuestos *well-aging* se encuentran en los alimentos frescos de origen vegetal, sobre todo en frutas y verduras frescas.** Así que, ¿son realmente necesarios los preparados multivitamínicos de laboratorio si hacemos que nuestra dieta sea rica en antioxidantes o sustancias *well-aging* y pobre en sustancias tóxicas oxidantes o sustancias *pro-aging*? ¿Por qué no eliminar de la dieta, en la medida de lo posible, aquellos otros factores de estilo de vida y medioambientales que se alejan de este acercamiento? ¿Por qué no volver a lo natural e incorporar a nuestra dieta los alimentos portadores de estos principios? Esto, en el fondo, es lo que proponen las recetas de este libro, sin olvidar la necesidad de amenizar nuestro plato y de aliñar nuestras vidas con cariño, intención y salud mientras disfrutamos e incluso invitamos a nuestros seres queridos a probar con nosotros recetas deliciosas y, además, rejuvenecedoras o *well-aging*.

Así que el antídoto inmediato más *anti-aging* sería, primero, eliminar al máximo de nuestro día a día los alimentos procesados, refinados o preparados de manera inconsciente, y los ambientes y situaciones tóxicos. Debemos recordar que no sólo los alimentos nos nutren o desnutren, sino que también las situaciones pueden afectar a nuestra dinámica interior. Por otro lado, empezaremos a introducir alimentos más ricos en nutrientes, especialmente antioxidantes, los prepararemos de la manera más consciente posible y no nos olvidaremos de hacer ejercicio a diario, estar hidratados, tomar el sol de manera moderada, descansar lo suficiente y en horario adecuado, estar en contacto con la naturaleza y rodearnos de buena compañía.

Capítulo 3

PRIMEROS PASOS HACIA UNA NUTRICIÓN *WELL-AGING*

El proceso de envejecimiento tiene lugar en el cuerpo a niveles muy distintos; los diferentes órganos y sistemas pueden envejecer en diferentes momentos y a diferentes velocidades. Así, podemos tener un corazón saludable y joven, y un sistema digestivo débil y no tan joven. Pero es posible **contribuir a ralentizar la velocidad del envejecimiento biológico por medio de una mejor alimentación y un estilo de vida saludable.** Con esta frase, podemos resumir el principio que mueve la propuesta de la nutrición *anti-aging*.

El proceso de envejecimiento del cuerpo es inevitable, pero hay factores en nuestro día a día que pueden contribuir a acelerarlo (estrés laboral o personal, contaminación, medioambiente tóxico, genética, alimentación incorrecta, sedentarismo, exceso de ejercicio, consumo de tabaco, consumo excesivo de alcohol, consumo excesivo de medicamentos...), por lo que también podemos contribuir a frenarlo.

La primera propuesta de una nutrición *well-aging* es **eliminar los factores oxidativos envejecedores fruto de una alimentación y unos hábitos de vida no saludables (consumo de refinados, azúcar, grasas no saludables,** procesados, cocinados a altas temperaturas, alcohol, tabaco, excitantes). Al mismo tiempo, propone la **inclusión de alimentos (y suplementos, bajo el consejo de un profesional) altamente antioxidantes, alimentos** *well–aging* capaces de retardar y neutralizar el envejecimiento celular interno.

Estos alimentos antioxidantes son aquellos **ricos en nutrientes naturales o sustancias** *well-aging*: **vitaminas A, del grupo B, C, D, E, K, resveratrol, quercetina, oligoelementos (zinc, selenio), proteínas de buena calidad, flavonoides, coenzima Q10, carnitina, ácidos grasos omega 3, 6 y 9, fibra (prebióticos), probióticos (bacterias beneficiosas para la microbiota), calcio, hierro...**

Los métodos de preparación de alimentos también importan, pues dependiendo del tipo que usemos podremos preservar nutrientes, antioxidantes y enzimas en los alimentos, y no generar tóxicos innecesarios en su preparación.

Las maneras más respetuosas y conscientes, y por tanto más *well-aging*, **de consumir los alimentos son en modo de crudos, germinados, brotes, licuados, batidos, triturados, macerados ligeros o largos, fermentados, deshidratados,** y, si se echa de menos la cocción o algún alimento caliente, cocinados rápidos al vapor o salteados rápidos, aunque al hacerlo se pierden parte de los nutrientes y enzimas.

Ya hemos visto cómo el calor a una temperatura superior a los 38 °C destruye muchas vitaminas y las enzimas en los alimentos. Incluso, si las temperaturas sobrepasan el umbral de los 70 °C puede desnaturalizarlos de tal manera que el cuerpo es incapaz de reconocerlos como algo beneficioso, ni tan siquiera como algo familiar. Al ingerir estos alimentos desvitalizados, el sistema inmunitario se pone innecesariamente en alerta. Y si comemos tres o cinco veces al día, ¿cuántas veces se inicia la reacción del sistema inmune de manera innecesaria? ¿No podríamos utilizar mejor esa energía en otros procesos más importantes?

Aparte de no estar desnaturalizados y de preservar enzimas alimentarias y nutrientes, los alimentos crudos contienen bacterias y otros microorganismos beneficiosos que afectan positivamente al sistema inmune y nos ayudan en la digestión, repoblando con bacterias beneficiosas —probióticos— nuestra flora intestinal y alimentando nuestra microbiota con fibra natural —prebióticos.

Aquellos alimentos que podemos comer en crudo sin problemas son nuestros verdaderos alimentos biológicos y fisiológicos.

Los que no pueden consumirse de esta manera, como patatas y raíces similares, legumbres sin germinar, cereales y pseudocereales sin germinar, berenjenas, etc., quedan fuera de nuestra lista.

Los vegetales silvestres, orgánicos e integrales son más nutritivos y naturales, y, en crudo, contienen altos contenidos de antioxidantes y sustancias *well-aging* intactos.

Las grasas, aceites, frutos secos y semillas oleaginosas cocinados a altas temperaturas (a partir de los 60 ºC) generan grasas trans y glicotoxinas que son altamente *pro-aging*. Los frutos secos dejan de ser beneficiosos si no se conservan bien, en sitio fresco y preservado de la humedad; de no ser así, se vuelven rancios y sus aceites dejan de ser *well-aging*.

El agua es también un factor importante a tener en cuenta: el agua del grifo, especialmente en las ciudades, sin filtrar y/o sin vitalizar no es tan saludable; es un agua que suele ser pasteurizada en su proceso de potabilización para acabar con patógenos biológicos y que contiene trihalometanos (THM), compuestos químicos volátiles que se generan durante el proceso de potabilización. Estos son subproductos que se forman por la combinación de materia orgánica y derivados halogenados, como el cloro y el flúor.

En alimentación viva, tampoco se recomiendan los excitantes ni estimulantes como el café, el tabaco, el alcohol, el té negro, el mate e incluso, en sus versiones más puristas, el cacao o cualquier otro tipo de excitante. Los alimentos procesados, también quedan excluidos de la alimentación viva más pura, así como los preparados industriales que contienen excitotoxinas (saborizantes) y otras toxinas (conservantes, colorantes, texturizantes y otros aditivos) perjudiciales para nuestra salud.

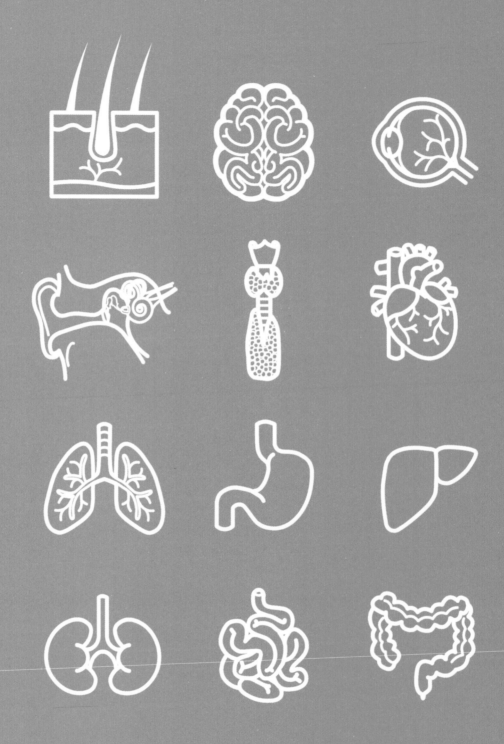

LA CIENCIA DE NOSOTROS

Cada movimiento que somos capaces de hacer, cada día nuevo que somos capaces de ver, son el resultado del trabajo conjunto y armónico de una serie de sistemas complejos que nos dan la vida. Podemos vivir e ignorarlos por completo y continuarán ahí, trabajando a su ritmo para conseguir, sin esfuerzo aparente, que el misterio de la vida siga funcionando.

O también podemos parar e intentar comprender qué es lo que pasa a esos otros niveles vitales de nuestro organismo, escuchar al cuerpo cuando este sin duda nos quiera decir algo en vez de ignorarlo, o intentar comprender en qué consiste ese funcionamiento y no sólo no interferir en sus procesos, sino vivir apoyándolo. Para mí, este paso ha sido de vital importancia: pararme a entender, aunque sea de manera básica, mínima y rudimentaria, cómo funcionan esos sistemas que nos dan la vida. **La anatomía** —el estudio de la estructura y relaciones entre las partes del cuerpo—, **la fisiología** —la ciencia que estudia cómo esas partes trabajan de manera conjunta para funcionar y mantener el cuerpo vivo y saludable— y **la biología evolutiva** —el área de la biología que estudia los cambios de los seres vivos a través del tiempo y las relaciones de parentesco entre las especies— han sido mis lecturas aliadas a la hora de transformar mi día a día en algo mucho más natural y saludable. La anatomía trata sobre todo aquello que tu cuerpo es. La fisiología trata sobre todo lo que tu cuerpo hace. La biología evolutiva trata sobre lo que realmente fuimos en los inicios de la noche prehistórica y el camino que recorrimos para convertirnos en lo que somos hoy día, nosotros y el resto de seres del planeta. Y, juntas, estas ciencias comprenden la "ciencia de nosotros". Un mundo complejo y apasionante que se nutre también de otras disciplinas como la química, la física, la ecología...

Esta nueva fuente de conocimiento me ayudó a entender no sólo cómo es que estoy/estamos viva/vivos en este momento, sino a comprender qué es la enfermedad y cómo nuestro cuerpo es capaz de recuperarse de las enfermedades y de otros accidentes y cómo nosotros, con nuestros pequeños o grandes actos cotidianos, podemos contribuir a ayudar a nuestro organismo o a interferir en sus procesos de reparación, nuestro bienestar y felicidad.

Este fue el verdadero viaje y el verdadero regalo de la vida que me ayudó a sanar con el tiempo y la constancia y que me enseñó a respetar y a mirar con otros ojos la maravilla de la vida, de la naturaleza en general y del cuerpo humano en particular, lo que me permitió comprender que somos mucho más que la simple suma de nuestras partes. Espero que también las líneas que siguen, bajo esta luz, estén llenas de significado para ti.

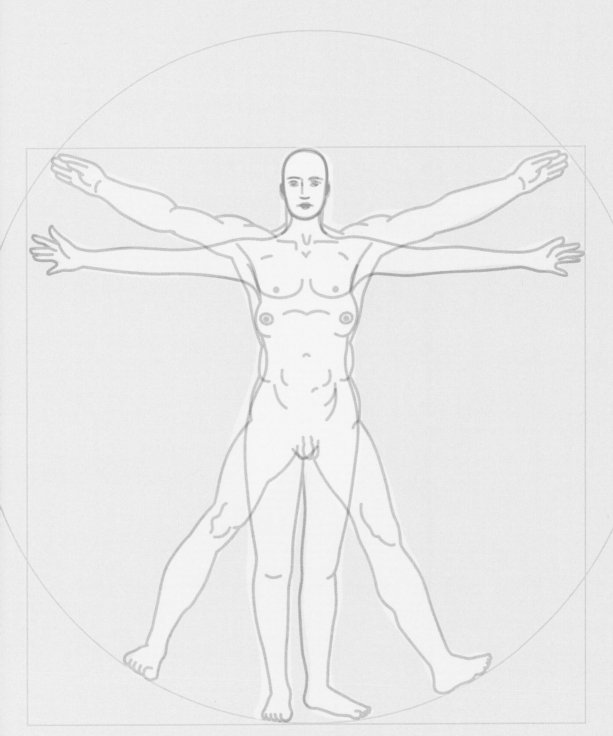

La anatomía, la fisiología y la biología evolutiva
comprenden la "ciencia de nosotros". Un mundo complejo
y apasionante que se nutre también de otras disciplinas
como la química, la física, la ecología...

101

Capítulo 1

¿QUÉ ES LA PIEL?

La piel, interficie sensorial, contenedor físico y escudo inmune, es un órgano y no un simple envoltorio. Es el espejo de nuestro interior en el que podemos ver reflejado nuestro estado de salud y nuestro estado nutricional. Es el órgano de mayor extensión superficial del organismo, aproximadamente 2 m², y pesa entre el 8 % y el 12 % de nuestro peso corporal total, a pesar de sólo tener un espesor de entre 1,5 mm máximo (plantas de los pies) a 4 mm mínimo (párpados).

Se compone de varias capas: **epidermis**, es su capa superior, con células epiteliales, de 1,2 mm a 2 mm; **dermis o corion**, formada por fibras de tejido conjuntivo y muscular, pequeños vasos sanguíneos y glándulas sudoríparas; **hipodermis** o subcutis, donde predomina el tejido graso, los vasos sanguíneos mayores, nervios y células sensoriales; y **apéndices cutáneos**, pelo, glándulas sebáceas, músculos de los folículos pilosos, uñas y glándulas sudoríparas.

Entendiéndola desde sus funciones, la piel es un contenedor frontera con el mundo exterior, protección ante las agresiones del medioambiente, que limita y realiza funciones muy sofisticadas de cambio de información a través de los sentidos reaccionando con el medio exterior a nivel mecánico, químico e inmunológico.

La piel sana está poblada por la flora cutánea, microorganismos, bacterias y hongos naturales, células epiteliales inmunocompetentes y células dendríticas; todo un complejo microambiente que recibe el nombre de sistema inmunitario cutáneo (SIC), que defiende su territorio ante los ataques de agentes patógenos externos. El SIC es el primer escudo inmune ante las amenazas microscópicas del medioambiente; es decir, la piel es un puesto avanzado de nuestro sistema inmunitario.

La piel también tiene una **función de termostato**: regula nuestra temperatura y es capaz de modificar la irrigación sanguínea dependiendo de si sentimos frío o calor. En situaciones de calor excesivo, este se disipa a través del sudor, que a su vez refresca la temperatura más externa de la piel.

La piel **nos protege ante lesiones mecánicas**: golpes, presiones, rozaduras, lesiones leves y no sólo nos protege de agentes patógenos, sino también ante otras sustancias extrañas como los químicos (lejías, etc.) a los que no deja permear. Protege también ante los rayos del sol y la sequedad manteniéndonos hidratados. Y es un sofisticado receptor de estímulos sensoriales.

En su interior la piel contiene **células madre** adultas. Estas células básicas del cuerpo son capaces de generar distintos tejidos, como la piel, los músculos y los huesos, la sangre, los nervios y la totalidad de los órganos que realizarán diversas tareas y funciones. Además, las células madre producen otras células madre y así evitan que se agoten las existencias. Gracias a su naturaleza comodín, estas células se desarrollan para realizar diferentes funciones reparadoras del organismo según sea necesario.

Para nutrir la piel con sustancias *well-aging* y mantenerla sana y joven, para tener un pelo firme y brillante y unas uñas fuertes es necesario que, además de cubrir las necesidades de calorías, se cubran los aportes de aminoácidos, antioxidantes, vitaminas, oligoelementos y se mantenga un equilibrio hídrico.

La belleza de la piel viene de dentro. Si se nutre la piel con los nutrientes que necesita, se obtienen resultados antioxidantes preventivos visibles mucho más claros que con cualquier cosmético antiedad. El aceite de oliva crudo de primera presión en frío y otras grasas vegetales naturales y saludables, la fruta, la verdura y los vegetales en general son sus claros favoritos. En cambio, envejece con productos cárnicos y lácteos, mantequilla incluida.

En cuanto se ve expuesta a la luz natural, no sólo al sol directo, la piel recurre a sus reservas de antioxidantes para protegerse de los rayos UV; estas reservas antioxidantes son las vitaminas C y E, los polifenoles, el ácido fólico (vitamina B9) y los betacarotenos.

¿Has observado la piel cuarteada de campesinos y marineros, o personas que han abusado del sol? Si nuestra alimentación no le proporciona una cantidad necesaria de estas vitaminas antioxidantes para su renovación natural y automática, la piel queda expuesta a los estragos del envejecimiento por la exposición a la luz. Debemos tener en cuenta que, ante las prioridades de nuestro organismo, la piel es "el último en la cola" a la hora de utilizar las reservas de antioxidantes de nuestro organismo, pues tienen preferencia el corazón y el cerebro.

Con el envejecimiento la piel se vuelve más fina, seca, manchada (manchas blancas u oscuras), menos elástica, arrugada, con cicatrización más lenta... Todos estamos familiarizados con este proceso, las huellas de los radicales libres.

Los principales proveedores de radicales libres que afectan directamente a la salud de la piel y que nos encontramos a diario son el tabaco, la contaminación, el estrés y la exposición excesiva al sol. En contacto con ellos, el organismo produce grandes cantidades de colagenasa, enzima que disuelve el colágeno, un componente clave en la estructura de la piel.

Los radicales libres no sólo son causantes de arrugas y manchas de todo tipo, sino que desorganizan las estructuras de la piel, provocan inflamaciones, alergias, lesiones, cánceres cutáneos... La epidermis o capa externa de la piel está continuamente expuesta a productos químicos, al entorno, a virus, a cambios de temperatura, a los rayos del sol...

Nutrientes well-aging para la piel

El color naranja, presente en los betacarotenos, nos protege contra los rayos ultravioleta y es cicatrizante. Para una absorción más eficaz, se combina con la vitamina E (un ácido graso). La exposición solar consume la vitamina E muy deprisa, así que en verano es muy importante incluir en la dieta alimentos con betacarotenos y vitamina E. Fuentes vegetales de betacarotenos son la zanahoria, las espinacas, el repollo, la remolacha roja, el albaricoque, la sandía. Fuentes vegetales de vitamina E son el aceite de girasol, el de oliva, el de germen de trigo, los frutos secos y las semillas oleaginosas.

Las vitaminas A, D, E, F y K son las encargadas de disolver las grasas, el organismo las almacena en depósitos grasos de larga duración, por lo que es muy poco común su carencia (especialmente en países desarrollados, donde no suele haber carencias de alimentos).

La vitamina K1 se encuentra en la clorofila, las verduras de hoja verde tierna, en cebollinos, coles de Bruselas, champiñones, fresas. La vitamina K2 se sintetiza por la microbiota —flora intestinal— y también la encontramos en los fermentados.

La vitamina D se absorbe primero en su estado inactivo en el intestino y en la piel bajo el efecto de los rayos solares; es uno de los motivos por los que se aconseja que pasemos más horas al aire libre y tomando el sol. Más tarde, en su estado activo, es absorbida en el hígado y los riñones. La vitamina D es en realidad una hormona, no una vitamina. Nos han enseñado que la vitamina D es la "vitamina de los huesos", pero sería más correcto decir que es la "hormona del sol". El término vitamina hace referencia a un nutriente que nuestro cuerpo necesita y no puede producir y tiene que obtener a través de la alimentación. En cambio, la vitamina D es una sustancia química que producimos al exponer nuestra piel al sol.

El cuerpo produce la mayor parte de la vitamina D que necesita, y sólo alrededor del 10 % proviene de los alimentos. **Esta hormona es clave para la absorción del calcio y del fósforo, indispensable para la salud ósea y del sistema nervioso y la mineralización de los huesos.** Se sintetiza en la piel mediante la exposición a la luz solar ultravioleta. Sólo si recibimos suficiente sol la piel produce una sustancia llamada **colecalciferol**, que más tarde el hígado convierte en **calcidiol**, que, a su vez, nuestros riñones convierten en **calcitriol**. El calcitriol es la forma activa de la vitamina D, que regula los niveles de calcio e incrementa su absorción en el tracto gastrointestinal. El papel de la piel en el proceso de absorción del calcio es primordial.

El calcio es un elemento estructural principal de nuestros huesos y dientes. Nuestro cuerpo necesita de varios nutrientes para que el calcio sea absorbido y utilizado correctamente. Estos nutrientes son la vitamina D y la K. La vitamina D aumenta la absorción de calcio en el intestino delgado, mientras que la K ayuda a asegurar que el calcio se acumule en los huesos y no en los tejidos blandos.

La vitamina D también promueve un sistema inmune saludable y equilibrado, beneficia la salud cardiovascular y ayuda a que nuestro sistema nervioso tenga un correcto funcionamiento. En el reino vegetal encontramos **vitamina D2** (vitamina ergocalciferol y provitamina ergosterol) en el aguacate y en las setas, en especial en los champiñones, y si estos han sido solarizados (expuestos e incluso deshidratados al sol) su contenido de vitamina D2 aumenta de manera exponencial.

El sol es un imprescindible factor de salud y de vida. Previene el raquitismo, las depresiones estacionales, mejora la psoriasis, protege contra los cánceres de mama y de colon, relaja, nos ayuda a asimilar el calcio, nos calienta en invierno, nos da energía y cambia nuestro estado de ánimo. **Sin embargo, la exposición imprudente al sol constituye uno de los peores factores de envejecimiento de la piel,** pues puede producir arrugas profundas, rojeces, cataratas, degeneración macular, debilitación del sistema inmunitario, cáncer de piel. La excesiva exposición al sol es un envejecedor acelerado de la piel. Los rayos UVB atacan la superficie de la piel, los rayos UVA dañan sus componentes al igual que los radicales libres: oxidan los ácidos grasos, enranciándolos y convirtiéndolos en el más potente agente oxidante que existe, capaz de actuar en el cuerpo atacando las membranas celulares y los glóbulos rojos, causando daños en el material genético, en las bandas de ADN/ARN, y mutaciones en los tejidos, vasos arteriales y la piel.

Cuando el sol toca nuestro cuerpo (piel, retina, cristalino) se produce un exceso de energía y, a través de una serie de reacciones bioquímicas, las moléculas de oxígeno de nuestros electrones quedan modificadas por su energía suplementaria. Al recuperar su normalidad, nuestros electrones sueltan la energía acumulada, creándose el **oxígeno singulete**, radicales libres que no son electrones sobrantes, sino **electrones superenergetizados**. El resultado es el mismo que con los radicales libres: se crean sustancias superagresivas que destrozan todo a su paso.

Los únicos antioxidantes que sirven para combatir los efectos del oxígeno singulete son el licopeno, la luteína, el glutatión y la vitamina C.

Alimentos ricos en **vitamina C** son sobre todo el pimiento rojo, la acerola, el escaramujo, los cítricos (naranjas, mandarinas, pomelos, limones, limas, kumquat), las crucíferas (coliflores, coles de Bruselas, berzas), y muchos otras plantas como las espinacas, los plátanos, las manzanas, los melones y sandías, las zanahorias, las piñas, las papayas, los ajos, los frutos rojos y frutos del bosque, la uva, el apio, los higos, el aguacate, las chirimoyas, los mangos, las granadas y los cocos. El **licopeno** lo encontramos en vegetales de color rojo como la sandía, los tomates, los pimientos rojos. La **luteína** se encuentra en arándanos, grosellas negras, las bayas de aronia y las ciruelas.

El **glutatión** es un aminoácido no esencial que puede producir nuestro cuerpo a partir de la unión de cisteína y ácido glutámico, aunque también encontramos alimentos que lo contienen, como el brócoli, el ajo, las espinacas o la verdolaga.

La **cisteína** es un aminoácido no esencial, es decir, que también podemos fabricar nosotros, y es un **precursor del glutatión**. También encontramos cisteína en fuentes vegetales como las nueces, el brócoli, las cebollas, los pimientos rojos, las legumbres y las coles de Bruselas. El ácido glutámico, otro aminoácido no esencial utilizado por el cuerpo para el transporte de energía y síntesis de proteínas, lo encontramos en algas como el kombu, espárragos, tomates, almendras, sésamo, pistachos, semillas de calabaza y lentejas.

La **vitamina E** es también indispensable para la piel. Nos protege contra las agresiones internas y externas. Fomenta la microcirculación cutánea. **Refuerza la capa lipídica (tejido adiposo) que protege la epidermis y ayuda a retener mejor el agua** manteniendo la piel hidratada, tonificada, tersa y joven más tiempo. Ayuda a la cicatrización y es un gran antiinflamatorio. Algunas fuentes de vitamina E vegetales son el aceite de germen de trigo, el girasol, las nueces, el sésamo, las avellanas, las olivas, las almendras, la espirulina o las algas.

La belleza de la piel viene de dentro.
Si se nutre la piel con los nutrientes que necesita, se obtienen resultados antioxidantes preventivos visibles mucho más claros que con cualquier cosmético antiedad.

La **vitamina F** la encontramos en los aceites de onagra y borraja, las nueces, las almendras. Aporta ácido alfa-linoléico omega 3 y omega 6, y funciona como regulador hormonal en las mujeres y fortalecedor del sistema inmunitario.

Las **vitaminas del grupo B** también son clave para la salud de la piel. Las que juegan el papel más importante en nuestra salud son las vitaminas B2 (riboflavina), B6 (piridoxina), B7 (biotina) y B12 (cobalamina). Encontramos B2 (riboflavina) en la levadura nutricional y en verduras como el brécol o berza, el espárrago y las espinacas. La vitamina B6 (piridoxina) la encontramos en coles, judías verdes, lentejas, lechugas, brotes de trigo, nueces, levadura nutricional y plátanos. La vitamina B6 es coenzima del metabolismo de los aminoácidos, así que cuanta más proteína recibe el cuerpo, más vitamina B6 necesitará para metabolizarla en los aminoácidos necesarios. La vitamina B7 (biotina) o vitamina H, regula diversos procesos metabólicos, y se encuentra en la levadura, el salvado de trigo, las espinacas.

La **vitamina B12 (cobalamina)** es de vital importancia en la división celular y la formación de la sangre, en la absorción de la vitamina A y el hierro, en el metabolismo de los ácidos grasos y los carbohidratos, y en el correcto funcionamiento del sistema nervioso y el cerebro. La encontramos en las bacterias que crecen en la tierra, en las algas y en la piel de algunos vegetales, aunque en proporciones muy bajas. También la sintetizamos nosotros en el intestino grueso, siempre y cuando gocemos de salud intestinal, aunque esta producción en el tracto intestinal sólo se absorbe parcialmente, pues una gran parte es eliminada con las heces. Para ayudarnos a producir vitamina B12 necesitamos cianocobalamina (radical ciano), presente en las semillas de la manzana, del albaricoque y de algunos frutos secos, como la almendra, y semillas oleaginosas; es importante que los vegetales que la contienen sean de cultivo orgánico, pues hay estudios que apuntan que la vitamina B12 de cultivos no orgánicos, cuando está presente, no lo está de manera activa.

El zinc, un oligoelemento o mineral que necesitamos en pequeñas cantidades, es clave en el metabolismo de las proteínas, la vitamina A y la formación de las membranas celulares. Lo encontramos en el germen de trigo, el centeno y la avena integrales y, en menor proporción, en semillas oleaginosas como las semillas de calabaza y girasol, las nueces, las setas, la levadura nutricional o las lentejas. Para una mejor asimilación del zinc, sería ideal ingerirlo junto a alimentos ricos en cobre, presente en algas y alimentos de color marrón en general, y alimentos ricos en vitamina B6.

El selenio, el mineral de la juventud, trabaja solo o como parte de sistemas enzimáticos, por lo que se puede decir que actúa como un co-catalizador biológico.

Física y químicamente se asemeja al azufre. **Su acción se encuentra ligada a la de la vitamina E,** también llamada la vitamina de la fertilidad y la vitamina del corazón por su efecto positivo en los procesos de reproducción y la salud cardiovascular. **Ambos se asocian a la prevención del cáncer, la desaceleración del envejecimiento de las células y la eliminación de metales pesados.** El selenio es un oligoelemento muy sensible al calor (cocción) y se destruye ante la presencia de metales pesados (cadmio y mercurio entre otros). El selenio es clave para conseguir una protección efectiva contra los rayos ultravioleta, ya que favorece la desintegración de los radicales libres creados en la exposición solar; contribuye a la elasticidad en la piel y previene la formación de cataratas. Fuentes principales de selenio son la levadura nutricional, la cebada, el ajo, los cocos, las setas, los brotes de trigo y las nueces de Brasil.

Los **aminoácidos** imprescindibles para el cuidado de piel, uñas y pelo son: **la metionina,** presente en el mundo vegetal en nueces, sésamo, almendras, lentejas, garbanzos, ajo, cebolla, judías blancas; **el triptófano,** que encontramos en cereales integrales, dátiles, cacao, sésamo, garbanzos, pipas de girasol, pipas de calabaza y espirulina; **la cisteína,** que hallamos en legumbres, pimientos dulces rojos y amarillos, ajo, col, arroz, frutos secos y semillas.

La piel necesita **grasas saludables** que aseguren su doble función: la **función teflón,** en la que las grasas protegen la córnea frente al exterior; y la **función velcro,** según la cual las estructuras de la epidermis tienen que estar perfectamente unidas, sin grietas, para ser impermeables y sólidas ante factores patógenos o químicos exteriores.

La contaminación contribuye a la destrucción de la vitamina E en nuestra epidermis, motivo por el que los lípidos de nuestra piel y las membranas de nuestras células quedan expuestos a factores oxidativos.

Para combatir los efectos oxidantes de la contaminación necesitamos **ácido alfalipoico,** que se encuentra sobre todo en coles y espinacas. Su importancia se debe a que atrapa los metales pesados susceptibles de convertirse en oxidantes (hierro, cobre) y los metales pesados tóxicos (aluminio, cadmio, plomo, mercurio), **en asociación con la vitamina E y la cisteína.**

Ante la contaminación, también nos ayudarán los **flavonoides,** fitonutrientes superantioxidantes que encontramos en frutas y verduras y que son responsables de su pigmentación multicolor. **El selenio** también es un mineral recomendado para quienes tienen más exposición a la contaminación por metales pesados (como, por ejemplo, las personas que consumen con frecuencia pescado de tamaño grande, como el atún, o que están expuestas a ambientes muy contaminados o al uso de pinturas con metales pesados), ya que contribuye a la eliminación de dichos tóxicos ayudando a ahorrar glutatión. **La vitamina C** también ayuda a neutralizar los oxidantes de la sangre, del plasma, de la linfa y de los líquidos intra y extracelulares, y bloquea la acción de ciertos metales pesados. Es antivírica y activa contra todo tipo de infecciones bacterianas. Veremos fuentes vegetales de estos tres nutrientes más adelante.

El DHA (omega 3 ácido docosahexaenoico) resulta efectivo como protector contra la toxicidad del mercurio (amalgamas dentales, contaminación, pintura, etc.). Fuentes de DHA vegetal son algunas algas marinas y algunas microalgas. **Es posible metabolizar DHA a través de la conversión en el organismo del ácido alfa-linolénico (omega 3 ALA)**, otro ácido graso omega 3 que encontramos en **abundantes fuentes vegetales: en semillas oleaginosas y frutos secos** (lino, nueces, chía, pecanas, almendras, cáñamo), **pseudocereales y legumbres** (quinoa, judías, garbanzos y lentejas) **y verduras y frutas** (verdolaga, espinacas, hojas de rábano y mostaza, brócoli y coliflor, aguacate, frambuesas, fresas); aunque el grado de conversión es reducido.

Sin embargo, las **microalgas** y algunos pequeños crustáceos, como el krill, son la fuente de DHA de muchos peces y mamíferos marinos. El porcentaje medio de ácidos grasos poliinsaturados presentes en los aceites de algas es de un poco más del 40 %, una media superior que en el aceite de pescado; además, la mayor parte es EPA (omega 3 ácido eicosapentanoico), y su contenido en colesterol es tres veces inferior. En general, las algas están hoy menos contaminadas que el pescado, ya que estos vegetales del mar no pueden desarrollarse bien en aguas contaminadas. Aunque si nos preocupa la contaminación a la hora de consumir algas, existen también los cultivos orgánicos certificados en aguas marinas libres de contaminación. **Los mejores aceites omega 3 EPA de origen vegetal se obtienen de las algas** doradas de la familia Criysofitas, aunque también se pueden encontrar en la Crypthecodinium cohnii y la microalga Schizochytrium, todas ellas autorizadas en la Unión Europea, aunque son difíciles de conseguir.

La coenzima Q10 (ubiquinona) activa el metabolismo de las células y protege así a las membranas de las células de la piel ante radicales libres. En pieles maduras puede ralentizar el proceso de envejecimiento, fortalecer el sistema inmunológico de la piel y prevenir el envejecimiento prematuro inducido por la luz del sol. Suaviza las arrugas pequeñas existentes y ayuda a prevenir la aparición de nuevas. La coenzima Q10 es una sustancia endógena que es esencial para los seres humanos. Con la edad, aproximadamente a partir de los 35 años, los niveles de coenzima Q10 en el cuerpo empiezan a disminuir, porque este no es capaz de producir suficiente cantidad por él mismo. Por eso podemos acudir a elementos externos para conseguirla. Fuentes vegetales ricas en ubiquinona son: espinacas, brócoli, coliflor, zanahoria; naranjas, fresas, sésamo, pistachos, nueces, lentejas, guisantes, judías y cacahuetes.

El ácido hialurónico es una sustancia química natural que el cuerpo produce entre el tejido conectivo y las articulaciones y que contribuye al no envejecimiento de la piel. Aunque el cuerpo crea esta sustancia química, con la edad el organismo produce cada vez menos de forma natural. Es uno de los agentes hidratantes más eficaces que hay, mantiene la piel firme y elástica y favorece la producción de colágeno. Desempeña un papel importante en la hidratación de los tejidos, la lubricación y la funcionalidad celular, y es capaz de mantener un 70 % más de agua que cualquier otra sustancia natural.

Aunque el cuerpo pueda producirlo por sí mismo, es importante tener en cuenta que hay varias fuentes de ácido hialurónico disponibles que pueden ayudarnos en el momento en que nuestro organismo no puede producir la cantidad necesaria. Una buena fuente son las verduras de hoja verde tierna, así como las semillas, nueces y frutas.

Cuando aumenta la producción de estrógenos, el nivel de ácido hialurónico también tiende a aumentar. Las verduras ricas en **zinc**, como las espinacas, la remolacha y las judías, son de vital importancia para la producción de ácido hialurónico.

Una dieta rica en **magnesio** también ayuda a producirlo, ya que el magnesio tiene un papel esencial en su síntesis. Alimentos ricos en magnesio incluyen la clorofila, las manzanas, los tomates, los aguacates, las fresas y la piña. Otros alimentos que pueden contener o ayudar en la producción de ácido hialurónico son las semillas de calabaza, el arroz integral, la levadura y los cacahuetes.

Su funcionalidad como desarrollador de colágeno, retenedor de agua y materia de relleno cutáneo le ha otorgado una gran demanda dentro del sector de la cosmética, la cirugía estética y la odontología estética.

La **glucosamina** es un componente natural que se encuentra en el cartílago sano y el líquido sinovial y es de gran importancia para la salud de la piel. Puede mejorar las quemaduras causadas por los rayos ultravioleta, puede acelerar la cicratización de heridas, aumenta la hidratación y disminuye las arrugas. Junto con la condroitina es un constituyente principal del cartílago, el tejido conectivo elástico y resistente que se encuentra en las articulaciones. Su fuente natural es el caparazón de los crustáceos, las setas maitake o la fermentación del maíz y el trigo.

El **Metil Sulfonil Metano** (MSM) se encuentra entre los últimos descubrimientos en el campo de la salud. La base de este producto es el azufre orgánico. El MSM se origina en el océano y es **fuente primaria del azufre biodisponible**, el cual se pierde de los alimentos en su procesamiento, cocción, deshidratación o preservado. El MSM es un nutriente que se puede consumir a diario a través de vegetales como la col, el brócoli, el ajo, las semillas de girasol. Sin embargo, la cantidad de azufre obtenida por este medio es muy pequeña.

El azufre es un mineral indispensable no sólo para la salud de la piel, sino para la vida humana; su deficiencia provoca diversos trastornos en nuestro organismo (sobre todo con la edad, debido al declive de otras funciones orgánicas) como, por ejemplo, pérdida de colágeno y tejido conectivo; artritis y reumatismo; inflamación y dolor en las articulaciones; incremento en la sensibilidad al dolor; desarrollo de alergias; uñas y pelo quebradizo; debilitación del sistema inmunitario; acné; falta de memoria; disminución en la producción de aminoácidos no esenciales y hormonas como la insulina. Algunas plantas contienen compuestos azufrados como las crucíferas, el brócoli, las coles, los nabos, los colinabos, los rábanos, los ajos, las cebollas, las ortigas, la verdolaga, el diente de león, el eneldo, el perejil, el apio, los mangos, los pomelos, las grosellas, la carambola, las naranjas, la papaya, la uva, las ciruelas, la pera, la guayaba, la granada, los plátanos, la manzana, los anacardos, las nueces, los pistachos, las avellanas y cereales integrales como la avena, el trigo, el arroz y la cebada.

El MSM y el azufre incrementan la permeabilidad en la pared celular, permitiendo que el agua y los nutrientes fluyan libremente al interior de las células mientras los desechos y las toxinas lo hacen al exterior. Los bloques de proteína del cuerpo, los aminoácidos, están todos unidos mediante estos compuestos a base de azufre y juegan un papel muy importante en la producción de hormonas y enzimas que regulan todas las actividades corporales.

El cuerpo utiliza conjuntamente el MSM y la vitamina C para la producción de células nuevas. Sin el MSM las células nuevas no serían permeables y la osmosis quedaría impedida. Estas células perderían su flexibilidad, como ocurre con el tejido en una cicatriz, las arrugas, venas varicosas, arterias endurecidas o los tejidos pulmonares dañados de una persona con enfisema.

Nuestra piel, si la sabemos interpretar, es el diagnóstico de nuestro estado de salud interior. A veces nos da señales ante posibles deficiencias que no sabemos descifrar.

Si tenemos manos constantemente frías, se puede deber a una deficiencia de magnesio.

Si tenemos manos temblorosas, se puede deber a una deficiencia de vitamina B12.

Diferentes problemas de encías nos indicarán también carencias: la piorrea, posible falta de calcio, niacina (B3) y/o ácido fólico (B9); las encías que sangran nos indican posible deficiencia de vitamina C; las encías débiles, deficiencia de CoQ10, ácido fólico (B9) y/o vitamina C.

Las bolsas o círculos oscuros bajo los ojos pueden indicar intolerancias alimentarias, alergias o deficiencia de hierro.

Las fisuras en la lengua y su aspecto blanquecino indican una posible deficiencia de hierro, mientras que una lengua con llagas o hinchada podría ser síntoma de una deficiencia de ácido fólico (B9), niacina (B3), B12, zinc o hierro.

Los labios con grietas pueden indicar deficiencia de vitamina B12. Las ulceraciones en el interior de la boca pueden ser deficiencia de niacina (B3)

La piel seca o deshidratada, en general, indica falta de agua, ácidos grasos esenciales, vitaminas A, E, D y/o potasio.

Los granitos y rugosidades en codos pueden ser indicadores de la deficiencia de ácidos grasos esenciales, vitamina A, E y/o zinc.

La hiperqueratosis folicular puede ser a causa de una deficiencia de vitamina A.

La dermatitis seborreica y las irritaciones y acné en la frente son señales de posible deficiencia de vitamina B6 (piridoxina), B2 (riboflavina) y/o biotina (vitamina B7).

La piel de la cara enrojecida y con escamas puede indicar deficiencia de vitamina B2.

Las uñas con rugosidades y/o manchas blancas suelen mostrar deficiencia de zinc e insuficiente ácido en el estómago.

Las uñas blandas y quebradizas suelen ser señal de bajos niveles de magnesio.

El malestar digestivo y el mal funcionamiento de los órganos lo podemos ver reflejado en nuestra cara

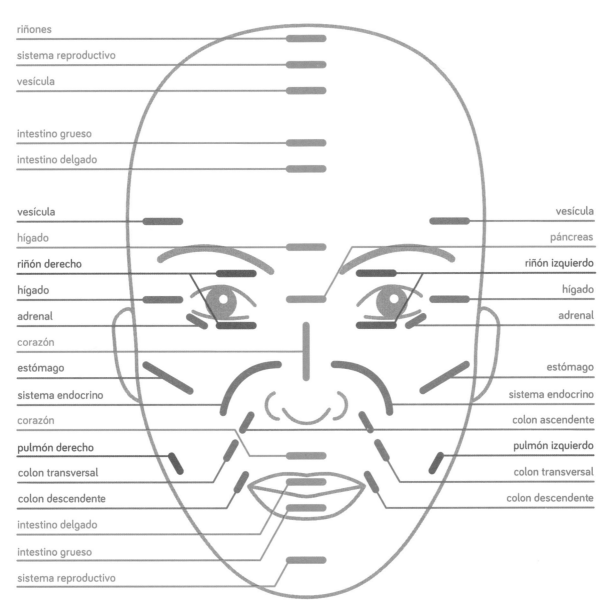

riñones

sistema reproductivo

vesícula

intestino grueso

intestino delgado

vesícula

hígado

riñón derecho

hígado

adrenal

corazón

estómago

sistema endocrino

corazón

pulmón derecho

colon transversal

colon descendente

intestino delgado

intestino grueso

sistema reproductivo

vesícula

páncreas

riñón izquierdo

hígado

adrenal

estómago

sistema endocrino

colon ascendente

pulmón izquierdo

colon transversal

colon descendente

El sistema digestivo es un tubo largo que empieza en la boca y acaba en el recto. Lo que afecta a un extremo, afecta al otro. Las arrugas que empiezan a ambos lados de la nariz y acaban a los lados de la boca son síntomas de la condición del colon. Cuanto más marcadas son las líneas, más problemas relacionados con la salud del colon.

Capítulo 2

GRASAS, MÚSCULOS, CORAZÓN

Nuestra musculatura es protagonista en múltiples procesos imprescindibles en nuestro día a día. Gracias a ella disfrutamos de locomoción y realizamos actividades, aunque también es la responsable en procesos y movimientos menos conscientes, no por ello menos vitales, como son la respiración, el bombeo de sangre en todo nuestro cuerpo o la digestión.

De todos nuestros órganos y sistemas, la musculatura, junto al sistema nervioso, consume la mayor cantidad de energía de nuestro cuerpo.

Una persona activa, con más tono muscular, es más enérgica y vital que una persona sedentaria. Esto es debido a que su musculatura, gracias al ejercicio, consume más energía, no sólo durante el esfuerzo físico sino también en reposo, debido al aumento de la masa muscular. Y gracias también al ejercicio, el riego sanguíneo, la eliminación de toxinas y la oxigenación de tejidos son mejor.

Para una musculatura joven y activa, aparte de los alimentos adecuados, es importante practicar ejercicios de fuerza, que son clave no sólo para lucir un cuerpo más tonificado y bello, sino para quemar peso extra acumulado.

Tenemos diferentes tipos de musculatura: la musculatura lisa, la estriada y la cardíaca. Cada una tiene comportamientos y funciones diferentes. **La musculatura lisa es la musculatura que forma nuestras vísceras:** pulmones, riñones, páncreas, tubo digestivo, hígado y bazo. Su movimiento es involuntario, trabaja de modo lento, gasta poca energía y puede mantener su actividad durante largos períodos de tiempo. **La musculatura estriada,** exceptuando el corazón, es de movimiento voluntario. Es la musculatura que **permite que movamos el esqueleto a voluntad.** Trabaja deprisa, tiene una gran capacidad de rendimiento y consume más energía que la musculatura lisa. Y, finalmente, **la musculatura cardíaca,** que no es un tipo de musculatura diferente a las previas, sino que es **musculatura estriada pero de movimiento involuntario.**

Es importante que pensemos que nuestra musculatura también se nutre de los alimentos que componen nuestra dieta, alimentos que nos tienen que proveer de macro y micronutrientes que llegan a los tejidos a través de la sangre. Sobre todo, no hay que olvidar que **nuestros músculos necesitan energía.** Cuando hablamos de energía solemos hablar de dos tipos de consumo de energía: energía según el metabolismo basal y energía según el metabolismo de rendimiento.

El metabolismo basal es la cantidad de energía que demanda nuestro organismo en estado de reposo, necesaria para realizar las funciones básicas según edad, sexo, altura, peso, masa muscular, temperatura y salud. Para calcular la energía que necesitamos según el metabolismo basal podemos utilizar la siguiente fórmula genérica: "1 Kcal por kg de peso y hora". Por ejemplo, un ser humano que pesa 60 kg tendrá un metabolismo basal aproximado de 60 × 24 = 1.480 Kcal.

El metabolismo de rendimiento, al contrario, **depende de la actividad física que realicemos cada día y el tiempo durante el que la realicemos.** Según esta actividad, la energía necesaria puede ascender a 700 Kcal al día en actividades suaves; en actividades ligeras-medias, unas 2.400 Kcal al día; y en actividades enérgicas, 5.000 Kcal al día.

La masa muscular se debilita con el paso del tiempo a partir de la edad adulta, aproximadamente un 10 % a partir de los 30 años, especialmente **si no se practica ejercicio.** Con este debilitamiento, también disminuye la capacidad que tiene el músculo de extraer oxígeno y energía de los alimentos y, por tanto, la posibilidad de obtener los nutrientes necesarios.

Practicar ejercicio de intensidad moderada a diario es la clave *well-aging* para evitar el atrofiamiento irremediable típico de la vida sedentaria y la edad avanzada. Sin una musculatura vigorosa, disminuyen las necesidades energéticas y el metabolismo basal, razones por las que también se va perdiendo el apetito. Si no necesitamos tanta energía, inevitablemente necesitaremos menos alimento. Visto así parece algo lógico y sin efectos colaterales, pero no hay que olvidar que en los alimentos se encuentran los macronutrientes necesarios para una vida saludable, así como los micronutrientes y las sustancias *well-aging* que nos mantienen jóvenes, enérgicos y sanos. Así que no hay que perder el apetito, de lo contrario, bajaremos las dosis de nutrientes necesarios para mantener nuestra salud, no sólo los macronutrientes (carbohidratos, grasas saludables, proteínas) sino también los micronutrientes (vitaminas, minerales, oligoelementos, fitonutrientes).

Uno de los problemas más comunes que sobreviene con el avance de la edad y la vida sedentaria es la sarcopenia o atrofia muscular. Normalmente, a partir de los 30 años empezamos a perder fuerza muscular: empezamos a notar que ya no somos tan vitales como un par de años atrás y que nos cuesta un poco más de esfuerzo realizar los trabajos físicos que realizábamos antes sin fatigarnos. Aportar la cantidad necesaria de proteínas a nuestra dieta y practicar ejercicio de fuerza y estiramientos a diario para trabajar también la elasticidad son las claves para evitar el decaimiento muscular.

Además de no olvidarnos de las **proteínas**, nos irá bien incluir en nuestra dieta **flavonoides** como la quercetina y el canferol que, no solamente son antioxidantes que nos ayudan a prevenir el cáncer, sino que también contribuyen a mejorar el rendimiento muscular. **El ejercicio y la alimentación consciente** en edad avanzada no sólo son imprescindibles para mejorar nuestra capacidad de **movilidad**, sino que también nos ayudarán a **oxigenarnos, a que circule mejor la sangre y a calentarnos de manera natural** en situaciones de frío externo.

En las células musculares se encuentran unos pequeños orgánulos celulares cuya función es la de generar y suministrar la mayor parte de energía necesaria para la actividad celular (respiración celular): **las mitocondrias.**

Las mitocondrias actúan como **centrales energéticas de la célula sintetizando ATP**, una coenzima que transporta energía química en las células para su metabolización a expensas de la glucosa/glucógeno, los ácidos grasos y los aminoácidos, es decir, los carburantes metabólicos.

Nuestro organismo utilizará más glucosa/glucógeno como combustible si el ejercicio que realizamos es intenso. Pero si es suave y prolongado, utilizará más grasas (ácidos grasos, lípidos) como combustible.

Las expresiones **ejercicio suave, moderado e intenso** son muy comunes. Pero estas expresiones son subjetivas: dependerá del esfuerzo que debe hacer cada individuo. Y, ¿cómo sé qué tipo de práctica de ejercicio es la que estoy realizando? Hay una regla muy sencilla que aplicar para responder esta pregunta a nivel personal: si mientras estás practicando ejercicio puedes hablar y cantar sin problemas, lo más probable es que tu práctica sea suave; si puedes hablar pero te cuesta o no puedes cantar, entonces, tu práctica es moderada; y si no puedes ni hablar ni cantar, tu práctica es intensa. Fácil, ¿no? Ahora ya no tienes excusa para no hacer la prueba.

Volviendo a las mitocondrias, estos pequeños orgánulos celulares contienen unas moléculas clave para realizar sus funciones, como la cardiolipina o las proteínas desacoplantes UCP1, UCP2, UCP3 y UCP4, que encontraremos en diferentes tipos de tejidos. **Las UCP son responsables de la generación de energía** y tienen un papel clave en cuestiones de salud como el sobrepeso, la diabetes, los trastornos del metabolismo de las grasas y los diversos procesos *pro-aging* del organismo.

En las células inmunitarias, en el hígado y en el páncreas, donde se produce la insulina, encontramos las UCP2.

Las células del cerebro son las únicas donde encontramos UCP4 que, junto con la producción de ATP, tienen un papel primordial a la hora de controlar los radicales libres, sus daños en las células y el previsible envejecimiento celular.

La UCP1 es propia de los tejidos grasos pardos. **Los tejidos grasos pardos**, a diferencia de los blancos, tienen una función termogénica: convierten la energía en calor para proteger al cuerpo del frío. Este tipo de grasas es abundante en los animales que hibernan. Pero en el ser humano sólo es abundante en los fetos y los bebés (un 5 % en el recién nacido), y va disminuyendo con la edad. Es de color marrón o pardo porque **contiene mayor cantidad de mitocondrias que el tejido adiposo blanco**. En fetos, bebés y niños se encuentra localizada en la zona entre las escápulas, y en los humanos adultos se encuentra en menor proporción siempre en la parte superior de la espalda, a los lados del cuello, en la zona entre la clavícula y el hombro y a lo largo de la columna vertebral. El tejido adiposo pardo utiliza el tejido adiposo blanco, las grasas "tan poco deseadas", para crear la energía que generará el calor. Exponerse unos minutos cada día a temperaturas bajas —por ejemplo, una ducha con agua fresca— activa el funcionamiento de este tipo de tejido de manera natural. Utilizar el tejido adiposo blanco como combustible, contribuye a la pérdida del exceso de grasa innecesaria y también a bajar los niveles de azúcar en sangre.

En contraposición, tenemos **el tejido adiposo blanco**, las grasas tan "poco deseadas" pero que, en cantidades saludables, cumplen diversas funciones en nuestro organismo. Hay que aprender a quererlas y a cuidarlas y a no contribuir a su exceso. Debemos recordar que suponen una reserva energética, sirven de soporte estructural, de relleno y amortiguación y son capaces de producir más tejido adiposo blanco. En esta grasa blanca es donde se encuentra la UCP3, pero también en la musculatura del esqueleto. Juntos, la musculatura del esqueleto y el tejido adiposo blanco, regulan el metabolismo basal energético provocado por la grasa y por la alimentación, y tienen un papel primordial a la hora de regular nuestro peso.

El tejido adiposo blanco es más abundante que el pardo. Almacena energía y libera una hormona —la adiponectina— que hace que el hígado y las células musculares sean más sensibles a la hormona de la insulina. Esta hormona es especialmente importante en la reducción del riesgo de diabetes y en enfermedades del corazón. Sin embargo, cuando el exceso de grasa blanca se acumula y se gana sobrepeso o se llega a la obesidad, los beneficios de esta hormona disminuyen o se detienen por completo.

Que la grasa blanca sea más o menos sana también depende del lugar donde se encuentra. En su mayor parte, las grasas blancas se acumulan preferentemente en el tejido subcutáneo, la capa más profunda de la piel. Pero si hay exceso, empiezan a acumularse en las zonas entre los órganos vitales, envolviéndolos y pudiendo causar trastornos de salud.

La grasa blanca subcutánea es saludable en cantidades moderadas siempre y cuando se acumule en los muslos, caderas, glúteos y brazos. Sin embargo, cuando esta grasa se encuentra en el abdomen es mucho más perjudicial, pues el exceso de grasa acumulado en la zona abdominal tiene un efecto negativo en la resistencia a la insulina y aumenta el riesgo de diabetes. El otro tipo de grasa blanca es **la grasa visceral**, que se encuentra más hacia el interior del cuerpo, se acumula también en la zona abdominal y alrededor de los órganos vitales causando desórdenes de salud —diabetes, hipertensión arterial.

Cuando hacemos ejercicio o nos exponemos a temperaturas bajas durante un tiempo considerable nuestra grasa blanca se transforma en grasa parda. Esto es porque la grasa blanca y la grasa parda son parte del mismo órgano. Y como la grasa parda continúa quemando calorías incluso después de haber hecho ejercicio, su formación contribuye en gran medida a la salud general de nuestro organismo y a la pérdida de grasa extra.

Así que aquí hay **dos factores *well-aging* a añadir a nuestra lista: la práctica de ejercicio y exponernos a temperaturas frías a diario para activar el tejido adiposo pardo y controlar el blanco**. ¿Qué tal acabar la ducha de cada día con agua bien fresquita? Además de activar el tejido adiposo pardo, nos ayudará a incrementar la resiliencia ante el estrés y a activar la circulación de la sangre.

Nutrientes well-aging para nuestros músculos

Como bien se nos enseña desde pequeños, necesitamos incluir proteínas en nuestra dieta para poder construir los diferentes tipos de tejido de nuestro cuerpo. Pero a diferencia de lo que nos hacen creer, que las proteínas de calidad se encuentran únicamente en los productos alimentarios de origen animal, **las fuentes de buena proteína son muy variadas.**

Encontramos todas las proteínas que necesitamos y no podemos producir a partir de otros nutrientes —los aminoácidos esenciales— en diferentes cantidades en el reino vegetal. La síntesis de proteínas no sería posible si no incluyésemos entre nuestros alimentos aquellos que nos aportan los aminoácidos necesarios —esenciales y no esenciales—. Nueve de estos aminoácidos son esenciales, es decir, que nuestro organismo no es capaz de producirlos y los debemos introducir a través de la dieta. Los aminoácidos esenciales son la histidina, la isoleucina, la leucina, la lisina, la metionina, la fenilalanina, la treonina, el triptófano y la valina.

Se estipula que la ingesta diaria adecuada de proteínas debe oscilar entre 1 y 1,5 g por cada kg de peso corporal. En general, para la mayoría de los adultos, de unos 70 g a 105 g al día; o de 500 g a 750 g semanales.

De entre estos, la **fenilalanina**, la **treonina**, la **valina**, la **histidina** y la **arginina son aminoácidos esenciales que nos ayudarán a reforzar la salud muscular.**

Encontramos **fenilalanina** en espárragos, garbanzos, lentejas, arroz integral, arroz salvaje y nueces. **Treonina**, en aguacates, nueces, castañas, setas, remolacha, rábano, achicoria, berzas, pepino, espinacas, tomate y col. Las nueces, castañas, avellanas, arroz integral, centeno y cebada son ricos en **valina.** Y la **histidina** abunda en frutos secos, cebada, centeno, avena, arroz, legumbres, semillas, levadura de cerveza, levadura nutricional, castañas, anacardos. La **arginina** la encontraremos en almendras, anacardos, nueces, piñones y frutos secos en general; ajo, cebolla, espárragos, col, achicoria, pepino, lechuga; plátano, melocotón, pasas; avena, trigo sarraceno, arroz integral, cebada integral, maíz.

La **metionina**, el **triptófano** y la **cisteína** son tres aminoácidos imprescindibles para el cuidado de piel, uñas, pelo y, también, para la formación de nuevo tejido saludable en todo el organismo gracias a la transformación en distintos tejidos (piel, músculos, huesos, sangre) de las células madre. Ya hemos visto estos tres aminoácidos y algunas de las fuentes vegetales donde se encuentran en el capítulo sobre la salud de la piel.

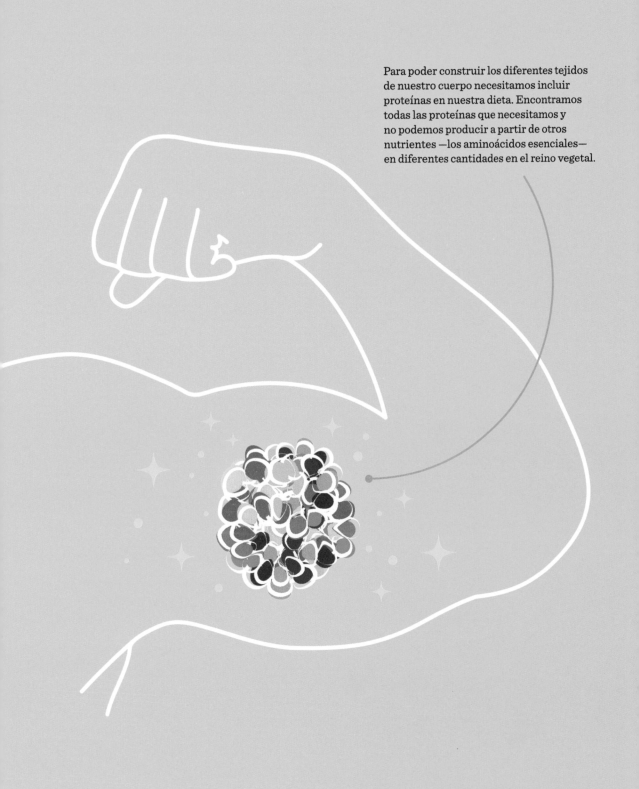

Para poder construir los diferentes tejidos de nuestro cuerpo necesitamos incluir proteínas en nuestra dieta. Encontramos todas las proteínas que necesitamos y no podemos producir a partir de otros nutrientes —los aminoácidos esenciales— en diferentes cantidades en el reino vegetal.

Los otros aminoácidos esenciales que tienen que estar en nuestra dieta son la **isoleucina**, la **leucina**, y la **lisina**. Encontramos **isoleucina** en cereales, nueces, almendras, legumbres y avellanas. **Leucina**, en almendras, nueces, sésamo, semillas de lino, espárragos, arroz integral y arroz salvaje. Y **lisina**, en algas, algarroba, altramuz, amaranto, berros, espárragos, espinacas, judías, lentejas, quinua y levadura nutricional.

A partir de dos de estos aminoácidos esenciales, la lisina y la metionina, el cuerpo humano puede generar un compuesto químico no esencial, la carnitina, que, como hace sospechar su nombre, se encuentra sobre todo en fuentes de origen animal, pero también en el reino vegetal.

Una de sus funciones principales es el cambio de grasa a energía. Por ello, ayuda a bajar de peso y tiene un efecto positivo sobre el metabolismo de lípidos, acelerando el metabolismo de los músculos.

Para las personas que deciden llevar una dieta vegetariana estricta o vegana, se recomienda, además, incluir en la dieta alimentos ricos en vitamina C, vitamina B6, vitamina B3 y hierro, y así poder cubrir correctamente la producción de carnitina.

A través del ejercicio físico, aumentamos también los niveles de carnitina en la musculatura. Esto es de vital importancia a la hora de generar energía a partir de lípidos y otras sustancias alimentarias esenciales.

Las fuentes vegetales de carnitina son pocas y contienen cantidades muy bajas: aguacate, espárragos, arroz y cereales, levadura nutricional, naranja y cacahuete —el cacahuete es una legumbre y, por tanto, no se aconseja consumirlo en crudo, a no ser que sea germinado.

Hay dos flavonoides naturales *well-aging* de interés que se unen a esta lista de nutrientes benificiosos para nuestra musculatura y el metabolismo de las grasas: el canferol y la quercetina.

El canferol aumenta el consumo de energía al elevar las UCP_3 y otras moléculas. Por este motivo se lo considera preventivo ante problemas metabólicos.

Algunas fuentes vegetales de canferol son las uvas rojas y negras, el pomelo, el té, el brócoli, el repollo, la col rizada, las judías, la endibia, el puerro, el tomate, las fresas, las uvas; y las plantas medicinales como el ginkgo biloba, la moringa y el propóleo.

La **quercetina**, aparte de sus propiedades antioxidantes y antiinflamatorias, tiene propiedades antidiabéticas y nos ayuda a prevenir la hipertensión y el colesterol. Se encuentra sobre todo en la piel de las manzanas, la cebolla roja, la uva roja, las cerezas y la lechuga morada. Otras fuentes vegetales de quercetina son las alcaparras, las hojas de rábanos, la algarroba, el cebollino, el cilantro, el hinojo, la chicoria, el berro, el trigo sarraceno, la col rizada (kale), los arándanos rojos, las ciruelas negras, el boniato, los arándanos, los frutos del bosque en general (serbal, grosella, arándano, arándano rojo, las bayas de aronia, espino cerval de mar...), los higos chumbos, el brócoli, el té negro o verde, la acedera, el apio.

A esta lista de sustancias *well-aging*, se añade la **coenzima Q10**, una molécula primordial para la producción de energía en las células musculares. Se encuentra en los alimentos como la **ubiquinona**, y en el cuerpo humano y de otros animales como coenzima Q10. En su forma reducida, **ubiquinol**, tiene también un efecto antioxidante, pues regenera las vitaminas E y C. La podemos incluir en nuestra dieta a través de los alimentos, aunque debemos tener en cuenta que la CoQ10 es muy sensible al calor.

Sin embargo, nuestro cuerpo es capaz de crearla por sí mismo. Una disminución en la producción de CoQ10 puede ser debida a la edad, los esfuerzos físicos, el estrés, el consumo de alcohol y tabaco y las enfermedades. No sólo son importantes los buenos hábitos que incorporamos a nuestra dieta, sino, y a veces mucho más, los que eliminamos.

Fuentes vegetales de CoQ10 son: perejil, uvas, col china (pak choy), espinacas, ajo, brócoli, boniato, pimiento rojo, ajo, guisantes, coliflor, zanahorias, cacahuetes, semillas de sésamo, pistacho, nueces, judías azuki, avellanas, almendras, castañas, aceite de sésamo, de girasol, de colza, de coco, de oliva, de semilla de uva; aguacate, grosella negra, fresones, naranja, pomelo, manzana. En el reino vegetal se encuentra sobre todo en los frutos secos (pistachos), las legumbres, el sésamo, los aceites vegetales y las verduras.

Capítulo 3

EL CORAZÓN

La musculatura de nuestro corazón combina características de las musculaturas lisa y la estriada: como musculatura estriada es capaz de un gran rendimiento y potencia, pero de movimientos involuntarios, como la musculatura lisa.

La presión sanguínea alta, la vida sedentaria, el estrés, la angustia vital, la alimentación inconsciente, el sobrepeso, fumar, los anticonceptivos orales, el mal uso de los medicamentos, la falta de sueño y descanso, los trastornos del metabolismo (diabetes, colesterol elevado) son agentes dañinos para nuestras funciones cardiorrespiratorias.

Con el corazón, vuelve a destacar la importancia de no acumular la tan poco saludable grasa abdominal. **El exceso de grasa abdominal produce sedimentos vasculares o calcificaciones que inician un proceso inflamatorio**, que son el origen de muchas enfermedades cardiocirculatorias como la arteriosclerosis. El exceso de grasa abdominal está asociado con el posible aumento de colesterol malo (LDL), y este, con el aumento de posibles problemas cardiovasculares.

Los **monocitos**, un tipo de glóbulo blanco, son una especie de unidades de limpieza que circulan en el interior de nuestros vasos sanguíneos y cuyas funciones primarias son las de consumir sustancias extrañas o dañinas. Cuando los lípidos nocivos empiezan a infiltrarse en las paredes de los vasos sanguíneos iniciando un proceso de oxidación poco saludable, los monocitos se ponen en acción e inician la fagocitación de estas partículas de grasa nocivas. Sin embargo, los monocitos se vuelven rígidos y pesados al absorber estas partículas y no vuelven al flujo sanguíneo, sino que se quedan adheridos a las paredes de los vasos sanguíneos, almacenando colesterol malo, grasas oxidadas y cal. En estos depósitos pueden anidar bacterias que podrían favorecer la inflamación. Debemos tener en cuenta que este es sólo el primer paso al que siguen la pérdida de elasticidad de los vasos y la formación de placas o trombos que estrecharán el interior de los vasos impidiendo el correcto flujo sanguíneo e incluso, en casos graves, llegando a detenerlo. Estos fallos afectarán la funcionalidad de grandes áreas orgánicas y pueden ser los causantes de un infarto cardíaco o una apoplejía cerebral.

La adiposidad abdominal elevada es señal clara de grasa acumulada alrededor de nuestros órganos internos. No sólo contribuye a la causa de problemas cardiovasculares, sino que favorece procesos inflamatorios en nuestro organismo y puede desembocar en el denominado síndrome metabólico, un cuadro clínico grave resultante de diversas alteraciones del metabolismo. En este sentido, las personas —sobre todo mujeres— que acumulan grasa en muslos y glúteos antes que en la zona abdominal, tienen una cierta protección natural contra el síndrome metabólico.

El síndrome metabólico es una afección silenciosa pero peligrosa que también puede conducir a problemas cardíacos de gravedad, a un ataque cardíaco o un derrame cerebral, a la diabetes, a problemas circulatorios y/o a enfermedades renales; condiciones que pueden tener complicaciones muy graves. Existen señales de alerta que nos ayudan a detectar un posible síndrome metabólico, pero con demasiada frecuencia las pasamos por alto, ignorando los avisos de nuestro cuerpo.

El síndrome metabólico se puede tratar e incluso prevenir. Lo primero que hay que hacer es reconocer los factores de riesgo para su desarrollo. **Hay cinco factores principales de riesgo de síndrome metabólico.**

La **obesidad**, que se puede definir según el perímetro abdominal como una cintura de 94 cm o más para los hombres y 80 cm o más para las mujeres; desafortunadamente, el exceso de grasa abdominal es cada día más habitual.

La **presión arterial alta**: presión arterial sobre 135/85 mm o superior.

Alto nivel de glucosa en sangre en ayunas: 100 mg/dl o superior.

Alto nivel de triglicéridos: de 150 mg/dl o superior.

Bajo nivel de HDL (colesterol bueno): por debajo de 40 mg/dl para los hombres y o por debajo de 50 mg / dl para las mujeres.*

El síndrome metabólico ocurre cuando se padecen tres de estos factores. Pero tener sólo uno, o antecedentes familiares, puede aumentar las posibilidades de desarrollarlo. Cada factor se ve afectado por cada decisión que tomemos en el ámbito de la salud. La única manera de asegurarse de que se padece de síndrome metabólico o riesgo de desarrollarlo es consultando con el médico.

Las enfermedades antes enumeradas hacen que el cuerpo entre en una reacción inflamatoria debido a la liberación de unos neurotransmisores (adipoquinina y citoquinina) que se encuentran en el tejido adiposo. Se padece también una alteración del apetito: parece ser que nunca se esté saciado. Esta sensación de insaciabilidad se puede evitar con la elección correcta de los alimentos en la dieta, en especial evitando los carbohidratos procesados y refinados, los azúcares, las grasas no saludables (muchas veces ocultas en los alimentos preparados o procesados), el alcohol (que tiene casi el mismo contenido energético que las grasas y aumenta el apetito y reduce la eliminación de las grasas en sangre, aparte de ser un obstáculo para el correcto funcionamiento de la diges-

---

* Todos estos valores están dictados bajo criterios de la International Diabetes Foundation.

tión). Estos comestibles tóxicos hacen que entremos en un círculo vicioso de hambre continua, ya que no nos nutren pero elevan los niveles de glucosa en sangre. Lo ideal sería sustituirlos por alimentos reales, naturales, a ser posible crudos y de alta densidad nutricional: verduras y hortalizas, verduras de hoja verde tierna, aceites de primera presión en frío, semillas y frutos secos crudos, frutas, etcétera.

Nutrientes well-aging para el corazón

Nunca antes como en nuestros tiempos ha sido la alimentación desequilibrada un elemento tan importante en el origen de muchas enfermedades inflamatorias y degenerativas. La oferta de sustancias tóxicas, adictivas y vacías de nutrientes disfrazadas de alimentos en supermercados y otros establecimientos ha contribuido enormemente a este problema. Pero un simple cambio de hábitos (consumir alimentos frescos y naturales, dejar de fumar o de beber alcohol, practicar ejercicio) puede revertir problemas de salud graves y ayudar a prevenirlos, rejuveneciéndonos, recargándonos de energía estable y verdadera y haciéndonos sentir bien.

La elección y preparación de las grasas en nuestra dieta es de vital importancia a la hora de evitar reacciones inflamatorias en nuestro organismo y evitar así las posibilidades de padecer el síndrome metabólico. Es importante evitar o reducir tanto como sea posible los ácidos grasos saturados no saludables —grasas de origen animal— y evitar totalmente los ácidos grasos trans —grasas no naturales como la margarina y otras grasas endurecidas de manera industrial—, grasas y aceites cocinados a fuego lento o a temperaturas elevadas, y grasas animales sometidas a fermentación bacteriana como el queso.

Pero **no todas las grasas son malas; es más, las grasas son imprescindibles para un día a día saludable.** Durante mucho tiempo, las pirámides nutricionales han otorgado a las grasas un papel antagónico a nuestra salud, favoreciendo el consumo de carbohidratos complejos (cereales) y demonizando un tipo de nutriente, los ácidos grasos saludables, que deben estar en nuestra dieta para que nuestros órganos vitales y sistemas puedan obtener todos sus nutrientes y funcionar con normalidad.

Los ácidos grasos insaturados simples cuidan la salud del corazón y el sistema circulatorio e incluso nos ayudan a eliminar los depósitos de grasas nocivas. Los más saludables son los de origen vegetal —el aceite de oliva virgen extra de primera presión en frío y otros aceites vegetales crudos—, así como **los ácidos grasos poliinsaturados**, especialmente los ácidos grasos **omega 3** que tan populares son hoy día y que no sólo se encuentran en algunos pescados, sino en muchas fuentes vegetales como algunas algas, frutos secos y semillas oleaginosas.

Una fórmula muy sencilla para reconsiderar tu dieta si lo necesitas es seguir la fórmula de la originaria dieta mediterránea, en la que se combinan ácidos grasos insaturados y poliinsaturados con abundancia de verdura, fruta y alimentos ricos en fibra.

La fibra es otro componente que no puede faltar en nuestra dieta, ya que no sólo es necesaria para una buena salud intestinal, sino que es beneficiosa para el sistema cardiovascular y el corazón, ayuda a reducir la presión arterial alta y nos ayuda a eliminar toxinas.

La fibra la encontraremos sólo en los alimentos vegetales, y podemos distinguir **varios tipos:** las **celulosas**, en cereales integrales, frutas y verduras; las **hemicelulosas**, en cereales integrales y legumbres; la **lignina**, en verduras y frutas con corazón; la **pectina**, en verduras y frutas, especialmente en la manzana y el membrillo; los **alginatos** y **fucanos**, en las algas; los **mucílagos**, en algas y algunas semillas; los **betaglucanos**, en el salvado de avena y las algas; la **inulina**, en raíces y plantas como el tupinambo, el diente de león, la alcachofa, los cardos, los ajos, las cebollas, la caléndula, el salsifí, los plátanos; las gomas, presentes sobre todo en las semillas, como en las semillas de algarrobo; o el **glucomanano**, que se encuentra en una raíz asiática, el konjac.

Estos diversos tipos de fibra se pueden clasificar en dos grupos según sus efectos en nuestra salud, efectos determinados por su solubilidad en agua: **la fibra soluble y la fibra insoluble.** La fibra soluble —pectinas, gomas, mucílagos, alginatos, fucanos, betaglucanos, inulina, glucomanano— tiene un doble efecto en nuestro organismo. Primero, forma un gel viscoso en el estómago, prolongando la sensación de saciedad y retrasando la absorción de glúcidos, lípidos y sales biliares. Segundo, promueve el correcto funcionamiento de nuestra microbiota en el colon, estimula la regeneración de la mucosa que cubre sus paredes y aumenta el volumen de la masa fecal facilitando su evacuación. Tercero, los mucílagos poseen una acción laxante suave, con lo que ayudan en el tratamiento de la hiperglucemia, la hiperlipemia, el estreñimiento y el sobrepeso. La **fibra insoluble** —celulosa, hemicelulosa, lignina— no se disuelve en agua, sino que se hincha y retiene parte de los líquidos. Esta acción, como en el caso de los mucílagos, hace que aumente la masa fecal, reblandece las heces aportando hidratación extra, disminuye el tiempo de tránsito digestivo de los alimentos y facilita la actividad intestinal.

Las vitaminas del grupo B también juegan un papel clave a la hora de cuidar de nuestro corazón. **Con ayuda del ácido fólico (vitamina B9) y las vitaminas B6 (piridoxina) y B12 (cobalamina), nuestro organismo transforma la homocisteína en metionina, un aminoácido de gran importancia para la salud muscular y ósea.** La homocisteína es una sustancia tóxica resultante de la metabolización de los aminoácidos (proteínas) y su descontrol es uno de los principales motivos de la inflamación en nuestras arterias, causando el estrechamiento de los vasos sanguíneos y aumentando el riesgo de infarto.

Fuentes vegetales de **ácido fólico (vitamina B9)** son la verdura de hoja verde —espinacas, lechuga, endibia, acelga, verdolaga, ortiga—, las verduras y hortalizas verdes —coles, coles de Bruselas, brócoli, espárragos, berzas—, la remolacha roja, las zanahorias, los cereales integrales, la levadura nutricional, el melón, el aguacate, la naranja, el limón, las bayas de aronia.

La **vitamina B6 (piridoxina)**, aparte de su papel clave en el control de la tóxica homocisteína, tiene muchas otras funciones. Es vital para el funcionamiento del cerebro y tiene un gran poder antiinflamatorio. Contribuye también a la interconexión entre colágeno y elastina e impulsa la síntesis de la lecitina, un aminoácido esencial que ayuda a mantener el tejido conjuntivo elástico y las paredes del interior de los vasos sanguíneos en perfectas condiciones.

Fuentes vegetales de vitamina B6 son las semillas de girasol, el pistacho, las ciruelas secas, los plátanos, los aguacates, las espinacas, el tomillo, el germen de trigo, el ajo, el salvado de arroz, las hojas de nabo y las judías.

Capítulo 4

SISTEMA INMUNE

A diferencia de la mayoría de los sistemas de nuestro cuerpo, **el sistema inmunológico** es especial porque no se localiza en una región específica o un órgano específico, sino que **se extiende a lo largo de todo el cuerpo.**

El sistema inmune **utiliza una serie de mecanismos internos que, en última instancia, protegen nuestras células contra los patógenos.** Un patógeno es cualquier tipo de agente, vivo o no vivo, que pueda causar daño a nuestras células, como un virus, una célula bacteriana o un producto químico.

Para que un patógeno pueda causar realmente daño a nuestras células, debe entrar en nuestro cuerpo. Las formas más comunes en las que los patógenos entran en nuestro organismo son a través de los simples procesos de la respiración, a través de la comida que comemos o a través de las heridas y cortes en la piel.

El sistema inmunológico humano y sus mecanismos de defensa se pueden dividir en dos tipos: la inmunidad no específica o innata y la inmunidad específica o adquirida.

La **inmunidad innata** tiene una acción inmediata ante los patógenos detectados y ataca a todos los tipos por igual. En cambio, la **inmunidad adquirida** tarda unos días en activarse y ataca a algunos patógenos en concreto. En estos casos, siempre que esos patógenos vuelvan a invadir nuestro organismo, los mecanismos de la inmunidad adquirida, esta vez con memoria específica y discriminatoria, se pondrán en funcionamiento inmediato.

Nuestra piel es el órgano con la superficie más grande de nuestro cuerpo, y una de sus funciones más importantes es proteger físicamente nuestro cuerpo de diferentes tipos de patógenos, como la radiación UV, las células bacterianas, los virus o las sustancias químicas tóxicas con las que entramos en contacto. La piel es nuestra primera barrera inmunitaria.

Los caminos de paso de aire de nuestro sistema respiratorio, incluyendo la cavidad nasal, la tráquea, los bronquios y los pulmones, **están revestidos con un tipo especial de membrana mucosa.** Esta membrana mucosa viscosa y pegajosa es responsable de la captura de patógenos que entran en nuestro cuerpo a través del proceso de la respiración. Una vez que estos patógenos son atrapados por los cilios de las células de nuestra membrana mucosa —estructuras celulares apendiculares con aspecto de pelo y que, gracias a su impulso, mueven líquidos o elementos contenidos en él—, o bien son expulsados de nuevo al exterior de nuestro cuerpo, o bien son llevados al interior de nuestro estómago que, ante su presencia, inicia la secreción de fluidos estomacales. Pero **¿por qué deberíamos desear que entre ningún tipo de patógeno en nuestro estómago?**

Pues porque si ingerimos cualquier tipo de alimento que contenga un agente patógeno o si los patógenos dentro de nuestra membrana mucosa son expulsados en nuestro estómago es porque allí tenemos células capaces de secretar una sustancia muy ácida conocida como **ácido clorhídrico** que puede llegar a tener un PH muy bajo. Gracias a ella se crea un ambiente muy ácido en el que la gran mayoría de patógenos no puede sobrevivir. Además de esto, nuestra piel, boca y ojos también contienen tipos especiales de glándulas que segregan otros fluidos que contienen enzimas capaces de romper la membrana celular de las células bacterianas y destruir así a los patógenos.

Los **fagocitos** y **neutrófilos** son el cuarto tipo de células especializadas en respuesta de inmunidad innata. En este caso, atacan y destruyen todo aquello que detectan como patógeno.

Otro de los mecanismos de inmunidad innata es el proceso de la **inflamación y la fiebre**. Los diferentes tipos de compuestos químicos que producimos en nuestro cuerpo pueden iniciar el proceso de la inflamación, de utilidad para localizar una infección y ayudar a dirigir diferentes tipos de agentes inmunes a la zona infectada. La fiebre es otro tipo de respuesta: al aumentar la temperatura de nuestro cuerpo puede matar a las células bacterianas que no pueden sobrevivir en ese ambiente de temperatura en particular.

La **inmunidad adquirida** se puede clasificar, a su vez, en dos tipos de inmunidad: **la inmunidad mediada por células T o linfocitos T, y la inmunidad mediada por células B o linfocitos B.**

La inmunidad mediada por células T o linfocitos T comprende células inmunes de defensa especial linfocitos T. La función principal de estos linfocitos T es reconocer los diferentes tipos de patógenos, células bacterianas o células infectadas mediante el reconocimiento de antígenos, un tipo de proteína que se encuentra en la membrana de células patógenas. Estas células T poseen, a su vez, una proteína especial en su membrana que permite no sólo reconocer antígenos extraños, sino matar los patógenos a quienes pertenecen.

La inmunidad mediada por células B o linfocitos B, también llamada inmunidad humoral, involucra las células B o linfocitos B. Estas células B son responsables de la producción de un tipo de molécula inmune o de defensa biológica conocida como anticuerpos. Los anticuerpos son aquellas proteínas que circulan en la sangre, capaces de reconocer a los antígenos y atacar a las células bacterianas y otros patógenos. Al atacar a estos antígenos, los anticuerpos ayudan al sistema inmunológico a iniciar los mecanismos de defensa que en última instancia matan a los patógenos dañinos.

La inmunidad innata no es algo que nuestro organismo aprenda, sino que ya nacemos con él: nacemos con la piel, la membrana mucosa, el estómago, etc. Pero las células de respuesta inmune adquirida aprenden a detectar y a reconocer a los patógenos que han conseguido entrar en el cuerpo, ayudando así al sistema inmunológico a acabar con ellos.

Tanto los linfocitos B como los linfocitos T son tipos de leucocitos que comparten el mismo origen genómico, provienen del mismo tipo de célula progenitora en la médula ósea. Lo que las distingue es la fase de maduración: mientras los linfocitos B maduran en la médula ósea, las células que se convertirán en linfocitos T se trasladan al timo, una glándula situada en el mediastino (cavidad entre los pulmones) enfrente del corazón y detrás del esternón, donde pasarán por diferentes fases de maduración hasta convertirse en los linfocitos T del sofisticado sistema de inmunidad adquirida.

Con el avance de la edad ya sabemos que todos nuestros sistemas se suelen volver más débiles, sobre todo si nuestros hábitos alimentarios y nuestro estilo de vida no son los adecuados. Las carencias de macro y micronutrientes y la falta de equilibrio en la dieta contribuyen a la debilitación del sistema inmune.

Uno de los primeros síntomas de un sistema inmune debilitado y envejecido es la modificación de la distribución de las células T en la sangre, la reducción de sus funciones y la debilitación de sus mecanismos de defensa. Esto es debido a la atrofia que puedan sufrir los tejidos del timo, la "escuela" de los linfocitos T.

En muchas personas mayores, la atrofia de los tejidos del timo es tal que la glándula queda reemplazada por tejido adiposo. ¿Te imaginas? Una glándula que acaba convertida en una masa de grasa y que ya no lleva a cabo ninguna función.

Estas modificaciones orgánicas son el motivo de la aparición de infecciones y la presencia de enfermedades tumorales en edades avanzadas. Además, el sistema inmunitario es menos efectivo en el reconocimiento y la destrucción de las células degeneradas, función de reconocimiento para la que es clave el buen funcionamiento de las células T.

Para que nuestro sistema inmunitario no tenga carencias, nos tendremos que preocupar de llevar un estilo de vida saludable con un peso adecuado y hacer ejercicio a diario para mantener nuestra masa muscular y fortaleza ósea. Además, deberíamos seguir una dieta con alimentos que nos proporcionen los **macronutrientes adecuados** para construir los diversos tipos de tejido y producir los niveles de energía necesaria (ver fuentes vegetales de aminoácidos esenciales en el capítulo dedicado a la musculatura), así como micronutrientes clave como las **vitaminas B6, B9 y B12, E, hierro, zinc y selenio.** Veamos dónde encontrar estos nutrientes.

La **vitamina E** la encontramos en el reino vegetal en los alimentos grasos, como frutos secos, semillas, aguacate, aceitunas y otros vegetales ricos en ácidos grasos —espárragos, verdolaga, lechuga, espinacas, guisantes frescos o nueces—. Es imprescindible para la correcta formación de tejido conjuntivo y la piel en general, para mantener este tejido hidratado y evitar que las grasas se oxiden. La ventaja de obtener la vitamina E de fuentes vegetales crudas y no refinadas es que estas no son nocivas; es más, son nuestras aliadas para combatir el colesterol malo y contribuir a mantener la salud cardiovascular. La vitamina E es un superantioxidante, imprescindible para el correcto funcionamiento de todos nuestros sistemas.

Para proteger la piel, el mayor órgano del ser humano y primer escudo inmunitario, no sólo puedes ingerirla con los alimentos, sino que también puedes utilizar aceites vegetales de primera presión en frío como hidratantes de manera tópica. Uno de los mejores aceites es el de coco aplicado tal cual sobre la piel. Es un aceite refrescante, con lo cual nos irá muy bien en verano, incluso en el caso de sobrexposición solar o quemaduras. En invierno se pueden utilizar otros aceites con propiedades termogénicas, aunque son más aromáticos y un poquito más grasos y a la piel le cuesta un poco más de absorber; un ejemplo sería el aceite de sésamo crudo o el de semillas de comino negro.

El grupo de la vitamina B es un conjunto de 11 vitaminas: B1 o tiamina, **B2** o riboflavina, **B3** o niacina, **B5** o ácido pantoténico, **B6** o piridoxina, **B8** o biotina, **B9** o ácido fólico, **B11** o carnitina, **B12** o cobalamina, **B15** o ácido pangámico y **B17** o leatrile.

Si bien pertenecen al mismo complejo vitamínico, cada una de ellas cumple una función diferente, y es importante saber que el organismo humano necesita

La vitamina E es imprescindible para la correcta formación de tejido conjuntivo y la piel en general, para mantener este tejido hidratado y evitar que las grasas se oxiden.

Uno de los mejores aceites es el de coco aplicado tal cual sobre la piel. Es un aceite refrescante, con lo cual nos irá muy bien en verano, incluso en el caso de sobreexposición solar o quemaduras.

una ración mínima de todas ellas para mantenerse en buen estado físico y mental. Las vitaminas del grupo B, menos la vitamina B12, son hidrosolubles, así que el exceso se elimina con la orina. La vitamina B12 es liposoluble: el cuerpo es capaz de almacenarla en las células grasas, creando un depósito de vitamina B12 para utilizarla cuando sea necesario.

La tiamina o vitamina B1 nos ayuda a luchar contra el estrés. No es almacenada por el organismo y sus excedentes son eliminados. Es por este motivo que el cuerpo necesita incorporarla diariamente a fin de que no se produzca un desajuste vitamínico. Beber demasiado agua puede hacer que no retengamos bien esta vitamina, y eso puede contribuir a que nos encontremos un poco más nerviosos, excitados o estresados de lo normal, ya que esta vitamina tiene un efecto antiestresante.

Es importante tener en cuenta que la destruyen con facilidad sustancias como el café, el alcohol y las píldoras anticonceptivas, y quienes consumen estas sustancias con regularidad deben consultar con su médico o terapeuta si quieren detectar su estado vitamínico y definir la manera más adecuada de sustituir la vitamina perdida en el caso de deficiencia.

Entre las funciones de la tiamina o vitamina B1 **destaca su papel en la digestión de los carbohidratos y su posterior transformación en energía.** La tiamina posee efectos beneficiosos sobre el sistema nervioso y el estado de ánimo, ayuda en el tratamiento del herpes, y protege el sistema cardiovascular y las arterias. Las principales fuentes naturales vegetales de vitamina B1 son el germen de trigo, los cereales y pseudocereales integrales, la levadura nutricional, los frutos secos y las semillas —sobre todo el girasol y el lino.

Las principales funciones de la riboflavina o vitamina B2 en el organismo humano son la intervención en los sistemas enzimáticos que participan en el proceso de respiración celular y en el metabolismo de los carbohidratos, de las proteínas y de los lípidos.

Tiene notables efectos beneficiosos sobre la salud de la piel, de ahí su otro nombre, "la vitamina de la belleza", y, además, previene las afecciones de la boca, los labios y la lengua.

Entre sus principales enemigos se cuentan, como en el caso anterior, el alcohol, la píldora anticonceptiva y el estrés. En el reino vegetal, está presente en los cereales y pseudocereales integrales y en los vegetales y hortalizas frescos (especialmente en los de hoja verde).

La vitamina B3 o vitamina PP, niacina o ácido nicotínico, es una aliada en la lucha contra el colesterol malo o LDL y en la salud del corazón. La denominación de vitamina PP se debe a su relación con la pelagra, una enfermedad que se presenta en la piel, y que se manifiesta por diarrea, dermatosis y demencia. Esta enfermedad puede darse por carencia de esta vitamina, o bien por la incapacidad del organismo de convertir el triptófano, un aminoácido esencial, en niacina, es decir, una de las formas de la vitamina B3. Igual que con las vitaminas B1 y B2, los principales agentes destructores de esta vitamina son el alcohol, las píldoras anticonceptivas y, además, los somníferos y las sulfamidas —presentes en los antibióticos y antiparasitarios utilizados en el tratamiento de enfermedades infecciosas—. Se usa con frecuencia para disminuir el colesterol, para prevenir problemas digestivos y luchar contra diversas alteraciones mentales. Es fundamental en la producción de varias hormonas, especialmente las sexuales (estrógeno, progesterona, testosterona), las tiroideas y la insulina.

La ingestión de niacina en grandes cantidades, como cualquier otro suplemento de laboratorio, sólo debe ocurrir bajo prescripción médica, pues su uso puede agravar una úlcera estomacal en caso de que esta ya exista. El uso en grandes cantidades de este suplemento también puede agravar problemas existentes de hígado, diabetes o artritis. Las personas que tienen una dieta sana y equilibrada ya ingieren una cantidad suficiente de niacina, a menos que su concentración de colesterol sea elevada. Las fuentes naturales vegetales de niacina son: los cereales y pseudocereales integrales, la levadura nutricional, los dátiles, los higos, las almendras y los frutos secos en general.

El ácido pantoténico o vitamina B5 es considerada la vitamina antienvejecimiento gracias a que sus compuestos no sólo evitan la acumulación de pigmentos que van apareciendo con el avance de los años, sino que además ayudan a eliminarlos incrementando la duración de la vida celular. Esta vitamina es producida por el organismo humano a partir del calcio, y es particularmente sensible al calor y al procesamiento industrial. De nuevo, el alcohol, la cafeína, los somníferos y los anticonceptivos orales son los principales destructores de la vitamina B5 en el cuerpo humano.

Cumple tareas tan importantes como la transformación de los lípidos y glúcidos en energía; el aumento de la resistencia al estrés y al cansancio físico; el desarrollo del sistema inmunitario en general (participando en la síntesis de los anticuerpos); el favorecimiento de la cicatrización de las heridas y la prevención de la caída del cabello. Las principales fuentes naturales vegetales de vitamina B5 son la levadura nutricional y los cereales y pseudocereales integrales.

La piridoxina o vitamina B6 es una de las más importantes del complejo de la vitamina B. No está formada por un único compuesto, sino por tres elementos químicos diferentes, piridoxina, piridoxal y piridoxamina, que tienen actividades biológicas idénticas. La vitamina B6 es relativamente resistente al calor, aunque puede ser destruida por el alcohol, la cocción y los rayos solares. **Para que la podamos absorber de manera total requiere la ayuda del magnesio** (presente sobre todo en la clorofila) **y la transformación del triptófano en vitamina B3 o niacina.** Desempeña un papel especialmente importante como paliativo de los síntomas dolorosos de la menstruación, el embarazo y los trastornos cutáneos y nerviosos. Las principales fuentes naturales vegetales de esta vitamina son la levadura nutricional, los cereales y pseudocereales integrales, las legumbres, las frutas y hortalizas verdes y, en general, las verduras frescas.

La vitamina B8 o vitamina H (biotina) protege nuestra piel y nuestro cabello. La vitamina B8, junto con la B5, es decisiva en la lucha contra la caída del cabello y en la protección del organismo frente a las agresiones producidas por múltiples afecciones dermatológicas, como el acné, la seborrea o los eccemas. El peor enemigo de la vitamina B8 es la avidina, un antinutriente que se encuentra presente en la clara de huevo cruda. **La biotina también interviene como factor esencial en el metabolismo de las proteínas, los lípidos y los carbohidratos.** Las fuentes naturales vegetales más ricas en vitamina B8 son la levadura nutricional y los cacahuetes. Los cacahuetes son legumbres, con lo cual hay que comerlos germinados y/o cocinados, pero evitando las temperaturas altas para que sus grasas no se deterioren.

El ácido fólico o vitamina B9 desempeña un papel clave en algunos de los procesos biológicos más importantes del organismo humano, como son la síntesis o producción del ADN y la formación de los glóbulos rojos. La vitamina B9 es uno de los principales recursos en la lucha contra la anemia. Además, protege al organismo frente a los parásitos intestinales y los envenenamientos. Junto a las vitaminas B5 y B8 ayuda a retrasar la aparición de canas en el cabello. Sus principales fuentes naturales son el germen de trigo, la levadura nutricional, las espinacas, las endibias y las almendras.

La vitamina B11 o carnitina la podemos sintetizar —producir— en nuestro organismo a partir de otros dos aminoácidos esenciales: la lisina y la metionina, con lo cual no es exactamente una vitamina, sino un aminoácido no esencial. La carnitina, conocida también como vitamina Bt, interviene en el metabolismo de los ácidos grasos quemando grasas, aumentando los niveles de energía y disminuyendo el índice de colesterol malo o LDL. Es útil en la prevención de problemas circulatorios, cardíacos y musculares.

La vitamina B15 o ácido pangámico es la vitamina de los deportistas y la de todos aquellos que desean mantener su cuerpo en buena forma. Esto se debe a que esta vitamina favorece la oxigenación de los tejidos, aumenta la resistencia al cansancio e incrementa la velocidad de recuperación del cuerpo tras un esfuerzo. Además, protege al organismo de la contaminación ambiental y posee efectos desintoxicantes. En su forma natural se obtiene de alimentos como el arroz integral, los cereales integrales y el sésamo.

La vitamina B17 o amigdalina es un nutriente que se suele relacionar con la prevención del cáncer. Se encuentra en semillas ricas en radical ciano, como por ejemplo las semillas de manzana, las uvas, las sandías, las almendras, los albaricoques.

La vitamina B12 o cobalamina, es una vitamina polémica, y un aliado que nos apoyará para combatir la fatiga. Estudios recientes indican que las personas mayores de 60 años suelen no tener en su organismo las concentraciones deseables de cianocobalamina. El motivo es que los ácidos estomacales no la pueden absorber de manera adecuada. Esta deficiencia tiene como consecuencias la pérdida de habilidades mentales y un deterioro de la coordinación muscular. Ello se debe a que la vitamina B12 tiene como sus principales funciones la de formar y multiplicar los glóbulos rojos (contribuye a prevenir la anemia), favorecer el sistema nervioso y contribuir a que el hierro presente en el organismo humano cumpla con sus funciones.

Las personas que sienten cansancio y nerviosismo por encima de lo habitual, pueden estar atravesando un período de carencia de vitamina B12, carencia que produce un tipo grave de anemia, la anemia perniciosa. Cuando ocurre esto, siempre es mejor consultar de inmediato con el médico o terapeuta acerca de la conveniencia de incorporar a la dieta un suplemento vitamínico que incluya esta vitamina. En casos especialmente graves, es posible que el médico recomiende inyecciones y suplementos orales sublinguales de vitamina B12.

Sobre la vitamina B12 hay mucho debate y opiniones opuestas. Hay quien sostiene que en condiciones normales de salud, podemos incorporar la vitamina B12 en dosis adecuadas mediante el consumo de los alimentos que la contienen. En el reino vegetal, encontramos B12 en las algas en general y en bacterias en la piel de algunas frutas, raíces y verduras, o en el azúcar de palmyra. También la sintetizamos nosotros en el intestino grueso, siempre y cuando gocemos de salud intestinal, aunque esta producción sólo se absorbe parcialmente y gran parte es eliminada con las heces.

De hecho, este es uno de los motivos por los que se ataca a la alimentación vegana o vegetariana estricta, ya que se dice que es una dieta deficiente en esta vitamina. Originalmente, el ser humano asimilaba la vitamina B12 al entrar en contacto con las bacterias que la producían y que, de manera natural, se encontraban en los sustratos donde crecían las verduras y raíces que consumía y en la piel de estas raíces, verduras y también frutas.

La excesiva higienización de los alimentos, por otra parte imprescindible tras las múltiples manipulaciones por las que estos pasan hasta llegar a nuestra cesta de la compra, destruye esta bacteria. Es importante que los vegetales que las contienen sean de cultivo orgánico, pues hay estudios que apuntan que la vitamina B12 de cultivos no orgánicos, cuando está presente, no lo está de manera activa.

Hay quien sostiene que la vitamina B12 natural sólo se encuentra en los alimentos de origen animal, pero esto sólo sería cierto si los animales de los que se han obtenido los productos en cuestión estuvieron alimentándose en libertad, pastando en tierras fértiles y obteniendo de esta manera natural la vitamina B12 de las bacterias en las raíces de las plantas. Sin embargo, este tipo de ganadería no es el habitual, y el ganado tiene los mismos problemas a la hora de obtener su vitamina B12 que el ser humano. Tanto es así que alrededor del 60 % de la vitamina B12 producida como suplemento en laboratorios a nivel mundial está destinada al ganado. Sinceramente, si la justificación a la hora de consumir productos de origen animal es la incorporación a la dieta de vitamina B12, no tiene ninguna lógica, especialmente si nos damos cuenta de que es mucho más sencillo decidir suplementarse uno mismo directamente que suplementar a un animal, luego sacrificarlo y finalmente ingerirlo con la finalidad de aportar a nuestra dieta la vitamina B12 con la que lo han suplementado.

La doctora e higienista Vivian V. Vetrano sostiene que toda esta polémica es un fraude de la industria farmacéutica y alimentaria para que comamos carne. La doctora Vetrano defiende que la Naturaleza pone muy poca vitamina B12 en los alimentos destinados de manera natural para los seres humanos y que esto nos debería decir algo al respecto. Si la Naturaleza pone tan poca vitamina B12 en nuestros alimentos biológicos, quizás esto deba significar que o bien no necesitamos mucha, o bien que debemos confiar en que las bacterias de nuestro tracto gastrointestinal la formarán para nosotros. Por otra parte, la doctora Vetrano critica que todos los estudios realizados sobre el efecto negativo sobre la salud de la carencia de vitamina B12 se hayan realizado en grupos de gente enferma que sigue una dieta omnívora, motivo por el que, sostiene Vetrano, estos estudios no son válidos para determinar los valores de vitamina B12 necesarios para higienistas, vegetarianos y veganos sanos. Además, como se ve, la población omnívora no se escapa de las carencias de la vitamina B12.

Pero si hay un alimento inmunonutritivo por excelencia, ese alimento son las setas. Poseen un alto contenido de aminoácidos esenciales, proteínas, minerales, vitaminas y sustancias bioactivas como los betaglucanos, fundamentales en el funcionamiento del sistema inmunitario. Por sus propiedades reforzantes del sistema inmune destacan el reishi (se toma en infusión), el shiitake y el maitake. Por otra parte, los tejidos del cuerpo humano contienen elementos químicos en cantidades muy pequeñas de relevancia para el sistema inmune: los **oligoelementos**. Un aprovisionamiento deficitario de ellos puede producir múltiples síntomas de carencia. El **zinc** y el **selenio** son dos de estos insustituibles elementos. Junto con el hierro, el zinc es el oligoelemento más difundido en el organismo humano y posee numerosas propiedades. Su presencia es indispensable para la acción de otro antioxidante de gran importancia, la vitamina A.

La cantidad de **zinc** que posee el cuerpo humano oscila entre 2 y 4 gramos, y la mitad de esta cifra corresponde a la sangre, pues su principal concentración está en los glóbulos rojos. Los huesos, algunos tejidos oculares, la piel, el cabello, las uñas, los testículos y las células del páncreas albergan también cantidades de este mineral, que se encuentra en la composición de la insulina y de más de otras doscientas enzimas en las que interviene como cofactor. Un buen número de estas enzimas están implicadas en los mecanismos de **reparación de tejidos, de defensa inmunitaria y de síntesis hormonal**. El zinc también protege al ARN y al ADN.

El zinc es esencial para el metabolismo de las proteínas y de la vitamina A, y para la formación de las membranas celulares. El zinc tiene un papel fundamental en la visión crepuscular, en los procesos fotoquímicos y en el almacenaje de insulina en el páncreas. Las principales fuentes vegetales de este mineral son el germen de trigo, el de centeno y la avena integral. Aunque en proporciones menores, también está presente en frutos secos, semillas y verduras.

Para una mejor asimilación, el zinc necesita de dos conutrientes, el cobre y la vitamina B6. La carencia de zinc en el cuerpo humano se manifiesta con los siguiente síntomas: trastornos en el crecimiento, caída del cabello, cicatrización lenta de las heridas, pérdida del apetito, problemas en el funcionamiento de las glándulas sexuales, manchas blancas en las uñas y rugosidades, hipersensibili-

Las setas son un alimento
inmunonutritivo por excelencia.

dad a las infecciones, pérdida parcial del sentido del gusto. Ante estos síntomas, lo mejor es consultar de inmediato con el médico o terapeuta acerca de la conveniencia de incorporar a la dieta un complemento vitamínico.

El **selenio**, oligoelemento del que ya hemos hablado, lo encontramos en diversas fuentes vegetales como la levadura nutricional, la cebada, el ajo, los cocos, las setas, los brotes de trigo y las nueces de Brasil.

Poseen un alto contenido de aminoácidos esenciales, proteínas, minerales, vitaminas y sustancias bioactivas como los betaglucanos, fundamentales en el funcionamiento del sistema inmunitario.

Capítulo 5

HUESOS Y ARTICULACIONES

Estamos acostumbrados a pensar que el esqueleto es una parte muerta de nosotros, ya que es lo único que permanece del cuerpo humano tras fallecer una vez que el resto de tejido orgánico ha pasado por el proceso de descomposición.

Nada más lejos de la realidad. **Los huesos conforman el sistema esquelético, sistema vital que cumple con funciones de gran importancia: protege nuestros órganos vitales, hace —junto con los músculos— que la locomoción sea posible, se encarga de la producción de nuestra sangre y también de su propia reparación y mantenimiento.** El esqueleto está bien vivo y, por lo tanto, necesitará de una alimentación viva rica en nutrientes para prosperar, mantenerse saludable y continuar con todas las funciones que lleva a cabo sin que ni siquiera nos demos cuenta.

En el mundo natural, hay diferentes tipos de esqueletos; cada tipo responde a diferentes etapas bioevolutivas de los seres vivos en el planeta. Las medusas y los gusanos, por ejemplo, tienen esqueletos hidrostáticos, consistentes en cavidades llenas de fluidos y rodeadas de músculos; la presión del fluido y la acción de los músculos que la rodean sirven para cambiar la forma del cuerpo y producir movimiento. Los insectos, los arácnidos o los crustáceos, por ejemplo, tienen exoesqueletos que recubren y protegen al animal con una especie de armadura externa que funciona también como sostén de la musculatura interior. **Los seres humanos y otros vertebrados tienen endoesqueletos que, en la historia evolutiva, nos han permitido crecer y convertirnos en animales más grandes y con mucha más libertad de movimiento.**

El cuerpo de un adulto humano llega a contar con 206 huesos de muy diversas formas, tamaños y funciones. Tendemos a pensar que nuestros huesos son rígidos, duros y fijos, pero **nuestro sistema esquelético es tan dinámico como cualquier otro de nuestro organismo.** Se construye él mismo desde cero con "ingredientes" contenidos en la sangre; crece bajo las señales hormonales de las glándulas en el cerebro y, en la edad adulta, está constantemente destruyéndose y reconstruyéndose durante el tiempo en el que vive.

La construcción del tejido óseo comienza como tejido cartilaginoso, construido de células especializadas llamadas **condrocitos.** En los huesos de nueva formación, estas células comienzan a formar rápidamente secreciones de colágeno y otras proteínas hasta construir un marco de cartílago a partir del cual construirá el nuevo material óseo. Los vasos sanguíneos se abren camino en el nuevo tejido cartilaginoso, aportando pequeñas células llamadas osteoblastos encargadas de iniciar la osificación.

En primer lugar, secretan una sustancia viscosa gelatinosa compuesta de colágeno y glicoproteínas, una especie de pegamento orgánico. A continuación, comienzan a absorber gran cantidad de minerales y sales que transporta la sangre a través de los capilares alrededor de este primer marco cartilaginoso. En especial, absorben calcio y fosfato, y depositan estos y otros minerales sobre la matriz. Con la ayuda de las enzimas secretadas por los osteoblastos, estos productos químicos se unen para formar fosfato de calcio, que cristaliza hasta formar la matriz ósea final. Al final de este proceso, aproximadamente dos terceras partes de la matriz ósea se componen de la glicoproteína con el colágeno y la otra tercera parte la compone el fosfato de calcio.

Es sorprendente, pero **la mayor parte de nuestros huesos ni siquiera está compuesta de minerales, pero incluso cuando lo está, se trata de un tejido vivo.** El tejido óseo se puede describir como paneles con vasos sanguíneos que permiten a los osteoblastos y otras células cumplir con su trabajo. A pesar de que los huesos pueden tener todo tipo de formas y tamaños, en su interior todos ellos están dotados de la misma estructura. Si cortamos cualquier hueso en dos mitades, vemos que la matriz ósea tiende a tener dos capas. La capa externa, llamada el hueso compacto o cortical, es dura y densa y constituye el 80 % de la masa del hueso. En el medio, el hueso esponjoso o trabecular es más suave y más poroso; y contiene la médula ósea y los tejidos grasos en los huesos más grandes.

En el interior de los huesos más grandes, la médula es capaz de producir alrededor de un billón de células sanguíneas todos los días. Produce no sólo nuevas células sanguíneas, sino casi todas nuestras diferentes células sanguíneas (eritrocitos, leucocitos, plaquetas) a través de un proceso llamado **hematopoyesis**.

A la edad de 25 años se detiene el crecimiento óseo en el ser humano y es entonces cuando los huesos se endurecen y se vuelven más rígidos. **Este crecimiento óseo, que se inicia desde la formación de los huesos en el feto, se rige por los estímulos de las hormonas del crecimiento (HGH, *Human Growth Hormones*) en todo nuestro cuerpo, y según las secreciones hormonales de la glándula pituitaria que se encuentra en la base de nuestro cerebro.**

De adultos, tanto la glándula pituitaria como las otras glándulas disminuyen la secreción de esta hormona del crecimiento. Sin embargo, incluso cuando nuestros huesos dejan de crecer longitudinalmente, su grosor y su fuerza son factores de vital importancia que nuestro organismo debe mantener.

Las células de los huesos están sometidas a un intenso desgaste, pues tienen que adaptarse continuamente a diferentes condiciones de vida. Durante el transcurso de cada año de nuestras vidas adultas, alrededor del 10 % de nuestro esqueleto se destruye y luego se reconstruye de nuevo en un proceso llamado remodelación ósea. El proceso de remodelación ósea se completa en un período comprendido entre los 7 y los 10 años. Es decir, que cada 7 o 10 años "estrenamos" esqueleto nuevo.

Aquí, en este proceso de reconstrucción, los protagonistas son de nuevo los osteoblastos y otro tipo de células, los osteoclastos, que degradan y destruyen el tejido óseo envejecido. Los osteoblastos y los osteoclastos trabajan juntos, a pesar de que parecen antagónicos, en un proceso de destrucción y reconstrucción del material óseo envejecido o dañado.

La remodelación comienza cuando los osteoclastos, a partir de una serie de factores externos iniciados por la secreción de diversos tipos de hormonas, excretan lisosomas y enzimas capaces de producir un microambiente ácido que primero disuelve el fosfato de calcio y más tarde el colágeno, en un proceso que se llama resorción ósea. En dicho proceso los osteoblastos liberan minerales y calcio de la matriz ósea a la sangre.

Cuando el tejido óseo viejo ya ha sido eliminado, los osteoblastos entran en acción e inician el proceso de reosificación. Este complejo proceso de remodelación se regula en última instancia por las hormonas que mantienen los niveles de calcio en la sangre. Las glándulas responsables de la secreción hormonal durante todo el proceso de destrucción y remodelación son las glándulas paratiroides, que se encuentran en el cuello.

El calcio es un mineral vital no sólo en la composición de los huesos, sino en las funciones de otros órganos como el ritmo y bombeo del corazón. Cuando el nivel de calcio en el plasma sanguíneo se ve reducido por debajo del nivel de homeostasis —la capacidad de nuestro organismo de mantener una condición interna estable compensando cambios en su entorno—, las paratiroides hacen a los osteoclastos tomar el calcio de nuestros huesos y liberarlo de nuevo en nuestra sangre. ¿Por qué? Porque órganos como el corazón tienen prioridad a la hora de distribuir los niveles de calcio en nuestro cuerpo. En cambio, cuando la cantidad de calcio en sangre es demasiado alta, las paratiroides envían señales hormonales para que los osteoblastos tomen el calcio de la sangre y lo coloquen en el colágeno óseo a través del proceso de osificación.

Los riñones también tienen su papel en la reabsorción de sales y minerales, y la tiroides también regula la cantidad de calcio que se reabsorbe en ese proceso, así como la cantidad de vitamina D, ya que **la vitamina D ayuda al cuerpo a absorber el calcio en el intestino delgado.**

La relación entre los osteoblastos y osteoclastos activos puede cambiar bajo diferentes condiciones. Si nuestros huesos están sometidos a más estrés —este estrés incluye tanto la fractura ósea como la práctica de ejercicio—, habrá más actividad de remodelación ósea. El ejercicio habitual somete a nuestro sistema esquelético a tensión, y esto le ayuda en todo ese proceso de destrucción y reconstrucción. **Por lo tanto, practicar ejercicio es una excelente estrategia** *anti-aging*: **cuando hacemos ejercicio regularmente no sólo estamos construyendo músculo, también estamos formando y reconstruyendo los huesos, estimulando la absorción de calcio en la matriz ósea y ayudando a aumentar la densidad de calcio.** Por eso mismo, hacer ejercicio de manera regular es una manera de mantener problemas de envejecimiento óseo como la osteoporosis y la osteoartritis a raya.

Es más, el ejercicio no sólo ayuda a construir músculo, remodelar los huesos y aumentar la densidad ósea mediante el aumento de los depósitos de calcio en la matriz ósea, sino que también aumenta la **estabilidad articular** mediante el fortalecimiento de los ligamentos, tonificando la musculatura en las zonas articulares y disminuyendo así las posibilidades de dislocaciones. Los cartílagos articulares también se fortalecen y ganan masa al practicar ejercicio y eso ayuda a evitar el desgaste prematuro propio de la edad avanzada sedentaria. Además, al practicar ejercicio, también producimos más fluido sinovial, cosa que hace que la membrana sinovial —un cojín natural entre las articulaciones— esté más lubricada y nos permita no sólo ser capaces de movimientos más suaves, sino de evitar enfermedades degenerativas de la edad como la osteoartritis.

Al reforzar el sistema esquelético **con la práctica de ejercicio, nuestra postura también mejora y tenemos un mayor control de nuestro peso,** cosa que redunda en la salud ósea de las articulaciones de los tobillos, rodillas y caderas que se ven liberadas de soportar un peso superior para el que están diseñadas.

El sistema esquelético tiene un funcionamiento muy complejo que implica la presencia saludable de otros sistemas —hormonal, cardiovascular, intestinal—. **Incluir solamente calcio en nuestra dieta sin contemplar otros factores no tiene sentido.** A veces, recurrimos a los alimentos o a los nutrientes de los alimentos como si fuesen píldoras mágicas que, al ingerirlas, fuesen capaces de solucionar nuestros problemas de salud. En el caso de los huesos, no todo el calcio que nos publicita la industria alimentaria de los lácteos es beneficioso, sino más bien al contrario, ya que el calcio derivado de los productos lácteos tiene un poder más descalcificante que calcificante. Por otra parte, **el calcio asimilable debe ser de origen orgánico** —derivado del reino vegetal— y no inorgánico —derivado del reino mineral—, y para asimilarlo correctamente debemos practicar ejercicio e incorporar a nuestra dieta vitamina D. Una forma muy relajante, antiestresante y bien barata de incorporar la vitamina D a nuestra dieta es tomando el sol a diario, como mínimo unos quince minutos en verano y unos treinta minutos en invierno. ¿Cómo hacerlo? Lo recomendable es tomarlo sin protección solar y antes de las 12 h en otoño e invierno, y después de las 16 h en primavera y verano, para así evitar las horas de mayor intensidad solar. Y, sobre todo, no hemos de olvidar, que el ejercicio es clave a la hora de trabajar la densidad ósea de nuestros huesos.

Encontramos calcio en las verduras, la col, las zanahorias, las semillas y los frutos secos; y vitamina D en el aguacate, los champiñones y la exposición a luz solar.

Por otra parte, debemos tener en cuenta que hay comestibles que descalcifican: el azúcar refinado, los carbohidratos refinados (harinas y pastas). A su vez, hay que recordar que el tabaco o el alcohol son aceleradores del proceso de envejecimiento óseo, congestionan el metabolismo y son grandes descalcificadores.

Nutrientes well-aging para huesos y articulaciones

Hay diversos antioxidantes que son clave para combatir la artrosis. La salud de los cartílagos y el tejido conjuntivo viene muy determinada por la salud y nutrición de nuestra piel. Las sustancias endógenas y exógenas que contribuyen a la formación, reparación y salud de la piel también son clave para la formación, reparación y salud del tejido conjuntivo, como los cartílagos.

La vitamina E, que encontraremos en los ácidos grasos vegetales crudos, no sólo nos ayuda a mantener nuestra piel hidratada (externa e internamente), sino que tiene un efecto positivo en la salud del cartílago. También son muy importantes las vitaminas **A**, **C**, **E**, **K** y el **selenio**, nutrientes de los que ya hemos hablado más arriba.

El ácido hialurónico, la glucosamina, el magnesio, la vitamina C, el MSM, el azufre, nutrientes que ya vimos en el capítulo dedicado a la piel, son también de vital importancia para la salud ósea y articular.

Capítulo 6

EL SISTEMA NERVIOSO ENTÉRICO Y EL SEGUNDO CEREBRO

Aparte del cerebro en la cabeza, el sistema gastrointestinal es uno de los sistemas más inteligentes del cuerpo. **El tracto digestivo tiene su propio sistema nervioso, el sistema nervioso entérico, que tiene su propio cerebro, el segundo cerebro, otro de los nombres que recientemente viene recibiendo el intestino.**

De hecho, el tracto gastrointestinal (TGI) es capaz de actuar por su cuenta sin tener que enviar señales neuronales al cerebro o a la médula espinal para regular sus acciones. Por ejemplo, cuando ingerimos alimentos y estos llegan al estómago, el reflejo gastrocólico envía información desde el estómago, donde nuestra comida está, al colon. Gracias a esta señal, el colon empuja y excreta el contenido en su interior con el fin de vaciarse y crear espacio para la nueva comida que ingerimos. Es por esto que, poco tiempo después de comer, nos sentimos con ganas de ir al baño; no porque los alimentos que hemos ingerido recientemente ya hayan sido digeridos y estén abandonando el cuerpo, sino porque los alimentos que se ingirieron hace horas (a lo mejor el día antes, o hace dos comidas) están saliendo para hacer espacio a los nuevos. Así que si en las dos o tres horas después de comer no se ha podido evacuar, quiere decir que hay algún tipo de problema, pasajero o crónico, con nuestro sistema gastrointestinal.

Otro tipo de controles en el TGI son los controles hormonales. Las hormonas son sustancias que secretan los tejidos y glándulas de nuestro cuerpo y que luego pasan a través de la sangre y los vasos sanguíneos para dirigirse a algún órgano o tejido y causar un efecto. Por ejemplo, la gastrina, una hormona producida en las células mucosas principales del estómago, estimula la formación de ácidos y enzimas y la motilidad de sus paredes en presencia de comida para realizar la digestión estomacal del bolo alimenticio y transformarlo en la papilla —quimo— que más tarde hará llegar al duodeno.

Una vez que el quimo llega a nuestro duodeno, la secreción gástrica se reduce y una nueva hormona, la secretina, se libera desde el duodeno al torrente sanguíneo. Esta hormona va a dirigirse primero al páncreas, donde hará que este libere sus jugos alcalinizantes y enzimas en el duodeno; y segundo, al estómago, para que este detenga la producción de ácido, enzimas digestivas y su movimiento gracias a la presencia de secretina.

La otra hormona liberada en el duodeno es la colecistoquinina, y aparece por la llegada del quimo con su PH ácido. Esta hormona se libera en nuestra mucosa intestinal y se dirige, primero, al páncreas para estimular la liberación de enzimas (lipasa y/o amilasa) y, segundo, a la vesícula biliar para hacer que esta se contraiga y bombee la bilis acumulada en su interior en el intestino y así ayudar a emulsionar el quimo. Finalmente, esta hormona llega al estómago a fin de reducir aún más su movilidad. Y todos estos procesos se realizan de manera autónoma e independiente de nuestro primer cerebro en la cabeza.

El sistema nervioso entérico también contiene toda una colección de células nerviosas o neuronas que se encuentran en las paredes intestinales, empezando desde el esófago y extendiéndose a lo largo de todo el tracto intestinal hasta llegar al recto. El sistema gastrointestinal es el motor que transforma la energía de los alimentos en una forma de energía que podemos usar. Sin esta función, la vida en nosotros no podría existir. Pero su función va mucho más allá de la digestión, la absorción de nutrientes, la traslación del contenido en los intestinos de un extremo —duodeno— a otro —recto— hasta excretarlo, o la producción hormonal; procesos todos realizados con una marcada independencia del cerebro y del sistema nervioso central. Es más, el segundo cerebro tiene un papel primordial en la regulación de nuestros estados de ánimo y nuestra salud emocional.

Este sistema tiene más neuronas que toda nuestra médula espinal. Con más de cien millones de neuronas, el sistema nervioso entérico supone, a excepción del sistema nervioso central, la mayor reunión de células nerviosas (neuronas) del cuerpo humano y está unido al centro de sensaciones del cerebro a través del nervio vago. Esta conexión de los dos cerebros, uno más emocional y otro más lógico, podría explicar por qué a veces las emociones las sentimos reflejadas en la zona del estómago, o por qué comer produce una sensación tan marcada de placer, disfrute y satisfacción.

El 90 % o más de la serotonina producida en nuestro organismo se produce en el intestino; más de la mitad de la dopamina en nuestro cuerpo se encuentra también en el intestino, y no en nuestra cabeza.

Estas dos sustancias químicas, **la serotonina y la dopamina,** tienen un papel muy importante en **la regulación de nuestros estados de ánimo y dependen de un intestino sano y bien cuidado, donde no debiera existir el malestar de la putrefacción, la fermentación o el enranciamiento de los alimentos mal digeridos.** Es decir, que nuestras emociones y, por tanto, nuestra salud emocional y psíquica, están relacionadas con el bienestar de nuestro segundo cerebro tanto o incluso más que con el primero. Pero también hay otros muchos problemas causados por un mal funcionamiento del intestino, como el síndrome de colon irritable, el reflujo de ácido, las náuseas, la hinchazón y el dolor abdominal sin motivo aparente.

El sistema nervioso entérico en las mujeres parece ser más sensible a los cambios y la salud. En parte, esto podría estar relacionado con los cambios hormonales.

En el capítulo sobre la correcta combinación de los alimentos, hablamos largo y tendido sobre la importancia de las buenas digestiones y cómo, qué y cuándo comer para obtener una salud gastrointestinal óptima. Así que no me extenderé mucho más aquí, si no es para acentuar que, como cualquier otro sistema, nuestro organismo, por mucho que lo queramos dividir en sistemas y órganos, es un todo que funciona y vive de manera compleja.

Una alimentación basada en alimentos fisiológicos no sólo puede prevenir dolencias digestivas, sino otras enfermedades derivadas, como la elevada predisposición al padecimiento de afecciones infecciosas, dolencias articulares (inflamación) y procesos de autoinmunidad.

En el intestino grueso, **la microbiota** (o flora intestinal) se ocupa de la desintegración de los componentes alimenticios no digeribles, como la fibra y sus carbohidratos complejos, que nuestras enzimas y jugos no son capaces de digerir. Esta fibra y estos carbohidratos no digeribles nos sirven como esponja que ayudará a arrastrar material de desecho al final del proceso digestivo —como el colesterol, las sales biliares y otras sustancias tóxicas—, pero también sirven como alimento para nuestra microbiota, que formará ácidos grasos de cadena corta que sirven a las células intestinales como sustancias nutritivas necesarias para su vida y salud. Los alimentos más densos en este tipo de fibra beneficiosa son sobre todo las capas que envuelven los cereales integrales, las bayas y las coles, los frutos secos y las frutas desecadas.

Una alimentación rica en fibra, alimento prebiótico, contribuye a la prevención del cáncer de intestino actuando de manera natural en su vaciado, regulando las deposiciones, reduciendo los gases e incrementando, así, el bienestar. Conseguiremos este efecto incluyendo al menos 30 g de fibra al día en nuestra dieta. Podemos conseguir esos 30 g de fibra con 200 g de frutas y verduras crudas o con 100 g de cereales integrales, aunque las frutas y verduras son los verdaderos alimentos biológicos y fisiológicos del ser humano, y mucho más antioxidantes que los cereales.

Pero para mantener sana y controlada la microbiota, no sólo hay que añadir alimentos saludables ricos en fibra a nuestra dieta, sino que hay que evitar excesos y descartar los no saludables, como el consumo de carbohidratos simples refinados (harinas refinadas y azúcar blanco) y el consumo elevado de alcohol. La fibra de verduras y frutas muy cocinada pierde esta capacidad prebiótica que sí tiene cuando están crudas o simplemente ligeramente cocinadas (al dente) a temperaturas bajas (al vapor o salteadas).

Aparte de los **alimentos prebióticos**, los **probióticos** también se consideran sustancias *well-aging* para el sistema gastrointestinal. Los probióticos son gérmenes vivos, bacterias que existen en los fermentados, y que favorecen la salud del sistema inmunitario y del intestino.

Aunque los podemos incluir en nuestra dieta, muy pocos de ellos, o incluso puede que ninguno, sobreviva la acción de los PHs del estómago. Por eso mismo, la manera más eficaz de mantener el equilibrio de microbiota intestinal es a través de los alimentos prebióticos y los hábitos de vida y alimentación saludable que no la destruyan.

Aunque se achaca a la edad la pesadez intestinal y el estreñimiento, estos efectos suelen ser más bien fruto de largos períodos de descuido continuado, del (ab)uso de medicamentos, de los cambios hormonales, del estrés, o de la falta de líquido.

Con una dieta equilibrada rica en vegetales crudos, hidratándonos correctamente (bebiendo agua sola fuera de las comidas, sin mezclarla con los alimentos), adoptando hábitos diarios saludables, respetando los ritmos circadianos, combinando bien los alimentos, incluyendo en nuestra dieta, a ser posible, sólo alimentos fisiológicos y biológicos, conseguiremos también no perturbar la salud de los otros órganos vitales, tan importantes, de nuestro TGI y no sólo de nuestros intestinos: el esófago, el estómago, el hígado, la vesícula biliar y el páncreas.

También es importante evitar comer mucho, muy graso, muy dulce o muy salado; comer con prisas, con ansiedad, sin disfrutar y sin masticar. También es necesario evitar el sobrepeso, ingerir medicamentos de manera crónica, el estrés, el consumo de nicotina y de alcohol. Además, hay que hacer ejercicio moderado —preferiblemente en ayunas— y procurar tener una vida social activa y positiva lejos de las compañías que no nos den buenas vibraciones.

La sensación de sed también disminuye con la edad. Pero tanto el metabolismo como el cerebro necesitan de líquido —somos un mínimo de 70 % agua— para funcionar correctamente. El agua también es necesaria para un mejor tránsito intestinal en una dieta rica en fibra. Lo ideal es tomar agua filtrada o de manantial, infusiones sin excitantes (cafeína, teína, taurina, teobromina, etc., y zumos de frutas diluidos en agua en relación 1:1 para evitar así el incremento de azúcares de rápida asimilación y los poco saludables picos de glicemia.

Los polifenoles del té no favorecen el crecimiento de bacterias saludables, pero sí contrarrestan el crecimiento de las bacterias no saludables. La catequina, un polifenol contenido en el té, sobre todo en el té verde, es una sustancia muy antioxidante y, por lo tanto, una sustancia *well-aging*. Sin embargo, hay que tener en cuenta que abusar del té no es bueno para el estómago, ni tampoco para el sistema nervioso, ya que no deja de ser una bebida excitante. Con un té al día ya es más que suficiente para disfrutar de sus beneficios. Es importante tomarlo lejos de las comidas, ya que sus taninos interfieren en la absorción del hierro y del zinc e inhiben las enzimas digestivas, lo que podría afectar en la metabolización de las proteínas.

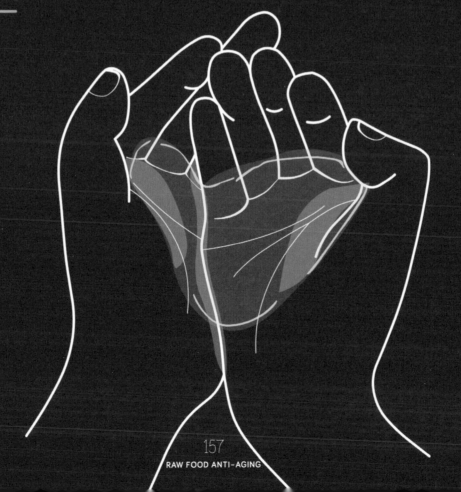

Capítulo 7

EL CEREBRO
Y LOS NERVIOS

El sistema nervioso nos permite percibir la vida, creando, a partir de estas experiencias, nuestro comportamiento; pero, sobre todo, realiza muchas funciones de nuestro cuerpo de las cuales no somos conscientes.

Estas funciones pueden ser categorizadas de diferentes maneras. Podríamos dividirlas en dos categorías principales: **funciones básicas** frente a **funciones superiores**. Una disfunción de las funciones del sistema nervioso puede acabar produciendo algún tipo de anomalía o síndrome.

Las **funciones básicas** del sistema nervioso son llevadas a cabo por el cerebro y la médula espinal en el **sistema nervioso central**, llamado así por estar ubicado en el centro del cuerpo. Las **funciones superiores** del sistema nervioso serían las llevadas a cabo por el **sistema nervioso periférico**, compuesto por los nervios craneales y los nervios espinales que se extienden desde el cerebro y la médula espinal a través del torso y hacia lo largo de las extremidades.

Las funciones básicas del sistema nervioso se podrían dividir en tres grandes categorías, desempeñadas por amplias áreas del sistema central y el periférico.

En primer lugar, **las funciones motoras, que controlan el músculo esquelético**. Al afectar al músculo unido a la estructura ósea, las funciones motoras tienen que ver con el movimiento, el tono y la postura.

En segundo lugar, **las funciones sensoriales. Estas incluyen todos los sentidos, no sólo los cinco sentidos tradicionalmente conocidos, sino todo lo que el sistema nervioso puede detectar.** Podemos dividir los cinco sentidos tradicionales en subcategorías o subsentidos más precisos. Así, tendremos los sentidos de la visión, el oído, el olfato, el gusto. Pero también un sentido localizado en el oído interno, el sentido vestibular, relacionado con el equilibrio y el control espacial. También tendríamos los múltiples sentidos del cuerpo, llamados sentidos somáticos, que están estrechamente vinculados con los ojos, el sistema de la piel, el músculo-esquelético, los huesos y articulaciones, los órganos internos y el sistema cardiovascular; estos incluyen el sentido del tacto, la posición de las partes del cuerpo, las vibraciones, el dolor, la temperatura y la presión muscular.

En tercer lugar, l**as funciones automáticas, que no requieren de nuestra participación consciente y que comprenden los reflejos, la circulación, la respiración, la digestión, etc.**

Las funciones superiores del sistema nervioso son llevadas a cabo por las diferentes partes del cerebro. También podrían dividirse en tres grandes categorías. El primer tipo de función, **la cognición**, no es únicamente la función de pensar del cerebro, sino también la del aprendizaje, la memoria, el lenguaje y las funciones ejecutivas como pueden ser la creación de metas, la organización de los comportamientos para alcanzar esas metas, etc. El segundo tipo de funciones serían **las emociones**, cómo nos sentimos. El tercer tipo sería **la conciencia**, que se puede definir como la percepción de uno mismo como individuo, con percepción de vida propia y el control de las propias acciones.

A medida que la edad avanza, el cerebro y nuestro sistema nervioso necesitan algo más de tiempo para realizar algunas de estas funciones. De entre ellos, los sentidos más funcionales, como la vista y el oído, son los que más acusan el avance de la edad. Pero hay otras funciones que también se ven claramente afectadas: no tenemos los mismos actos reflejos en situaciones de peligro o de atención, nos cuesta aprender cosas nuevas, etc. Aunque no hay que desmoralizarse ante esta pérdida de agilidad mental, ya que la experiencia vital también nos permite reaccionar de manera diferente a estímulos externos, y adoptar decisiones más rápidas y seguras de lo que haría una persona menos experimentada y más joven.

Una de las maneras de mantener nuestro cerebro más joven a medida que avanza el tiempo es exigiéndole rendimiento. Conservar la agilidad mental hace mucho bien a nivel personal y de autoestima. Podemos practicar durante nuestra vida un entrenamiento cerebral realizando actividades creativas que favorezcan la actividad mental: leer, pintar, resolver pasatiempos, asistir a cursos de diversos tipos de formación, contar cuentos, hacer presentaciones en público, tocar un instrumento musical, calcular... Todas estas actividades, el gimnasio de nuestro cerebro, ayudarán a mantener a nuestro cerebro ejercitado y más joven, receptivo y "con ganas" de seguir evolucionando a diario.

Nutrientes *well-aging* para el sistema nervioso y el cerebro

Aparte de necesitar las correctas dosis de macro y micronutrientes, nuestras células nerviosas necesitan, sobre todo, energía, agua y descanso. Más allá de los alimentos en la dieta, hay que pensar en vivir con el menor estrés posible y descansar durante las horas necesarias.

Nuestro cerebro, al estar **formado en su mayor parte por moléculas de grasa**, es muy propenso al estrés oxidativo. Este estrés oxidativo se vería acentuado por decisiones incorrectas en nuestra alimentación, como la inclusión de grasas de baja calidad (ácidos grasos saturados procesados, o de origen animal).

Para mantener sus ácidos grasos lejos de la oxidación, nuestro cerebro necesita altas dosis de antioxidantes como son las vitaminas A y E y otras sustancias vegetales secundarias (fitonutrientes) y captadores de radicales libres. La mejor manera de obtener proteínas, carbohidratos, grasas, vitaminas, minerales, oligoelementos y fitonutrientes, y en la proporción necesaria, es a través del consumo de gran cantidad de fruta y verdura fresca variada, semillas, frutos secos, algas, brotes, germinados... En definitiva, a través de alimentos fisiológicos integrales sin refinar ni procesar.

Este tipo de alimentación también nos va a permitir tener un suministro sostenido de **glucosa natural y saludable**, algo primordial, ya que las células nerviosas necesitan quemar glucosa para crear energía.

El **selenio** es un oligoelemento que no debe faltar en nuestra dieta. Entre otras funciones, contribuye a la nutrición del sistema nervioso y destruye los radicales libres formados durante el metabolismo de los lípidos.

En el reino vegetal el selenio se encuentra sobre todo en los cereales y pseudocereales; también en el ajo, los piñones, los frutos secos, sobre todo en las nueces de Brasil, las nueces, las almendras y, en menor proporción, en pistachos y anacardos; en las semillas de calabaza, de hinojo, de zaragatona; en muchas verduras, en especial las hojas de ortiga, los pepinos, los ajos, los espárragos, las lechugas, las espinacas, los tomates, las coliflores, o en frutas como las ciruelas, las uvas, los melones, los melocotones, las fresas o las peras; y también en la levadura nutricional, el germen de trigo y el trigo sarraceno.

Con la edad, también disminuye el riego sanguíneo de todos nuestros órganos vitales, y el cerebro acusa esta circunstancia de manera especial. Sabemos que podemos combatir este problema con la práctica de ejercicio diario, pero es de gran importancia el consumo de líquidos y mantener siempre una correcta hidratación. Se recomienda beber al menos dos litros de agua al día o bien 30 ml de agua por kg de peso corporal.

El aporte del complejo de la vitamina B vuelve a ser aquí de vital importancia para el bienestar del cerebro y de los estados de ánimo.

En los últimos tiempos ha habido mucho debate sobre un tipo de aceite o ácido graso que se encuentra sobre todo en algunos pescados y algas: el **omega 3**, de relevancia para diferentes sistemas, y de gran importancia en el mantenimiento de las funciones cerebrales.

Existen tres tipos de **ácidos grasos omega 3: ALA (ácido alfalinoleico), DHA (ácido docosahexaenoico) y EPA (ácido eicosapentaenoico).** Los ALA los encontramos en la mayoría de semillas, frutos secos crudos y en otros vegetales; el DHA, en algas y pescado azul; y el EPA, principalmente, en pescado, pero también en algas.

Nuestro hígado es capaz de sintetizar DHA y EPA a partir de ALA, pero se estima que sólo entre un 5 % y un 10 % del ALA lo transformamos en los otros dos. El DHA es imprescindible para la formación del cerebro, los ojos, los nervios y el corazón del feto durante el embarazo, así como para su buen funcionamiento en edad adulta. Los EPA están ligados al buen funcionamiento y desarrollo del corazón. **El quid a la hora de incorporar ácidos grasos esenciales omega 3 a nuestra dieta es que hay que tomarlos en proporciones equilibradas con los otros ácidos grasos saludables, omegas 6 y 9.** Este equilibrio de omegas, mucho más igualado en tiempos pasados, no abunda en la dieta contemporánea, con dosis demasiado elevadas del inflamatorio omega 6.

Las grasas, los omegas en especial, tienen un papel esencial en la historia evolutiva —sobre todo en el sistema nervioso y el cerebro—del ser humano. Los investigadores atribuyen la abundancia de omega 3 en la dieta de nuestros ancestros a nuestra evolución, a cambios importantes en sus cerebros y al nacimiento del *Homo Sapiens*. Se estima que en esta dieta ancestral, las cantidades de omega 6 a omega 3 eran de 1:1 a 2:1 respectivamente, mientras que hoy día, las proporciones de omega están muy lejos de lo ideal con un valor promedio habitual de 12:1.

Los omega 6 son muy elevados en nuestra dieta convencional contemporánea, y la proporción entre omegas, muy desequilibrada. Esto ocurre porque los ácidos grasos omega 6 predominan en la mayoría de aceites de consumo diario habitual —no en el de oliva o el de aguacate, que son ricos en antiinflamatorios omega 9 y polifenoles beneficiosos para la salud del cerebro—, en la bollería, en los fritos y en los procesados. Lo importante a la hora de buscar un equilibrio entre omega 3 y 6 es comprender que el cuerpo no puede metabolizarlos a la vez, pues compiten entre ellos. Así que un exceso de grasas de un tipo inhibirá la síntesis del otro. En nuestra dieta habitual contemporánea, los aceites omega 6 impiden la asimilación de los escasos omega 3.

A diferencia de estos dos ácidos grasos, los ácidos grasos omega 9 no interfieren en la metabolización de los otros omegas, por lo que se recomienda su uso en la dieta, por ejemplo, en forma de aceites como el aceite de oliva virgen extra de primera presión en frío frente a otros aceites ricos en omega 6 como puede ser el de girasol.

En la naturaleza hay una semilla maravillosa, el cáñamo —también se comercializa su aceite virgen prensado en frío—, en la que los omegas 3, 6 y 9 se encuentran en proporciones ideales para nuestra salud. También destacan por sus altos contenidos en omega 3 las semillas como el lino, la chía, las nueces y sus aceites y en otros vegetales como la verdolaga, las espinacas, las coles, las piñas o las fresas.

Los omega 3 son también altamente antiinflamatorios, antiarrítmicos y antitrombóticos, y se recomiendan en dietoterapia en caso de enfermedades degenerativas e inflamatorias como el cáncer, la diabetes, enfermedades cardio-vasculares, mentales, articulares, artritis, alergias o déficit de atención. Mitigan la inflamación y sus amplias repercusiones —alergias, enfermedades del cerebro y corazón, dolores reumáticos—, el cáncer, los trastornos mentales como la depresión, la placa de ateroma, los coágulos en sangre. Mientras que los omega 6 favorecen los mecanismos inflamatorios.

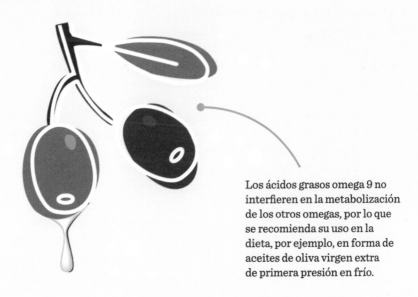

Los ácidos grasos omega 9 no interfieren en la metabolización de los otros omegas, por lo que se recomienda su uso en la dieta, por ejemplo, en forma de aceites de oliva virgen extra de primera presión en frío.

Capítulo 8

CAMBIOS HORMONALES

Tanto el sistema endocrino como el sistema nervioso están constantemente traficando información alrededor del cuerpo, recopilando datos, provocando reacciones, controlando cada movimiento, aunque tienen maneras diferentes de llevar a cabo estas funciones.

El sistema nervioso utiliza neuronas, conductos, para enviar y hacer llegar mensajes de acción rápida, localizada y de corta duración a órganos y células específicos. En cambio, el sistema endocrino envía hormonas de manera más lenta y en áreas de acción más amplia a través del torrente sanguíneo; no hay conductos, y sus efectos son más persistentes.

Hormona es una palabra que deriva del griego y significa "excitar, producir movimiento". **Las hormonas son mensajes químicos creados en una parte del cuerpo —glándulas— y dirigidos, a través del torrente sanguíneo, a otras partes del cuerpo —células diana— para provocar una reacción o actividad en uno o varios órganos y/o tipo de tejidos.**

Una **glándula** es cualquier órgano que produce y segrega una hormona en el cuerpo (hipófisis o pituitaria, hipotálamo, tiroides, timo, suprarrenales, páncreas, gónadas y placenta).

Hay tres tipos de hormonas básicas: las hormonas **endocrinas**, que trabajan a gran distancia; las hormonas **paracrinas**, que son regionales y trabajan a corta distancia; y las hormonas **autocrinas**, que trabajan a muy corta distancia.

Las hormonas sólo pueden causar una reacción en un tipo de células concretas, llamadas células diana, donde las hormonas ejercen su efecto, y que son capaces de reaccionar ante ellas porque contienen receptores específicos con los que las hormonas pueden unirse. Las hormonas nadan en el torrente sanguíneo hasta encontrar una célula diana apropiada; cuando esto sucede, la hormona encaja como una llave en su cerradura, y la célula es impulsada a realizar una acción específica.

Los trastornos hormonales pueden ser causados por diferentes motivos. Sin embargo, los trastornos más comunes suelen deberse al mal funcionamiento del sistema inmune que interfiere con los receptores hormonales de diferentes órganos, tejidos o glándulas.

La glándula pituitaria, también llamada glándula maestra porque produce hormonas dirigidas a otras glándulas endocrinas (tiroides, paratiroides, su-

prarrenales y glándula pineal) regulando su funcionamiento y haciendo que estas, a su vez, secreten las suyas propias creando cascadas, es una glándula compleja que segrega hormonas encargadas también de regular la homeostasis.

Una de estas hormonas secretadas por la glándula pituitaria es la TSH (hormona estimulante del tiroides), que estimula la glándula tiroides para producir más. Estas regulan el apetito, la termogénesis, el funcionamiento muscular o el metabolismo de grasas, carbohidratos, proteínas y vitaminas, y tienen otras actividades extendidas a otras partes del cuerpo. La glándula tiroides, situada en el cuello por debajo de la laringe, es una especie de motor metabólico de vital importancia; de hecho, de carecer de glándula tiroides, en el organismo humano no funcionaría casi nada. Esta glándula es característica por su alto contenido en yodo, mineral que nos interesa incluir en nuestra dieta en cantidades adecuadas para prevenir problemas con esta glándula. Una manera muy sencilla y efectiva de incluir yodo en nuestra dieta es a través de la incorporación de agua de mar y de algas a nuestra cocina (kombu, cochayuyo, spaghetti de mar).

La glándula maestra también produce ACTH (hormona trófica cortical suprarrenal), que actúa sobre la corteza suprarrenal en las glándulas suprarrenales, ubicadas en la parte superior de los riñones.

Las glándulas suprarrenales producen hormonas suprarrenales, como el cortisol, que regula el metabolismo de la glucosa, clave para mantener la presión arterial y los mineralocorticoides, hormonas esteroideas como la aldosterona, claves para regular el equilibrio de sal y agua en nuestro cuerpo.

La glándula maestra también produce las hormonas LH (lutropina) y FSH (hormona estimulante de folículo), que actúan sobre las gónadas —en los testículos, para estimular la producción de esperma en los hombres; en los ovarios, para estimular la formación de los óvulos en las mujeres—. También estimula la producción de esteroides gonadales, la testosterona y los estrógenos, presentes en diferentes porcentajes tanto en hombres como en mujeres. La testosterona es la principal hormona sexual masculina y desempeña un papel clave en el desarrollo de los tejidos reproductivos masculinos (testículos y próstata), así como el desarrollo de las características sexuales secundarias tales como el aumento de músculo, la masa ósea y el crecimiento del vello corporal. La testosterona es también esencial para la salud y el bienestar general, ayuda a prevenir la osteoporosis y, entre otras funciones, regula la energía cognitiva y la física.

Los **estrógenos** son la principal hormona sexual femenina. Son los responsables del desarrollo y regulación del sistema reproductivo femenino y las características sexuales secundarias, como los senos, e inducen fenómenos de proliferación celular sobre los órganos, principalmente endometrio, mama y ovarios; también —entre otras funciones— aceleran el metabolismo, reducen la resorción ósea, estimulan la construcción de hueso, y ayudan en el mantenimiento de los vasos y la piel.

Hay otras dos hormonas clave que se derivan de la hipófisis o pituitaria: la hormona del crecimiento humano, esencial para el crecimiento óptimo de los huesos largos, y la prolactina, importante en las mujeres en fase de lactancia.

En el interior del páncreas hay pequeñas glándulas llamadas islotes de Langerhans, que producen otras hormonas primordiales, que son la insulina y el glucagón.

La **insulina** es vital, ya que sin sus funciones padeceríamos diabetes, pues careceríamos de la capacidad de eliminar la glucosa del torrente sanguíneo, transportarla al músculo o almacenarla en el tejido graso. Sin la insulina, la glucosa en los alimentos ingeridos no se elimina correctamente de la sangre y acaba convirtiéndose en un tóxico.

El **glucagón**, al contrario que la insulina, aumenta la concentración de glucosa en el torrente sanguíneo. Su efecto es opuesto al de la insulina. El páncreas libera glucagón cuando la concentración de glucosa en sangre en el torrente sanguíneo cae demasiado bajo. El glucagón hace que el hígado convierta el glucógeno almacenado en glucosa y que lo libere al torrente sanguíneo. En cambio, los niveles altos de glucosa en sangre estimulan la liberación de insulina, que permite que la glucosa se transporte y sea utilizada por los tejidos insulinodependientes. **Glucagón e insulina son dos hormonas parte de un sistema de retroalimentación que mantiene estables los niveles de glucosa en sangre.**

La edad y el envejecimiento también afectan a la efectividad del funcionamiento de las glándulas y eso conlleva cambios hormonales importantes. Uno de ellos, con el que todos estamos familiarizados, es la **menopausia o climaterio**. Este cambio empieza a partir de los 50 años, y es responsable de grandes transformaciones en el cuerpo de ambos sexos. Curiosamente, muchos ignoran su existencia en el caso de los hombres (**andropausia o climaterio masculino**), ya que es mucho menos llamativo que en la mujer.

La menopausia es el final del primer cambio hormonal en el cuerpo del ser humano, que se inicia en la pubertad, y cierra un ciclo con la pérdida (en el caso de las mujeres) o disminución (en el caso de los hombres) de la fertilidad. En ambos sexos se reduce la producción de diferentes tipos de hormonas, entre otras, sexuales y reproductivas, como los gestágenos y estrógenos en la mujer y los andrógenos y testosterona en el hombre.

A estas carencias se añade también la carencia avanzada de la hormona del crecimiento, proceso conocido como somatopausia. Esta situación es el motivo por el que se ven afectados y ralentizados los procesos de estructuración y regeneración del cuerpo.

Entre otros trastornos, durante el climaterio, y de manera más acentuada en la mujer, se producen cambios de estado del ánimo, de la memoria, mareos, trastornos del sueño, aumento de peso, descalcificación y riesgo de osteoporosis.

Nutrientes *well-aging* para el sistema endocrino

Para prevenir el envejecimiento prematuro hormonal, también contamos con nutrientes naturales que encontramos en los alimentos y podemos incluir en nuestra dieta: las sustancias vegetales secundarias. **Se trata de contenidos alimentarios bioactivos de origen vegetal que favorecen la salud y tienen un efecto rejuvenecedor a nivel celular.** Estas sustancias son generadas por las plantas para protegerse y defenderse de ataques externos —como los parásitos, las enfermedades— y sirven también como reguladores de crecimiento. Entre estas sustancias vegetales secundarias tenemos los **fitoestrógenos** y los **flavonoides**.

Los flavonoides, que se encuentran sólo en alimentos vegetales —verduras, hortalizas, frutas, flores—, son los responsables de su color intenso.

Una manera intuitiva a la hora de incluir en nuestra dieta los vegetales más cargados de flavonoides es simplemente seleccionar aquellos de color más intenso. No hace falta que nos hagamos una lista con aquellos alimentos más ricos en este o aquel flavonoide; simplemente seleccionar las verduras y frutas de colores más vivos y comprar alimentos de colores variados ya nos asegura un amplio abanico de estas poderosas sustancias.

Los pigmentos en frutas, verduras y vegetales en general, son potentes antioxidantes que nos ayudarán, entre otras cosas, a regular el nivel de azúcar en sangre, a mejorar la circulación, a reforzar los capilares, a controlar la presión arterial. Además, son antiinflamatorios y antibacterianos, tienen propiedades cardiotónicas, anticancerosas y antitrombóticas, son antimicrobianos, antivirales, antivíricos y antibacterianos. En los vegetales, **los flavonoides se encuentran sobre todo en la piel**; este es un motivo de peso para consumir la piel de los frutos y hortalizas siempre que sea posible. Es importante, entonces, que estos sean de origen orgánico para evitar consumir con la piel los tóxicos de los pesticidas.

En la naturaleza, los flavonoides también cumplen la función de proteger a las plantas de las radiaciones solares y son un reclamo para atraer a los insectos polinizadores hacia las flores y a los animales frugívoros para que estos coman sus frutos y ayuden a dispersar mejor las semillas. Es clave, por el primer motivo, que nuestros alimentos no estén cultivados en invernaderos, sino al aire libre, ya que si no, al no necesitar la planta la protección contra los elementos de la intemperie y las radiaciones solares, producirá menos flavonoides como consecuencia.

Los principales flavonoides son los carotenos, las catequinas, la quercetina, la esperidina, la antocianina, la rutina y el resveratrol.

En el grupo de los **carotenos** se incluye el **betacaroteno**, el **alfacaroteno**, el **licopeno**, la **criptoxantina**, la **luteína**, la **zeaxantina** y la **capsantina**.

El **betacaroteno**, de color amarillo o naranja, es precursor de la vitamina A, una vitamina esencial para la formación correcta de los huesos, la salud y regeneración de la piel y los tejidos corporales en general, para el buen estado de la vista o para la formación de glóbulos rojos. Lo encontraremos sobre todo en verduras como el espárrago, en verduras de hoja verde tierna —verdolaga, espinacas, zanahoria, berros, borrajas, acelgas, hierbas aromáticas—, y en hortalizas, frutos y frutas de color naranja o vermellón como la zanahoria, el tomate, la calabaza, la papaya, los nísperos, etc.

El **alfacaroteno** tiene propiedades muy parecidas al betacaroteno y está presente en los alimentos donde se encuentra el betacaroteno. Lo encontramos también en mandarinas, naranjas, melones y frambuesas.

El **licopeno** es un flavonoide de pigmentación roja y a él deben su color la sandía, los tomates y los pimientos. De propiedades parecidas al betacaroteno, se le atribuyen también propiedades anticancerosas, reguladoras del colesterol en sangre y capaces de prevenir la inflamación de la próstata.

La **criptoxantina** también aparece en los mismos alimentos que el betacaroteno, pero tiene propiedades más antioxidantes. Como los otros carotenoides; es también precursora de la vitamina A. La verdura más rica en criptoxantina es la coliflor.

La **luteína** es un carotenoide que protege a la planta frente a la radiación solar y, en el ser humano, protege la retina de las radiaciones ultravioletas. Se encuentra en arándanos, grosellas negras, bayas de aronia y ciruelas.

La **zeaxantina**, aparte de proteger a nuestro organismo contra el cáncer, actúa en la protección de la vista junto con la luteína, y defiende la vista de las cataratas. Alimentos ricos en zeaxantina incluyen los espárragos, el kiwi, las naranjas y el mango.

La **capsantina** presenta propiedades antioxidantes y anticancerosas. Es un pigmento de color rosado que se encuentra básicamente en el fruto bien maduro del pimiento, especialmente el de color rojo.

La **catequina** es un flavonoide que, aparte de sus propiedades anticancerosas, tiene propiedades antiinflamatorias, antiulcéricas, antiartríticas, estimuladoras del sistema inmune y protectoras del hígado. La catequina la encontramos, sobre todo, en el té verde.

La **quercetina es el flavonoide que más propiedades medicinales presenta**. Es muy antioxidante y antibiótico. Fluidifica la sangre y beneficia el sistema circulatorio en la lucha contra enfermedades como la hipertensión, la arteriosclerosis o el colesterol malo o LDL elevado. Destacan también sus propiedades antiinflamatorias y antidiabéticas. Es un flavonoide muy común y fácil de añadir a la dieta. Lo encontramos en el mango, las bayas de aronia, las coles y las coles de Bruselas, los ajos, las cebollas, las peras, las manzanas y las cerezas.

La **hesperidina** es un flavonoide abundante en los cítricos —limón, naranja, pomelo, kumquat—, y, sobre todo, se encuentra en la piel y en la membrana blanca que hay entre la piel y la pulpa de estos frutos. Destacan sus propiedades protectoras de los capilares. Combinada con vitamina C, como se encuentra naturalmente en los frutos cítricos, la hesperidina contribuye a la protección del colágeno, lo que permite prevenir la aparición prematura de arrugas y flaccidez. Otras fuentes de hesperidina son los pimientos rojos y amarillos, el chile y el romero.

La **antocianina** se presenta en los vegetales de pigmentación azulada, rojo oscuro o morado. Destacan sus propiedades *well-aging* en el cuidado de la piel y la vista, y se recomienda a las personas con vista cansada y las que pasan muchas horas delante de la pantalla del ordenador. Refuerza la salud del sistema inmunitario por sus propiedades antivirales, antiinfecciosas y antialérgicas; y es de especial interés para las infecciones del aparato urinario y las enfermedades cardiovasculares. Encontramos antocianinas en las frutas de color rojo, azul o morado, como son las uvas rojas y negras, las ciruelas rojas y negras, la col lombarda, las cerezas, las frambuesas, las bayas de aronia, los arándanos, la patata morada y el maíz morado. Los principios de la antocianina se pierden con los cambios de temperatura, tanto con el sometimiento al calor (cocción) como con el sometimiento al frío (congelado).

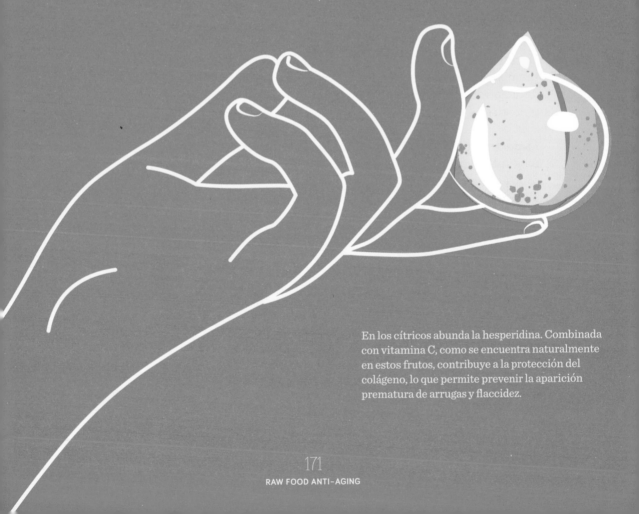

En los cítricos abunda la hesperidina. Combinada con vitamina C, como se encuentra naturalmente en estos frutos, contribuye a la protección del colágeno, lo que permite prevenir la aparición prematura de arrugas y flaccidez.

La **rutina** también destaca por sus propiedades anticancerosas, antiinflamatorias, antiinfecciosas y antialérgicas. Mejora la circulación al ser vasodilatadora y, al reforzar los capilares, disminuye la hipertensión, incluida la ocular, y previene los derrames cerebrales. Fuentes comunes de rutina son el perejil, el saúco, el albaricoque, la mora, la frambuesa, los berros, el limón y las espinacas.

El **resveratrol** tiene propiedades anticancerosas y protectoras del aparato circulatorio y las enfermedades cardiovasculares —infartos, apoplejías, trombosis, mala circulación—, y ayuda a conservar la salud de la vista. Tiene una gran capacidad de reducción de la arteriosclerosis y de prevención del colesterol malo. El resveratrol se encuentra en la vid, prácticamente en toda la planta, incluidas raíces y semillas como defensa natural antifúngica. Pero donde más concentración de resveratrol hay es en el fruto, especialmente en la piel y las semillas.

Los fitoesteroles también son sustancias vegetales secundarias que, como los flavonoides, sólo encontramos en el reino vegetal y tienen propiedades antioxidantes, anticancerosas y *well-aging*, que nos ayudan también en la prevención de las enfermedades degenerativas. Tanto animales como vegetales necesitan de unos componentes llamados esteroles para formar las membranas de sus células. El colesterol, por ejemplo, es un esterol de origen animal. Los esteroles de origen vegetal son los fitoesteroles, y tienen un papel relevante en nuestra salud al incorporarlos a la dieta de manera constante, ya que intervienen en la absorción del colesterol malo (LDL) en los intestinos sin interferir en los niveles de colesterol bueno (HDL). Los alimentos más ricos en esteroles vegetales son aquellos más ricos en grasa; se encuentran en aceites vegetales vírgenes de primera presión en frío, en frutos secos (nueces, almendras), y en frutos y semillas oleaginosos (sésamo, germen de trigo, aceitunas, girasol). Otras fuentes naturales de fitoesteroles son la chirimoya y la guanábana, el trigo sarraceno, los ajos, las cebollas, la coliflor, el pimiento, la naranja, el pepino, el trigo, la lechuga, el arroz integral, los dátiles, la uva, la avena integral, el pepino, el tomate, los espárragos, la acelga, las espinacas, los higos, las frambuesas, los rábanos, los pistachos, la avellana, la zanahoria, los melones o la granada.

La **alicina**, presente en el ajo, la cebolla y el apio, es un inhibidor de las inflamaciones y un diluyente de la sangre; favorece la eliminación de líquidos corporales y ayuda a combatir los procesos infecciosos del aparato respiratorio, el digestivo y el excretor. Aun así, con todos sus beneficios, es un componente un poco irritante de la mucosa, por lo que a las personas con un sistema digestivo delicado no les acaba de sentar del todo bien.

El **indol**, otro fitoquímico de interés por sus propiedades reguladoras de los estrógenos y preventivas contra el cáncer de mama, neutraliza los tóxicos corporales que contribuyen a la formación de tumores. Se encuentra sobre todo en los vegetales crucíferos —las coles.

Los **fitoestrógenos** son también nutrientes *well-aging* que encontramos sólo en el reino vegetal y que se asemejan a los estrógenos, por lo que ayudan al equilibrio hormonal de la mujer con efectos preventivos anticancerosos ante la posibilidad de cáncer de mama, de colon o de ovario. También intervienen en la mejora del síndrome premenstrual y en el control del colesterol malo LDL. Los fitoestrógenos más poderosos son las **isoflavonas** y los **lignanos**. Los encontramos en alimentos como el lino, las lentejas, los cereales integrales, los guisantes, la alfalfa, la col y los brotes de trébol. En general, están muy presentes en las legumbres, sobre todo en la alfalfa y el trébol, que son dos tipos de leguminosas.

Las judías de soja y sus subproductos son muy ricos en fitoestrógenos. Pero la soja contiene muchos antinutrientes, por lo que no es muy aconsejable consumirla con asiduidad de no ser que sea fermentada, germinada en pequeñas porciones y cocinada. El tamari también es un fermentado de la soja, pero aquí la cantidad de fitoestrógenos está muy diluida; técnicamente, el tamari no es un alimento crudo, pero lo podemos utilizar sin abusar (es rico en sodio) para aderezar nuestros platos y darles un sabor salado muy especial.

En cuanto a los fitoestrógenos en los alimentos, se consideran preventivos y, en tal caso, se recomiendan añadidos a la dieta a largo plazo y consumirlos de manera regular.

No hay que perder de vista que los fitoestrógenos de los alimentos alteran nuestra producción hormonal. En el caso de alguna dolencia o problema de origen hormonal, se recomienda eliminarlos completamente, ya que pueden tener un efecto nocivo.

Capítulo 9

LOS 20 ALIMENTOS MÁS RICOS EN ANTIOXIDANTES

Los científicos de la Universidad Tufts (Boston, USA) proponen una lista con los veinte alimentos más antioxidantes que podemos incluir en nuestra dieta de manera habitual. Proponen una unidad de medida del efecto oxidante de los alimentos, el ORAC (*Oxygen Radical Absortion Capacity*) traducido al español como PARL (potencia de absorción de los radicales libres), que mide la cantidad total de los antioxidantes que contiene un alimento (vitamina C, E, betacaroteno, etc.), así como su actividad.

Alimentos (cada 100gr)	**PARL / ORAC**
Ciruelas pasas	5770
Pasas	2830
Ajo	1939
Fresas	1536
Frambuesas	1227
Espinacas crudas	1210
Coles de Bruselas	1200
Moras	1036
Ciruelas	949
Brécol	888
Remolacha	841
Aguacate	782
Naranja	750
Uva negra	739
Pimiento rojo	731

Alimentos (cada 100gr)	PARL / ORAC
Kiwi	692
Cerezas	670
Judías secas	503
Pomelo rosa	483
Cebolla	449

Hay otros alimentos como las especias, el cacao puro, las hierbas aromáticas, los frutos del bosque, algunos frutos secos, etc., cuyo valor ORAC es mucho más elevado que los alimentos de esta lista; pero no hay que perder de vista que este valor ORAC se calcula por cada 100 gr de alimento. El clavo de olor, por ejemplo, es uno de los condimentos más antioxidantes que existe, pero nadie comería ni aconsejaría consumir 100 g de clavo al día. Sin embargo, todo cuenta, y añadir especias y hierbas aromáticas a nuestros platos, comer un pedacito de chocolate puro al día o añadir un puñado de frutos del bosque a una de nuestras colaciones seguro que nos ayuda a sumar sustancias *well-aging* a nuestra dieta.

A pesar de esta lista, no hay que olvidar que los nutrientes de los alimentos son eso, nutrientes, no componentes mágicos; no se trata de ingerirlos y esperar que ocurran cosas maravillosas al instante. Pero, **en la salud, todo suma; y será mucho mejor tener una dieta natural, variada, con ingredientes integrales y ecológicos, colorida, fresca, sabrosa, pensada y preparada con intención y cariño, rica en nutrientes y sustancias *anti-aging* y de interés multisensorial,** antes que una dieta aburrida, debilitada, inconsciente, descuidada, oxidativa y carente de variedad nutricional. Como reza el dicho, somos lo que comemos.

RAW FOOD ANTI-AGING

RECETAS
RAW *FOOD*
ANTI-AGING

La invención de un nuevo plato hace más feliz a la humanidad
que el descubrimiento de una nueva estrella.
JEAN ANTHELME BRILLAT-SAVARIN

Reconocer el proceso de transmutación que constituye el hecho de comer
permite aprender a quererse, a respetarse, a ser más feliz.
A través de la comida ofrecemos amor.
Cocinar permite, como muchos libros, adentrarse en aspectos de uno mismo
hasta ahora desconocidos, descubrir nuestra creatividad,
sobreponerse a miedos y volver a tener confianza en uno mismo.
INÉS ORTEGA

Sobre las unidades de medida utilizadas en las recetas

En las recetas que siguen encontrarás las medidas en:
ml (mililitros), **g** (gramos), **L** (litros), **T** (taza, 250 ml),
C (cucharada sopera, 15 ml), **c** (cucharada pequeña, 5 ml).

Sobre los activados, germinados y brotes ver la tabla del capítulo 4 *"Activación, germinación y brotado, los grandes aliados de la alimentación viva"*.

La temperatura de deshidratación utilizada en las recetas de este libro es siempre 38 °C, que es la temperatura a partir de la cual empiezan a destruirse las enzimas alimentarias y la mayoría de vitaminas en los alimentos.

En las recetas donde se utilizan frutos secos y semillas, se preferirán siempre activados. Cuando los frutos secos y semillas se necesiten en seco o molidos, primero habrá que activarlos (ver la tabla de activación y germinado) y luego deshidratarlos. Para su deshidratación, siempre a 38 °C. El tiempo variará en función de la semilla, desde 8 horas para las más pequeñas (pipas de girasol y de calabaza) hasta 16 o 24 horas para las más grandes (almendras, nueces), y de la temperatura y humedad ambiente.

A la hora de utilizar harinas de semillas o frutos secos, lo ideal es activarlos, pelarlos si procede (como en el caso de las almendras), deshidratarlos y, para acabar, molerlos justo en el momento antes de preparar nuestra receta. De esta manera, preservamos al máximo los nutrientes de los alimentos y evitamos la oxidación y enranciamiento de los aceites debido al proceso de oxidación de la molienda.

El mismo principio se aplica a semillas (pimienta, anís, etc.) o ramas y raíces secas (canela, jengibre, cúrcuma) que se requieren en polvo o molidos: mejor molerlos en el instante antes de su incorporación a la receta, para evitar oxidación innecesaria y preservar al máximo sus propiedades *anti-aging*.

En las recetas en las que se utiliza ajo, siempre que este vaya triturado o batido, se incluirá la piel. Hay varias especies de ajos, pero el que nos interesa es el que tiene la piel morada, el que es habitual del Mediterráneo, más picante por su mayor contenido en aliína que otras variedades de ajos, que tienen la piel blanca. El color morado de los ajos es señal de presencia de antocianinas, una de las sustancias más *well-aging* que podamos encontrar en los alimentos. Así que lo aprovecharemos siempre que sea posible, incluyendo la piel en las recetas donde podamos molerlo o triturarlo para que su textura seca y fibrosa sea agradable.

Leches vegetales y desayunos

Esta receta es ideal para
reponer energía,
es hidratante, mineralizante
y vitaminante.

Leche de almendras y plátano

Para 1/2 litro

Ingredientes

Para la leche de plátano

1 plátano
1 trocito de jengibre, de 1 cm de grosor
1/2 c de canela en polvo, a ser posible recién molida
1/2 L de leche de almendra

Para la leche de almendra

1/2 T de almendras activadas y lavadas
2 T de agua filtrada o de manantial

Método de preparación

Combinar las almendras con el agua en una batidora de vaso y batir hasta obtener una leche suave.

Utilizar un colador de malla fina o una bolsa de hacer leches vegetales y filtrar.

En una batidora de vaso, mezclar la leche recién hecha con el resto de ingredientes y batir hasta obtener una bebida suave y sedosa.

Son muy conocidas las propiedades del plátano respecto al fósforo y potasio que proporcionan. Sin embargo, su riqueza en minerales va mucho más allá, ya que es más rico aún en magnesio, manganeso y cobre. También contiene pequeñas cantidades de omega 3 y es rico en el complejo de la vitamina B, sobre todo la vitamina B6 (piridoxina) y vitamina C.

El jengibre en esta receta incrementa la aportación de vitamina C sin añadir ácidos, como ocurriría con una combinación con cítricos o fruta ácida, como la fresa, que sería muy poco digestiva para una fruta tan dulce y almidonosa como el plátano.

Hay que tener en cuenta que el plátano es una fruta muy difícil de combinar, ya que es muy dulce y, al mismo tiempo, rica en almidón. Para que el almidón se transforme en azúcares saludables, el plátano debe madurar en la planta o debe estar muy maduro cuando lo comamos, con la piel casi negra en el exterior.

La manera más digestiva de consumir plátano sería solo, con el estómago vacío. Otras opciones aún más digestivas serían combinarlo con hojas verdes tiernas (lechuga, espinacas) o con leches vegetales caseras preparadas con semillas o frutos secos y coladas, pues en estos casos la proporción de estos elementos es tan pequeña que no interfiere en la correcta digestión de los alimentos. Además, el aporte de agua hace al plátano más ligero y los niveles de azúcar en sangre se mantienen más estables.

Horchata súper

Para 1 litro

Ingredientes

Para la horchata

500 g de chufas, activadas durante 48 h
1 L de agua filtrada o de manantial
1 C de ralladura de piel de naranja
1/2 T de dátiles medjool, deshuesados

Para decorar

1 C de canela en polvo, a ser posible recién molida

Método de preparación

Combinar todos los ingredientes para la horchata en una batidora de vaso
y batir a la velocidad más baja hasta que las chufas estén bien trituradas.

Utilizar una bolsa para hacer leches vegetales para filtrar la horchata.

Servir en vasos y decorar con canela en polvo.

La horchata es una de las mejores leches vegetales que puedes preparar en casa.

Se prepara a partir de la chufa, pequeño tubérculo que procede de las raíces de la planta *cyperus esculentus* y que, al ser un tubérculo, no contiene lectinas ni inhibidores enzimáticos como los de las semillas. Su uso se remonta al Antiguo Egipto, donde era muy apreciada por sus propiedades curativas y regenerativas.

La horchata puede ser considerada como una bebida energética, pero los hidratos de carbono que posee son fundamentalmente sacarosa y almidón, no glucosa.

Aporta aminoácidos esenciales, entre ellos la arginina. La arginina tiene propiedades cicatrizantes y estimulantes de la inmunidad, y está relacionada con la formación de masa muscular, la disminución de la grasa corporal y la estimulación de la síntesis de insulina, por lo que puede ser consumida por personas diabéticas o con sobrepeso siempre que no se le añada azúcar extra.

La horchata (y la chufa) es rica en ácidos oleicos omega 9, como el aceite de oliva, y vitaminas E y C, lo que contribuye a regular los niveles de colesterol y a la salud cardiovascular.

Tiene un bajo contenido en sodio, por lo que puede ser consumida por aquellas personas que padecen hipertensión. Es rica en minerales como el potasio y el magnesio. Esto, junto con su alto contenido en agua, la hace idónea para la rehidratación tras la práctica de ejercicio, y la remineralización —indicada incluso en casos de osteoporosis—, pues ayuda a reponer electrolitos.

Puedes crear mil variaciones añadiendo tus alimentos preferidos, por ejemplo, vainilla y cacao o algarroba en polvo, frutos rojos, zumo de frutas dulces, o añadirle una nube de horchata a tu té.
Te sorprenderá utilizada como leche vegetal: es deliciosa.

También la puedes tomar tal cual, sin ningún tipo de endulzante o alimento que le dé sabor, y es que como la chufa es rica en azúcares naturales ya de por sí tiene un sabor ligeramente dulzón.

Este es un desayuno muy
energético y anti-aging,
ideal para después de haber
hecho ejercicio.

Desayuno de semillas con leche de quinua

Para 4 personas

Ingredientes

1 T de de germinados de quinua
3 T de agua filtrada o de manantial
250 g de germinados de sarraceno, deshidratados
25 g de ciruelas pasas, deshuesadas y troceadas
25 g de pasas de uva
25 g de chips de coco deshidratados
25 g de semillas de girasol, activadas y deshidratadas
25 g de semillas de calabaza, activadas y deshidratadas

Método de preparación

Para un desayuno de semillas que podamos tener siempre preparado y a mano, debemos colocar todos los ingredientes de esta receta en un bol, menos los germinados de quinua y el agua, mezclar con una espátula y guardar en un recipiente de cristal bien cerrado.

Si se añade un par de cucharadas a nuestra leche favorita, tendremos un desayuno *anti-aging*, crujiente y delicioso en unos minutos.

En esta receta prepararemos una leche de quinua para añadirle luego nuestra mezcla de semillas.

En una batidora de vaso combinar la quinua y el agua, batir a velocidad baja durante 1 minuto y colar.

En un bol, servir 3/4 de vaso de leche y añadir los germinados, semillas activadas y deshidratadas y las frutas deshidratadas al gusto.

La leche de germinados de quinua es una opción excelente para aquellas personas alérgicas a los frutos secos.

La quinua es muy rica en minerales y muy baja en sodio, y destaca por su contenido en manganeso, cobre, magnesio y fósforo.

Contiene todos los aminoácidos esenciales en grandes cantidades y es rica en el complejo de la vitamina B, sobre todo en folatos (vitamina B9), en omega 3 y un poco menos en omega 6, en vitamina C y vitamina E.

Café-detox para el hígado con nube anti-aging

Para una taza

Ingredientes

Para el "café"
1 c de cardo mariano
1/2 c de boldo
1 c de hojas de diente de león
1 C de chicoria tostada soluble (opcional)

Para la nube
1 c de sirope de arce
1/4 T de agua filtrada o de manantial
1 C de pasta de sésamo blanco, cruda

Método de preparación

Se pueden preparar las hierbas para este "café" infusionando en frío o bien con agua caliente.

En frío, dejar macerar los ingredientes en agua durante la noche y colar antes de beber.

En caliente, hervir el boldo en el agua durante 4 minutos; añadir el diente de león y el cardo mariano y hervir 1 minuto más. Apartar del fuego y dejar enfriar un poco, añadir la chicoria tostada y dejar reposar unos 15 minutos; colar y servir en una taza.

Mientras se prepara la infusión de hierbas, podemos ir haciendo la nube.

Colocamos todos los ingredientes en una batidora de vaso y batimos hasta obtener una crema homogénea y muy suave.

Reservamos hasta la hora de usar. Cuando la infusión ya esté lista y servida, vertemos la nata poco a poco sobre la infusión de hierbas para que no se mezcle con el "café" y flote.

La chicoria tostada, que obviamente no es cruda, es completamente opcional, aunque combina muy bien con el sabor amargo de las hierbas depurativas hepáticas.

Si únicamente queremos un efecto depurativo, sólo incluiremos las hierbas para dejar al hígado descansar y que pueda realizar la función depurativa sin interferencias digestivas.

Ahora, si eres de aquellas personas que disfrutan con un café, esta receta de aquí puede ser un sustituto ideal y muy saludable con el que incluso sorprender a tus comensales.

Esta bebida no es sólo un buen sustituto del café, sino que es un elixir detox para el hígado.

Leche instantánea de sésamo y naranja

Para 1 litro

Ingredientes

2 C de pasta de sésamo blanco, cruda
1 T de agua
2 naranjas, el zumo

Método de preparación

Colocar todos los ingredientes en una batidora de vaso. Batir a velocidad lenta durante 1 minuto, servir y tomar.

El sésamo es una planta considerada medicinal. Aunque es una semilla muy oleaginosa es en realidad una legumbre, como la alfalfa o el trébol.

Es muy proteico, y no sólo contiene todos los aminoácidos esenciales, sino que es rica en vitaminas del grupo B, vitamina E, calcio, hierro, zinc y otros minerales importantes como el boro, cobalto, cobre, magnesio, manganeso, níquel, potasio, sodio y fósforo. Procura que esté en tus comidas a diario, como condimento o como decoración para beneficiarte de todas sus propiedades *anti-aging*.

Leche merengada de coco

Para 1,5 litros

Ingredientes

1 coco verde, el agua y la pulpa o 1/2 T de coco rallado y 1 T de agua filtrada
o de manantial
1 L de agua filtrada o de manantial
1/2 c de ralladura de limón
1 c de stevia líquida (opcional), con los principios activos
1 pellizquito de sal marina o del Himalaya
1 c de aceite de cáñamo crudo
1 c de canela en polvo, a ser posible recién molida

Método de preparación

Colocar todos los ingredientes menos la canela y con sólo 1/4 de litro del agua
en una batidora de vaso.

Batir a velocidad lenta durante 1 minuto hasta obtener una mezcla suave y
sin grumos.

Añadir el resto del agua y batir de nuevo. Servir y decorar con la canela al gusto.

En mis recetas, cuando utilizo stevia líquida, siempre incluye sus principios activos y medicinales. Se necesita
utilizar muy poca cantidad, ya que tiene un poder endulzante muy poderoso. Una cucharadita de hoja de stevia
seca equivale aproximadamente a una cucharadita de azúcar. Ocho gotas de stevia líquida equivaldrían a una
cucharadita de azúcar.

La stevia tiene un efecto endulzante muy poderoso, a pesar de no contener azúcares, y es una planta prácticamente acalórica.

La stevia se recomienda en infusión en casos de diabetes tipo 2, ya que sus principios activos tienen un poder hipoglucemiante.

La mejor manera de consumirla es en hoja fresca: unas cuantas hojitas mezcladas en la ensalada, para aprovechar así sus flavonoides y sus propiedades *anti-aging*.

También la podemos consumir en hoja seca, otra buena opción, aunque en este caso tiene un intenso sabor a hierba y un regusto amargo difícil de combinar más allá de las tisanas y las infusiones herbales.

En algunos herbolarios se encuentra extracto de stevia con los principios activos reguladores de los niveles de azúcar en sangre, los rebaudiósidos, esteviósidos y glucósidos.

Desafortunadamente, abundan versiones de extractos líquidos, en polvo y en pastillas, que no aportan sus beneficios medicinales, pues sólo mantienen el principio edulcorante y, como contrapartida, contienen conservantes y otros componentes químicos que distan mucho de ser saludables.

Conozco a muchas personas que detestan el sabor de la stevia, y es porque siempre tiene un gusto a hierba aromática que no va bien con todo. Por ejemplo, no va bien con los sabores amargos, como el chocolate negro o el café. Normalmente, las personas que detestan el sabor han intentado introducirla en su dieta en el café. El café es uno de los peores productos que ingerimos en nuestro día a día: un excitante, generalmente con leche y con azúcar, y el primero que normalmente se quiere eliminar.

La stevia, acompañando a otros tipos de sabores más herbales, como las infusiones o las ensaladas, es deliciosa. También combina muy bien con casi cualquier tipo de fruta jugosa, especialmente las cítricas y las ácidas. Utilizada en un postre de frutos del bosque o en una limonada natural, añade unas notas dulces muy agradables y completamente armonizadas. Es un éxito asegurado.

La mejor manera de consumirla
es en hoja fresca:
unas cuantas hojitas mezcladas
en la ensalada, para aprovechar
así sus flavonoides y sus
propiedades anti-aging.

La stevia es una planta de uso medicinal originaria de Paraguay, conocida por su uso como suplemento alimentario desde épocas precolombinas, especialmente utilizada para edulcorar infusiones de hierbas.

La vainilla, junto con otras seis especias
(anís, menta, jengibre, regaliz, nuez moscada y canela),
es uno de los alimentos más antioxidantes debido a su elevada
concentración en compuestos fenólicos.

Cubano, para el verano

Para 1,5 litros

Ingredientes

Para la horchata

1,5 L de horchata
(ver receta "Horchata súper" en pág. 186)

Para el helado de chocolate

2 aguacates, la pulpa
1 T de agua de coco o leche de coco
4 C de sirope de arce
1/2 c de vainilla en polvo o semillas de vainilla
2 C de cacao en polvo
1 pellizquito de sal
2 C de aceite de coco, en estado líquido

Método de preparación

Para el helado de chocolate

Colocar todos los ingredientes en una batidora de vaso y batir hasta obtener una mousse sedosa y homogénea.

Colocar en un bol y refrigerar en el congelador de 2 a 3 horas, removiendo cada 30 minutos para que no se congele. Una vez tenga la consistencia que deseamos, ya podemos servirlo como helado cremoso o dentro de un buen vaso de horchata.

El helado que no se vaya a consumir en ese momento se puede guardar en el congelador en un recipiente tapado, para que no se produzca escarcha.

Nuestro helado quedará congelado como un bloque, y no cremoso, como los helados industriales que contienen preparados poco naturales, anticongelantes muy poco saludables —como el azúcar invertido— que evitan la cristalización de los líquidos propia de la congelación. Si queremos volver a tener helado cremoso, cortamos el trozo que queramos consumir en el momento. Lo troceamos en cubitos con un cuchillo y lo batimos en la batidora de vaso o, mejor, en un robot de cocina, hasta obtener la consistencia deseada. Si queda demasiado líquido, reservamos 30 minutos más en el congelador, mezclamos con una espátula y ya volverá a tener la consistencia de helado cremoso ideal.

A la vainilla se le atribuyen propiedades anticancerígenas, antimutagénicas (protege el ADN de las mutaciones) y reductoras del crecimiento tumoral. Sus propiedades antioxidantes se combinan con propiedades calmantes, analgésicas y antimicrobianas. Utilizada de manera tópica, la vainilla limpia y rejuvenece la piel, y es recomendable para calmar el dolor y regenerar la piel en el caso de quemaduras.

El sistema respiratorio también se beneficia de su acción antiséptica y suavizante. Esta supersemilla está también indicada en el tratamiento natural del alzheimer y otras enfermedades neurológicas.

Leche de almendras con chirimoya

Para 1,5 litros aproximadamente

Ingredientes

1 T de almendras, activadas
1 chirimoya, pelada y sin las semillas
1 L de agua filtrada o de manantial
3 gotas de stevia líquida con los principios activos o 1 c de sirope de arce (opcional)

Método de preparación

Primero prepararemos la leche de almendras. Colocar las almendras activadas y lavadas en una batidora de vaso, añadir agua sólo hasta cubrirlas, pues de esta manera será mucho más fácil triturarlas.

Batir hasta que las almendras estén bien trituradas.

Añadir el agua restante y volver a batir para seguir triturando y emulsionando.

Utilizar una bolsa para hacer leches vegetales o un colador de malla fina para filtrar el resultado.

Descartar la fibra de la almendra que acabas de colar.

Colocar la leche de almendras de nuevo en la batidora y añadir la pulpa de la chirimoya.

Batir todo bien hasta obtener un batido cremoso y servir.

Si se quiere, ahora se puede endulzar con stevia líquida o sirope de arce al gusto, aunque la chirimoya ya añade un dulzor sutil a esta leche.

La chirimoya es rica en vitamina C, en el complejo de la vitamina B —sobre todo en vitamina B6 y B2—, en triptófano —y también contiene, en diferentes proporciones, el resto de los aminoácidos esenciales— y en omega 3.

La chirimoya es una fruta
que se utiliza en dietas de
adelgazamiento por su bajo
contenido en grasas,
su poder hidratante y su
efecto diurético debido
a su contenido en potasio.

Zumos verdes, batidos verdes y elixires

Este elixir se puede servir con un poco de hielo picado estilo cóctel en una copa decorada con una rodajita de limón, pero nunca en frío para empezar el día, ya que destemplaríamos el cuerpo.

Lo mejor, para empezar el día, sería tomarlo a temperatura corporal, con el agua templada.

Chlorella y apio lemon shot

Para 1 litro aproximadamente

Ingredientes

1 L de agua de mar isotónica (3 partes de agua de manantial o filtrada y 1 parte de agua de mar)
4 limones grandes, el zumo
1 c de alga chlorella en polvo
4 manojos de hierba de trigo fresco o 1 C de hierba de trigo en polvo
2 ramas de apio

Método de preparación

Extraer el jugo de la hierba de trigo fresca, el apio y los limones con un extractor lento de zumos.

Combinar con la chlorella en una batidora de vaso y batir hasta obtener una mezcla homogénea.

Servir y beber inmediatamente.

La chlorella es un alga unicelular de agua dulce que se desarrolla en lagos y lagunas. Existen varias especies, algunas de ellas capaces de vivir en troncos de árboles y rocas. Habitan la Tierra desde hace más de 2.500 millones de años, son una de las primeras formas de vida del planeta y corresponsables de la oxigenación de la atmósfera terrestre.

Destacan por su alto aporte proteico y son los organismos conocidos con mayor aporte de clorofila. La clorofila nos ayuda a depurar y desintoxicar el organismo, estimula la formación de hemoglobina y es muy antioxidante —es muy rica en carotenoides—. Además de ser altamente proteica, es una muy buena fuente de vitaminas y minerales. Pero lo que la hace destacar sobre otros alimentos es su alto poder desintoxicante —es efectiva incluso en la eliminación de tóxicos por contaminación radiactiva— y un tipo de fitonutrientes, el factor de crecimiento de la chlorella o CGF (*chlorella growth factor*), que estimula el crecimiento y la regeneración celular.

Elixir de piña y albahaca

Para 1 litro aproximadamente

Ingredientes

1 piña grande, pelada y troceada
100 g de hojas de albahaca (o un buen manojo)
1 T de agua de mar pura
1 T de agua filtrada o de manantial (opcional)

Método de preparación

Extraer el jugo de las hojas de albahaca y la piña con un extractor lento de zumos; añadir el agua de mar y el agua filtrada y mezclar bien. Se puede usar la batidora de vaso o simplemente mezclar con una cuchara.

Si no tenemos extractor lento de zumos, se puede batir todo junto en una batidora de vaso y tomarlo como un batido, o bien filtrarlo después con un colador de malla fina o una bolsa de hacer leches vegetales.

Si lo tomamos como batido es mucho más saciante, pero igual de delicioso y saludable ya que contiene la fibra de la fruta y las hojas.

Este zumo se puede convertir muy fácilmente en una mousse sedosa que hará maravillas como postre. Aunque es aconsejable no tomar las frutas al final de las comidas, en el caso de la piña y la papaya se puede hacer una excepción, debido a la gran cantidad de enzimas que contienen. Para convertir este elixir en una mousse añade la pulpa de un aguacate y una cucharada sopera de zumo de limón por cada taza y bate en una batidora de vaso. Refrigera durante un par de horas antes de servir y decora con sirope de arce, de yacón, azúcar de palmyra o de coco.

Este zumo no sólo es delicioso, sino que es maravilloso para el sistema digestivo, pues la piña es muy rica en un tipo de enzimas, la bromelina, que ayuda a digerir las proteínas.

Este es un zumo ideal para empezar el día hidratándote, alcalinizando y ayudando a tu organismo con su detox diario matinal.

Zumo de pepino con limón

Para 1 litro

Ingredientes

2 pepinos, con la piel

2 limones, pelados pero con las semillas

1/2 L de agua de mar isotónica (3 partes de agua de manantial o filtrada y 1 parte de agua de mar)

3/5 de agua filtrada o de manantial

Método de preparación

Colocar todos los ingredientes en una batidora de vaso. Batir a velocidad lenta durante 1 minuto, colar, servir y tomar de inmediato.

Toma tanto como quieras: es un zumo refrescante, ligero, muy rico en vitamina C, una gran aliada de la piel, e ideal para el verano.

Zumo de pimiento rojo, manzana y jengibre

Para 1,5 litros

Ingredientes

2 pimientos rojos grandes
1 trocito de jengibre, de 1,5 cm de grosor
2 manzanas, con la piel, las semillas y el corazón
1/2 L de agua filtrada o de manantial

Método de preparación

Extraer el jugo de los vegetales con un extractor lento de zumos. Combinar el zumo con el agua en una batidora de vaso y batir ligeramente sólo para mezclar. Servir inmediatamente.

El pimiento rojo es rico en minerales, pero sobre todo destaca por su contenido en vitamina C, provitamina A o carotenos, el complejo de la vitamina B, sobre todo vitamina B6, las vitaminas E y K, y contiene también pequeñas dosis de omega 3.

El pimiento rojo, por mucho que pueda sorprender, también contiene todos los aminoácidos esenciales. De hecho, la mayoría de vegetales los contienen en mayor o menor proporción.

Batido de espinacas y naranja

Para 1 litro

Ingredientes

250 g de espinacas baby
2 naranjas
1/2 L de agua filtrada o de manantial
1 c de alga espirulina

Método de preparación

Colocar todos los ingredientes en una batidora de vaso.
Batir a velocidad lenta durante 1 minuto, servir y tomar.

Igual que la chlorella, la espirulina es una cianobacteria microscópica de agua dulce capaz de realizar la fotosíntesis. Aun así, las encontramos a menudo clasificadas como algas.

El uso de la espirulina tiene una larga historia que se remonta a la América precolombina. Los aztecas la extraían del lago Texcoco, y en la antigua China se utilizaba como vigorizante y también para prevenir la caída del cabello.

Hoy en día, se suele encontrar en herbolarios, negocios de dietética y farmacias como un suplemento alimentario en forma de comprimidos o cápsulas. Aunque en muchos negocios de alimentación bio la encontraremos en polvo y en escamas. Si puedes escoger, es mucho mejor en escamas, ya que todos los alimentos en polvo o en harinas están más oxidados debido al proceso de molido.

Esta bacteria verde-azul es muy rica en proteínas, vitaminas del grupo B, A, C y betacarotenos. Destaca por su contenido en cianocobalamina o vitamina B12 y en vitamina B9 (ácido fólico).

También es muy rica en hierro, calcio y magnesio, por lo que se la considera un alimento antianémico. La espirulina también es muy rica en melatonina, una hormona que se ha utilizado con éxito en casos de tratamiento de la alteración del sueño, como preventivo anticáncer y como tratamiento *anti-aging*.

Es muy rica en carbohidratos complejos de disolución lenta, cosa que hace que los niveles de glucosa en sangre se mantengan constantes y disminuya la sensación de hambre. Aunque es muy nutritiva y saciante, es muy baja en calorías, por lo que se utiliza como suplemento dietético en regímenes para perder peso.

Lo mismo que la chlorella y que el resto de algas, tiene un fuerte efecto detox y ayuda a nuestro cuerpo a depurarse y a limpiarse de metales pesados.

Zumo beta

Para 1 litro

Ingredientes
2 manzanas golden, con la piel, las semillas y el corazón
2 pimientos amarillos, troceados
1 trozo de cúrcuma fresca, un cubito de 1 cm, o 1/2 c de cúrcuma en polvo
1/2 L de agua
1 pellizquito de pimienta negra, recién molida

Método de preparación
Colocar todos los ingredientes en una batidora de vaso. Batir a velocidad lenta durante 1 minuto.
Colar con la ayuda de un colador o una bolsa de hacer leches vegetales y servir.

De una gran acción desintoxicante y una profunda acción inmunomoduladora, la cúrcuma es un potente anticanceroso y una de las plantas más antioxidantes.

También destaca por sus propiedades altamente antiinflamatorias y antiálgicas.

Tiene un efecto positivo sobre el hígado, pues ayuda a mejorar la secreción de la bilis y la digestión de las grasas. También estimula la vesícula biliar y ayuda a reducir los niveles de colesterol malo (LDL).

Es muy rica en un flavonoide, la curcumina, que le da su intenso color dorado anaranjado y que parece actuar contra el envejecimiento de la retina.

Además de sus propiedades terapéuticas, destaca por su contenido en minerales, sobre todo el manganeso, el hierro, el cobre, el zinc, el potasio, el magnesio y el fósforo.

Contiene también, en diferentes proporciones, todos los aminoácidos esenciales, y vitaminas del complejo B, sobre todo riboflavina (B2), y vitaminas E y K.

La cúrcuma es una planta herbácea cuyo rizoma cuenta con el mayor número de indicaciones medicinales, incluso ante serias enfermedades como el cáncer, la diabetes, la hepatitis o el alzheimer.

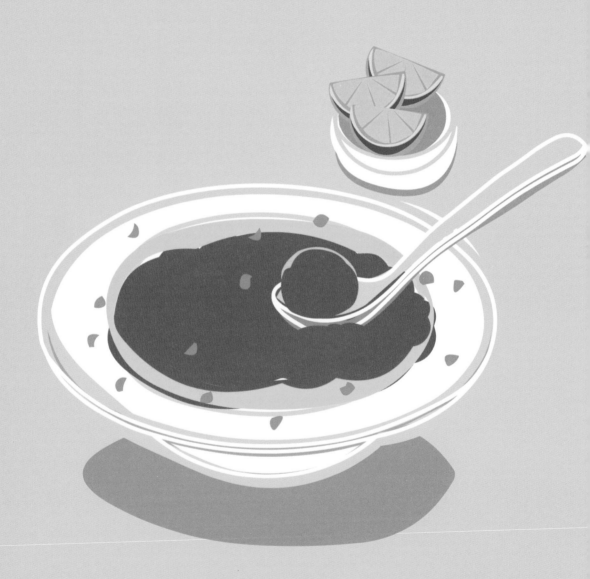

Entrantes

Las salicornias se pueden comer crudas, añadidas a la ensalada o batidas en cremas o smoothies, sin ningún tipo de preparación adicional.

En el caso de que no encuentres salicornia para esta receta, las puedes sustituir por espárragos verdes.

Velouté de espárragos del mar con nata de almendras

Para 6 vasitos

Ingredientes

Para la velouté

1/2 manojo de salicornia (o espárragos verdes)

1 manzana verde, con la piel, el corazón y las semillas

1 limón, sin la piel

1 trozo de jengibre, de 1 cm de grosor

1/2 L de agua

125 g de espinacas

1 calabacín mediano

1 c de tamari

Para la nata de almendras

6 C de levadura nutricional

6 C de mantequilla (pasta) de almendras crudas

125 ml de agua

Para decorar

12 setas

Pétalos de caléndulas al gusto

Brotes de semillas de girasol al gusto

Aceite de germen de trigo al gusto

6 ramitas de salicornia (o 6 puntas de espárragos verdes)

Método de preparación

Colocar todos los ingredientes para la velouté en una batidora de vaso y batir hasta obtener una crema suave. Colar utilizando un colador chino y descartar la fibra más gruesa. Reservar.

Colocar los ingredientes para la nata de almendras en una batidora de vaso y batir hasta obtener una crema suave. Reservar.

Servir la velouté en vasitos o cuencos y decorar al gusto con la nata de almendras y el resto de ingredientes para decorar.

La salicornia o espárrago marino es una planta de la familia de las espinacas y las acelgas.

Crece en las marismas y tiene un sabor salado intenso debido a su riqueza en sales minerales, se la puede regar incluso con agua marina, y tiene un gran potencial nutritivo por su riqueza en minerales orgánicos. Es una planta muy proteica y rica en ácidos grasos omega 6 y omega 3, en minerales como el zinc, magnesio, manganeso, cobre, sodio, potasio y calcio.

Como las frutas y verduras son siempre diferentes, especialmente las orgánicas, a veces nos quedará un salmorejo más espeso o más líquido. Siempre se puede espesar añadiendo más chía o dejar tal cual y servir en vasitos en vez de en platos.

Salmorejo de fresas

Para 4 personas

Ingredientes

Para el salmorejo

1 pimiento rojo
2 tomates maduros
250 g de fresones
1 vaso de agua de mar pura
1 pepino
1 manzana
1 cebolla blanca dulce, o al gusto
4 C de semillas de chía (40 gr), recién molida

Para decorar

Almendras activadas, al gusto
Semillas de girasol activadas, al gusto
Semillas de calabaza activadas, al gusto
Alga cochayuyo al gusto, remojada durante un par de horas

Método de preparación

Colocar todos los ingredientes para el salmorejo menos las semillas de chía molidas en una batidora de vaso y batir hasta obtener un puré grueso.

Colocar en un bol de cristal, añadir la chía y mezclar bien con una cuchara de madera o espátula. Dejar reposar unos 15 minutos hasta que la chía absorba los líquidos de las verduras y frutas y se espese.

Servir en platos o vasitos y decorar al gusto.

Las semillas de chía son un alimento muy completo: son ricas en fibra, en todos los aminoácidos esenciales, proteínas, vitaminas del complejo B, minerales y oligoelementos —selenio, zinc, hierro, calcio, magnesio, fósforo, calcio, potasio— y quercetina. Pero lo que realmente las hace destacar es su contenido en ácidos grasos esenciales omega 3, que además se encuentran en equilibrio natural con los ácidos grasos omega 6 que también contiene.

También tiene gran cantidad de flavonoides de propiedades antimutagénicas, antivíricas, antiinflamatorias y anticancerígenas.

Se pueden consumir enteras o molidas y mezcladas con algún líquido, zumo o batido, para que se hidraten y gelifiquen, ya que son muy ricas en mucílago. De cualquier manera, y esto es aplicable a todas las semillas, lo mejor es consumirlas molidas, ya que así se aprovechan realmente sus nutrientes.

El ajo tiene grandes
propiedades antioxidantes
y curativas.

En las recetas donde el ajo va triturado, a mí me gusta incluirlo con la piel. La piel de los mejores ajos es de color morado, cosa que indica la presencia de antocianinas, una de las sustancias más antioxidantes y *anti-aging*.

Crema de calabaza

Para 6 personas

Ingredientes

1 calabaza de cacahuete, pelada y troceada

2 manzanas, troceadas, con la piel, el corazón y las semillas

1 diente de ajo, chafado y con la piel

1 cebolla blanca pequeña, pelada y troceada

1 c de nuez moscada, recién molida

1/2 c de pimienta, recién molida

1/2 T de pipas de calabaza, activadas

1 ramita de canela, en polvo, mejor recién molida

4 C de sirope de arce

1 T de agua de mar pura

2 T de agua filtrada o de manantial

Aceite crudo de cáñamo y semillas de cáñamo o de calabaza para decorar, al gusto

Método de preparación

Colocar todos los ingredientes menos el aceite y las semillas de cáñamo o calabaza en una batidora de vaso y batir hasta obtener una crema homogénea.

Servir en cuencos o platos hondos y decorar con el aceite y las semillas.

El ajo tiene propiedades antibacterianas, antiinfecciosas, digestivas, diuréticas y fluidifica la circulación sanguínea, por lo que ayuda a prevenir enfermedades del sistema cardiovascular.

Es muy rico en minerales, sobre todo en manganeso, y en el complejo de la vitamina B, sobre todo en vitamina B6 (piridoxina).

Contiene ácido glutámico, que favorece la salud cerebral y del sistema nervioso central, y ayuda a equilibrar los estados de ánimo y la falta de memoria. Contiene ácido aspártico, que activa el metabolismo celular y participa en la renovación celular; también tiene un papel importante en la absorción de los minerales como el calcio, el potasio, el magnesio y el zinc.

A pesar de sus bondades, el ajo tiene componentes irritativos de la mucosa. Con lo que si tenemos problemas digestivos, el ajo, sobre todo en crudo, añadirá desconfort.

Taboulé con semillas de cáñamo y algas

Para 4 personas

Ingredientes

125 g de semillas de cáñamo peladas, activadas
1 naranja dulce, el zumo
1 T de hojas de menta, cortadas finas
1 T de hojas de perejil, cortadas finas
1 T de hojas de albahaca, cortadas finas
2 C de aceite de oliva virgen extra de primera presión en frío
1 tomate grande, maduro y cortado en cubitos
1 pepino, con la piel y cortado en cubitos
1/2 pimiento amarillo, cortado en cubitos
1/2 pimiento rojo, cortado en cubitos
1 zanahoria morada, cortada en cubitos

Método de preparación

Combinar todos los ingredientes en un bol, remover bien para que todo se mezcle de manera homogénea.

Dejar reposar unos 5 minutos para que los sabores de los ingredientes se integren. Servir.

Tanto el aroma de la albahaca como su consumo en la dieta y, especialmente, su extracto, tienen efectos antiestresantes. A este efecto antiestrés y mitigador del agotamiento nervioso se lo relaciona con la prevención del ictus o embolia cerebral. Además, la albahaca puede incidir en la prevención de los infartos cerebrales y ayuda en su recuperación.

La albahaca, como la menta, es una hierba aromática de grandes propiedades antioxidantes y anticancerosas. Se le otorgan propiedades que protegen al ADN de las mutaciones, inhibiendo así algunos tipos de carcinógenos.

La menta es un digestivo natural carminativo, antiespasmódico y antiparasitario.
Es un broncodilatador, descongestiona la mucosa nasal y facilita el paso del aire en las vías respiratorias.

Sopa de sandía y menta

Para 1 litro

Ingredientes

1 kg de sandía, previamente pelada y cortada en cubitos

1 T de agua de mar pura

1 T de agua filtrada o de manantial, fría

1 C de menta deshidratada

1 C de menta fresca, picadita finita

1 c de pimienta negra, recién molida

Método de preparación

Colocar todos los ingredientes menos la menta fresca en una batidora de vaso.

Batir a velocidad lenta durante unos treinta segundos; deben quedar tropezones.

Añadir la menta fresca, troceada en chifonnade, y mezclar con una cuchara de madera.

Servir y disfrutar al momento.

La menta que solemos utilizar en la cocina es fruto de la hibridación y mejora del cultivo de diversos tipos de plantas de su género.

La menta, como las verduras de hoja verde, es rica en clorofila y carotenoides. También es muy rica en hierro y manganeso y, en menor proporción, cobre, calcio, magnesio, zinc, potasio y fósforo. Es rica en vitamina C y en vitaminas del complejo B, sobre todo en ácido fólico o vitamina B9. Es rica en fibra y contiene, en diferentes proporciones, todos los aminoácidos esenciales. También contiene ácidos grasos omega 3 y muy poca cantidad de omega 6.

Ensalada de rúcula con aderezo de melocotón

Para 2-4 personas

Ingredientes

250 g de rúcula
2 melocotones, sin el hueso y con la piel
Semillas de calabaza activadas, al gusto
1/4 T de olivas negras muertas
1 C de levadura nutricional
Semillas de sésamo negro para decorar

Método de preparación

Servir las hojas en un plato.

Batir la fruta hasta obtener una salsa densa y muy suave.

Decorar las hojas con la fruta batida, las semillas, las olivas muertas, la levadura nutricional y el sésamo negro.

Los aderezos con fruta son una manera muy eficaz de introducir frutas y salud en nuestros platos. De esta manera también te evitas los aliños menos saludables. Bate fruta semiácida al gusto con un poco de agua hasta obtener la consistencia adecuada y aliña con ella tu ensalada.

Aprovecha para utilizar también la piel de las frutas, que es muy rica en antioxidantes.

También encontrarás grasas de calidad en las olivas. Intenta incorporar las olivas negras muertas a tu dieta, que son las más saludables. Muchas de las olivas que encontramos en el mercado han sido tratadas con productos químicos, como la sosa cáustica, para desamargarlas. Si bien las olivas muertas no son un fruto vivo ni crudo, sí que son las más naturales junto a las curadas en salmuera. Reciben este nombre porque, tras haberlas dejado madurar y secar en las ramas del olivo, se someten a un rápido y eficaz proceso de curado. Es un proceso tradicional del Bajo Aragón, antiguamente se colocaban las olivas sobre un saco de arpillera al aire de la noche, en pleno invierno, cuando se esperaban las heladas o bien se dejaban helar en las ramas del árbol o en el suelo. Y era este frío el que les quitaba el amargor. Tras helarse de manera natural, se arrugaban y ya eran comestibles. Sólo había que aliñarlas con aceite de oliva virgen extra y, opcionalmente, con cebolla. Hoy día, también se producen olivas muertas dejándolas helar al aire libre o escaldándolas para acabar con su amargor.

Decora con pipas y semillas tus ensaladas, para no olvidarte del zinc, el selenio, los minerales, las proteínas concentradas y las grasas saludables.

Esta ensalada destaca por su alto contenido en omega 3 de origen vegetal, que encontramos en distintas proporciones en ingredientes como la espinaca, el berro, los canónigos, las algas, la nuez de macadamia y, sobre todo, el aceite de cáñamo.

Ensalada Omega 3 con queso de macadamia

Para 2 personas

Ingredientes

1 T de berros

1 T de canónigos

1 T de espinacas baby

2 C de queso fresco de macadamia (ver receta "Queso de macadamia")

1 pellizquito de pimienta negra, recién molida

1 pellizquito de nuez moscada, recién molida

1/2 T de alga wakame, remojada durante 30 minutos

1/2 T de ficoide glacial (u hojas de kalanchoe)

1/2 remolacha pequeña, rallada

1 naranja dulce, el zumo

1 C de aceite de cáñamo crudo

Método de preparación

Colocar todas las hojas en un bol de cristal grande y añadir el zumo de naranja y el aceite. Mezclar masajeando suavemente con las manos.

En un plato, hacer un lecho con la mitad de las hojas mezcladas y aliñadas, añadir otra capa con la mitad de la remolacha y acabar decorando con el wakame, las hojitas de ficoide, el queso de macadamia y las especias.

Repetir el mismo proceso en otro plato.

De esta manera obtenemos una ensalada espectacular, cargada de nutrientes, rica en probióticos, vitaminas, minerales, fitonutrientes, antioxidantes, oligoelementos y ácidos grasos omega 3.

Esta ensalada también es rica en minerales: destacan el manganeso, el cobre, el magnesio, el fósforo y el hierro, el complejo de la vitamina B, los carotenoides, la clorofila y las vitaminas C, E y K.

La salsa rawmesco que sobre se puede guardar en la nevera un par de semanas, en un recipiente de cristal bien cerrado. Esta salsa es mucho más sabrosa al día siguiente que en el momento de prepararla. Así que es bueno que sobre un poquito o, incluso, preparar la salsa por la noche para usarla al día siguiente.

Espárragos con salsa rawmesco

Para 6 personas

Ingredientes

4 cebollas dulces grandes
12 espárragos verdes

Para la salsa rawmesco

6 tomates secos, remojados durante 8 horas
2 ñoras, la pulpa, remojadas durante 8 horas
1/2 cabeza de ajos negros, pelados
1/2 c de pimentón dulce (opcional) en polvo
1/4 de limón, el zumo
15 g de almendras activadas
15 g de avellanas activadas
1 pellizquito de pimienta negra en polvo, recién molida
150 ml de aceite de oliva virgen extra de primera presión en frío
1/4 T de agua de mar pura

Método de preparación

Descartar la base de los espárragos cortándola con un cuchillo y cortar los espárragos en dos mitades iguales. Reservar.

Cortar las cebollas verticalmente en dos mitades y separar las diferentes capas, creando cazoletas blancas donde serviremos la salsa y los espárragos. Reservar.

Combinar todos los ingredientes para la salsa rawmesco en una batidora de vaso y batir hasta obtener una salsa homogénea.

Servir los espárragos en las cazoletas de cebolla y decorar con la salsa rawmesco.

Los espárragos son conocidos por su aporte en fibra dietética y por su efecto diurético. También es un alimento natural de grandes propiedades antioxidantes y *anti-aging*. Es el vegetal más rico en glutatión y contiene saponinas, un compuesto fitoquímico activo de grandes propiedades anticancerosas.

Son ricos también en clorofila, vitaminas C y E, carotenoides, flavonoides —en especial la rutina— y ácido fólico o vitamina B9. También son ricos en minerales como el potasio, el hierro, el yodo y el fósforo; y en menor proporción en calcio y magnesio.

Es una salsa muy versátil
que combina muy bien
con verduras, ensaladas y
también algas.

Las hojas del cilantro son muy ricas en clorofila, vitamina C, quercetina y rutina.
Sus antioxidantes no sólo ayudan a prevenir el envejecimiento prematuro, sino que reducen los niveles de colesterol malo (LDL) y previenen el desarrollo de arteriosclerosis.

Ceviche de cochayuyo y dulse

Para 6 personas

Ingredientes

2 T de cochayuyo, remojado durante 8 horas

1/4 T de algas dulse, remojadas durante unos 10 minutos

1 cebolla morada, pelada y picadita fina

2 T de zumo de limón

1 aguacate, pelado y cortado en cubitos

1/2 T de cilantro, picado fino

1/4 c de ají picante en polvo

1/4 c de pimienta negra en polvo, recién molida

1/2 C de jengibre fresco, recién rallado

Método de preparación

Combinar las algas en un bol junto con las especias y la cebolla, mezclar bien y regar con el zumo de limón.

El ceviche tiene que quedar bien jugoso, como una sopa con las algas flotando.

Añadir el aguacate y el cilantro en el momento de servir.

El cilantro tiene propiedades hipoglucemiantes, por lo que es recomendado para aquellas personas con diabetes.

Es muy rico en vitamina K y carotenoides, y, en menor cantidad, contiene minerales (sobre todo cobre y manganeso) y vitaminas del complejo B.

Si sobra olivada, fantástico, se puede guardar en la nevera
durante semanas en un bote de cristal bien cerrado. Como la salsa
rawmesco, la olivada está más sabrosa al día siguiente.

Ensalada de granada, higos y rúcula, con frutos del bosque y olivada

Para 6 personas

Ingredientes

250 g de hojas de rúcula

250 g de brotes de espinaca

6 higos frescos, cortados por la mitad

1 granada, pelada y desgranada

1/2 T de frutos del bosque o de uva negra pequeña

2 C de tamari

Para la olivada

250 g de aceitunas negras muertas, deshuesadas

1/2 cebolla dulce, pelada y troceada

1 ajo negro, pelado

4 C de aceite de oliva virgen extra de primera presión en frío

1 c de orégano deshidratado

30 g de albahaca fresca

1 pizca de pimienta negra

Método de preparación

Prepararemos primero la olivada. Colocar todos los ingredientes para
la olivada en una batidora de vaso, batir y reservar.

Servir las hojas en seis platos, decorar con la fruta y la olivada y sazonar
con el tamari.

Esta ensalada es muy especial. Es una ensalada para finales de verano o principios de otoño. Los cambios estacionales son muy interesantes a nivel de combinación de alimentos con alto contenido en antioxidantes, ya que se dan juntos por unos días o varias semanas en los períodos estacionales de transición. Por ejemplo, los higos y las uvas son frutos de finales del verano que aún están presentes en el inicio del otoño, mientras que la granada es un fruto de otoño que llega a convivir con estos otros frutos que la preceden.

Los frutos de finales del verano y del principio del otoño son de lo más nutritivos. Han recibido los cálidos rayos del sol del verano y, generalmente, suelen madurar de manera natural en el árbol o la planta. Fíjate en los colores de la fruta de esta temporada, colores muy oscuros, rojizos, anaranjados y azulados que delatan la presencia de flavonoides y una alta concentración de sustancias *anti–aging*.

La olivada se puede
añadir a ensaladas, o
también es deliciosa
untada en rodajitas
de pepino, manzana,
apio o zanahoria.

Panes y acompañantes

Las alcaparras destacan también por sus propiedades medicinales: son antivirales y tienen un fuerte poder reductor de la glicemia en sangre.

Como *topping*, se puede untar ajo negro y decorar con alcaparras, espárragos o pétalos de flores.

Pan de almendras y sarraceno

Para 2 panecillos

Ingredientes

Para los panecillos

1 T de harina de semillas de trigo sarraceno, previamente activadas y deshidratadas

1 T de harina de almendra (almendra molida)

1/2 T de agua de mar pura

1 c de cebolla deshidratada

1 c de ajo deshidratado

1 c de nuez moscada, recién molida

1 c de comino molido

1 C de semillas de girasol, activadas

1 C de semillas de calabaza, activadas

2 C de tamari

2 C de sirope de arce

2 C de semillas de chía, recién molida

Para decorar

Semillas de girasol activadas, al gusto

Semillas de calabaza activadas, al gusto

Para el topping de los panecillos

Ajo negro pelado, al gusto

Espárragos verdes troceados, al gusto

Alcaparras al natural, al gusto

Pétalos de flores, al gusto

Método de preparación

En un bol, combinar todos los ingredientes secos para el pan y mezclar bien con una espátula.

Añadir los ingredientes líquidos poco a poco hasta que consigamos una masa modelable. Amasar bien los ingredientes y hacer dos porciones de la masa. Dejar reposar durante unos 15 minutos y decorar con semillas de girasol y calabaza.

Si tenemos deshidratador, colocar los panecillos en una bandeja del deshidratador y deshidratar durante un par de horas. Si no es así, dejar el pan reposar durante la noche sobre una rejilla o papel absorbente de cocina en un plato sin tapar, para que se seque un poco por fuera. Una vez los panecillos estén secos al tacto por fuera, ya se pueden cortar en rebanadas.

Las alcaparras son unos pequeños botones florales que crecen en las riberas del Mediterráneo y tienen notables propiedades antioxidantes y vigorizantes del sistema inmune.

En el mercado, se encuentran muy fácilmente en forma de encurtidos. Son ricas en unas moléculas llamadas glicosinolatos, sustancias ricas en azufre que tienen un efecto estimulante de la inmunidad y reductoras de la incidencia de cáncer.

Pan de germinados de centeno y avena

Para unos 6 panes

Ingredientes

250 g de centeno en grano, germinado

100 g de pasta de sésamo blanco, cruda

50 ml de aceite de sésamo o de oliva virgen extra de primera presión en frío

100 ml de agua de mar

1/2 c de semillas de anís

4 C de cebolla deshidratada

3 C de levadura nutricional

100 g de avena en grano, activada (mejor si es germinada)

100 g de harina de almendra (almendra molida)

30 g de cascarillas de psyllium, molidas

Método de preparación

Triturar el centeno y la avena con el aceite, el agua y la pasta de sésamo en una procesadora de cocina hasta obtener una masa homogénea.

En un bol, añadir todos los ingredientes secos y mezclar bien con una espátula.

Añadir la masa de cereales y mezclar bien. Amasar con las manos hasta obtener una masa parecida a la del pan, pero bastante más sólida.

Dividir en 6 porciones y dar forma de panecillos con las manos. Colocar en las bandejas del deshidratador y deshidratar durante 12 horas. Servir tibios.

Una vez deshidratados y fríos, se pueden guardar en la nevera en un recipiente de cristal con tapa durante tres días. Si se guardan en la nevera, antes de servir, hay que colocarlos unos 30 minutos en el deshidratador a 38-42 °C para que pierdan el frío.

El agua de mar contiene todos los componentes en los que, supuestamente, se originó la vida en nuestro planeta. Contiene trazas de todos los minerales de la tabla periódica, entre los que se encuentran todos los minerales esenciales y los oligoelementos, imprescindibles para que tengan lugar los procesos bioquímicos a nivel intracelular que mantienen con vida nuestro organismo, y con salud y vitalidad a nuestros órganos y sistemas.

Entre los antioxidantes anti-aging
en el aceite de coco encontramos las
vitaminas E, K y ácidos fenólicos.

Mantequilla anti-aging

Para 250 ml

Ingredientes

1/2 T de aceite de coco, en estado líquido
1/2 T de aceite de oliva virgen extra de primera presión en frío
1 pizca de sal marina o del Himalaya
1 pizca de pimienta negra, recién molida
1 c de cúrcuma en polvo

Método de preparación

Colocar todos los ingredientes en una batidora de vaso y batir hasta mezclarlos bien. Transferir la mezcla a un bol y colocar en la nevera durante unos 20 minutos.

Retirar de la nevera y batir a mano con un batidor de varilla para que tome aire y gane consistencia cremosa.

Colocar en un recipiente de cristal con tapa y guardar en la nevera al menos 1 hora hasta su uso. Habrá solidificado y se podrá untar como mantequilla.

El aceite de coco tiene propiedades muy antioxidantes y estimuladoras del metabolismo.

Se extrae de la pulpa del coco. A temperaturas más frías de los 25 °C, el aceite de coco solidifica, adquiriendo un color blanco muy puro y manteniendo una textura sólida pero cremosa, ya que, aun siendo un aceite de origen vegetal, sus componentes grasos son mayoritariamente del tipo saturado.

Aun perteneciendo a este tipo de grasas, es mucho más saludable que las otras grasas saturadas, de origen animal, ya que el tipo de grasas del aceite de coco (ácido láurico) son ácidos grasos de cadena media que, una vez digeridos, llegan a la sangre y luego a los tejidos y, en las células, se transforman en energía sin que lleguen a almacenarse en forma de grasas.

Esto quiere decir que, dentro de las grasas saturadas, no todas son iguales; sus propiedades y efectos dependen de la longitud de la molécula. Este tipo de grasa de longitud media es ideal para que el organismo pueda producir hormonas reguladoras del metabolismo, ácidos biliares que nos ayudan en la digestión de grasas y proteínas; además, es una fuente de energía directa para las células que aumenta el ritmo metabólico, nos ayuda a generar calor y a mantener la actividad mental.

Tiene propiedades antifúngicas y antibacterianas que favorecen nuestra salud intestinal y, gracias a su tipo de grasas, nos ayuda a mantener la salud cardiovascular, contribuye a reducir los niveles de colesterol malo (LDL) y a aumentar los niveles del bueno (HDL), y es beneficioso para las personas con diabetes.

Es muy importante que, cuando lo adquiramos, nos aseguremos de que es aceite de coco virgen crudo o de presión en frío, para que mantenga sus propiedades antioxidantes.

Una vez deshidratadas, se pueden guardar en botes
de cristal bien cerrados durante meses.

Hay personas que son alérgicas a un componente de la avena,
la avenina. Para estas personas, podemos sustituir la avena
por harina de trigo sarraceno germinado, que no es un cereal,
sino un pseudocereal, con lo cual no contiene gluten.

Galletitas de avena con queso crema de almendra y algas

Para unos 18 galletitas

Ingredientes

Para las galletitas

2 y 1/2 T de harina de granos
de avena activada (mejor aún si es germinada)
2 C de cascarillas de psyllium en polvo
1 T de agua filtrada o de manantial
1 C de sirope de arce
1 pellizquito de sal

Para el queso de almendra y algas

1/2 T de mantequilla (pasta) de almendras
1/4 T de agua de mar pura
1 limón, el zumo
1 C de levadura nutricional
2 C de wakame seco, desmenuzado

Método de preparación

Para las galletitas

Para preparar la harina de avena activada es necesario activar la avena durante
8 horas o durante la noche en agua filtrada o de manantial. Lo ideal sería
preparar la harina a partir de germinados de avena, proceso que podemos
realizar utilizando un colador suspendido en un bol y que tardará unos días. Para
preparar los germinados de avena necesitaremos la avena con cascarilla, que se
suele encontrar en herbolarios. Esto es importante ya que, a diferencia de otros
cereales, al desproveer al grano de avena de su cascarilla, se daña el germen y ya
no pueden germinar en un futuro. Después de activar o germinar la avena, hay
que lavarla bien y deshidratarla 12 horas en el deshidratador o hasta que esté
bien seca. Luego hay que molerla con un molinillo de café o una batidora de vaso
potente para obtener una harina de avena activada o germinada, según haya sido
el proceso. Una vez tenemos la harina de avena lista, debemos mezclar todos los
ingredientes para las galletas en un bol y hacer cuatro porciones de la masa.
Aplanar con un rodillo entre dos hojas de papel de horno hasta obtener una masa
de unos 5 mm. Cortar la masa en círculos de unos 6 cm, pinchar la superficie de
cada galletita con un tenedor y colocar en el deshidratador a 38 °C durante
8 horas o hasta que estén completamente deshidratadas y crujientes.

Para el queso de almendra y algas

Colocar todos los ingredientes menos las algas en un bol y batir con un batidor
manual de varillas de manera enérgica hasta obtener una crema suave. Añadir las
algas desmenuzadas y mezclar. Dejar reposar unas 48 horas en la nevera para que
fermente de manera leve, y ya estará listo para consumir. Para servir, colocar una
cucharada del queso de almendras y algas sobre las galletitas de avena.

La avena es un cereal que no contiene gluten y muchas personas intolerantes al gluten pueden consumirla sin problemas. Eso sí, nos tenemos que asegurar de que la avena es certificada sin gluten, ya que si crece al lado de campos de trigo se cruza de manera natural con él y, entonces, sí que puede contener trazas.

Este pan se puede servir untando ajo negro y mantequilla anti-aging para acompañar una ensalada verde sencilla.

Pan de lino, manzana y pipas de calabaza

Para unas 16 rodajas de pan

Ingredientes

3 T de lino marrón, preferiblemente activado, deshidratado
y recién molido (puedes utilizar un molinillo de café)

3 manzanas, troceadas y batidas con la piel, el corazón y las semillas

1/2 T de agua de mar pura

1 c de pimienta negra, recién molida

1/2 T de pipas de calabaza, activadas

Método de preparación

Combinar todos los ingredientes en un bol y mezclar con una espátula hasta obtener una masa parecida a la del pan.

Extender esta masa en láminas de un grosor de 1 cm sobre las láminas antiadherentes del deshidratador.

Deshidratar por un lado a 38 °C durante 6 horas, dar la vuelta y deshidratar 4 horas más.

Queso de macadamia

Para unos 375 ml

Ingredientes

1 T de nueces de macadamia, activadas durante 24 horas
1/2 T de agua filtrada o de manantial
1/2 limón, el zumo
1 pellizquito de sal marina o del Himalaya
1 coco verde, la pulpa

Método de preparación

Para preparar este queso con fermentación casera deberemos empezar
tres días antes.

Primero vamos a fermentar la pulpa del coco verde para obtener los probióticos
de factura casera que luego utilizaremos para fermentar las nueces de
macadamia, la base de nuestro queso.

Si es difícil encontrar coco verde, podemos utilizar rejuvelac, un agua
fermentada que nos servirá para iniciar el proceso de fermentación del queso.

Para preparar el rejuvelac, necesitaremos un par de días más de tiempo, y habrá
que germinar primero las semillas. Mi recomendación es utilizar semillas de
trigo blando, que es una variedad ancestral; el trigo, de entre todas las semillas
que podemos germinar, es la que más beneficios nos ofrece al preparar rejuvelac,
ya que produce más enzimas al fermentar en el agua.

Una vez tenemos los germinados, colocar una taza en un frasco de cristal limpio
de unos 2 litros de capacidad y 1,5 litros de agua filtrada o de manantial. Una vez
cubiertos los germinados con el agua, tapar la boca del frasco con un tul o una
tela de algodón y fijarla con una banda elástica. Se deja reposar en un rincón
cálido de la cocina (a unos 20-22 °C), donde no haya que moverlos y no les dé la
luz directa. A las 48 horas el rejuvelac ya estará listo: el agua se habrá vuelto de
un color ambarino, turbio, con espuma en la superficie y un sabor ligeramente
ácido y carbonatado.

Reservar el agua enzimática en un frasco de cristal ya sin los germinados. Se
puede guardar tapada en la nevera unos siete días; estará mejor conservada si se
guarda con el zumo de un limón.

Con los germinados del primer agua enzimática o rejuvelac, se puede preparar
rejuvelac dos veces más; cada vez, debemos dejar remojar los granos la mitad

de tiempo y con la mitad de agua que la vez anterior. Si preparamos rejuvelac en verano, cuando las temperaturas son más altas, el tiempo de cultivo del agua enzimática puede ser menor.

Sigamos con las instrucciones para esta receta con el coco fermentado. Eso sí, si no encontramos el coco verde, hay que añadir la misma cantidad de rejuvelac a la receta para iniciar el proceso de fermentado del queso.

En una batidora de vaso, batir la pulpa del coco verde hasta obtener una crema muy suave. Dependiendo del coco, la pulpa puede ser más fina y blandita o más gruesa y dura. Si es el segundo caso, habrá que añadir un poquito de agua filtrada o de manantial o agua del mismo coco verde para ayudar a batir.

Colocar la pulpa batida en un bote de cristal y dejar como mínimo 1/4 del bote vacío para que haya oxígeno para la fermentación. Tapar el bote con un paño de algodón limpio y dejar fermentar durante 48 horas en un lugar de la cocina a temperatura ambiente donde no le dé el sol y no tengas que moverlo.

Mientras el coco fermenta, ya podemos empezar a preparar las nueces de macadamia. Después de activarlas durante 12 horas, hay que lavarlas bien y volverlas a cubrir con agua; dejarlas remojar 12 horas más y lavarlas de nuevo.

En total, remojaremos las nueces de macadamia 24 horas y las lavaremos cuatro veces.

Ahora, colocar las nueces de macadamia y el coco fermentado en una batidora de vaso junto con la taza de agua y batir hasta obtener una crema espesa muy fina.

Colocar esta mezcla en una gasa, paño de algodón o bolsa para hacer leche vegetal (preferiblemente que sea de algodón o gasa y evitar tejidos sintéticos); la crema de macadamia y coco debe quedar cubierta por la tela.

Colocar ahora la gasa con la crema en un colador y el colador suspendido dentro de un bol. Se debe cubrir el bol con un paño y dejar reposar durante la noche; en este tiempo, el agua excedente irá goteando en el bol y el queso irá fermentando a temperatura ambiente.

En un bol de cristal, añadir el queso crema de macadamia ya fermentado con el resto de ingredientes y mezclar bien con una cuchara o espátula de madera.

El queso ya está listo. Lo podemos guardar en un recipiente de cristal tapado en la nevera durante semanas o disfrutarlo al momento.

Para preparar el queso con fermentación casera deberemos empezar tres días antes.

Platos principales

Arrawz negro

Para 4 personas

Ingredientes

Para el arroz

1 coliflor pequeña

20 g de piñones pelados

1 limón, el zumo

1/4 T de algas cochayuyo, remojadas durante 2 horas

1/4 T de algas dulse, remojadas durante 5 minutos

1/4 T de algas arame, remojadas durante 1 hora

1 zanahoria pequeña, cortada en rodajas

1 pimiento rojo pequeño, troceado en cuadritos

8 aceitunas negras muertas, deshuesadas y troceadas

Perejil, albahaca o menta al gusto, para decorar

Para la tinta

1/2 T de sésamo negro

3/4 T de agua de remojo de las algas

4 tomates secos, rehidratados y troceados

2 dientes de ajo, chafados y con la piel

1/4 de cebolla morada, troceada

2 C de tamari

Para el all-i-oli de manzana

2 C de mantequilla de almendras o de sésamo blanco crudo

1/4 T de agua filtrada o de manantial

1/2 T de aceite de oliva virgen extra de primera presión en frío

1 limón, el zumo

1 ajo, chafado y con la piel

1 manzana entera, troceada con la piel, las semillas y el corazón

1 pellizquito de pimienta negra, recién molida

Método de preparación

Trocear la coliflor y descartar el troncho.

Procesar en un procesador de cocina pulsando hasta obtener una textura de arroz. Si no tenemos procesador de cocina, podemos utilizar el cuchillo para crear la misma textura troceando los floretes de la coliflor. En un bol de cristal, mezclar muy bien con una cucharada pequeña de sal marina, tapar y dejar sazonada así en la nevera durante unos tres días.

Pasados los tres días, la coliflor habrá fermentado ligeramente. Retirar de la nevera, enjuagar para descartar el exceso de sal, añadir junto con los piñones al procesador de cocina y triturar, pulsando muy suavemente hasta mezclar los piñones sin perder la textura de arroz.

Colocar en un bol de cristal junto con el zumo de limón y remover bien con una cuchara de madera. Dejar macerar unos 15 minutos.

Añadir a la coliflor las algas, el pimiento, las zanahorias, las aceitunas y mezclar bien con la ayuda de una cuchara de madera. Dejar macerar mientras prepararamos la salsa negra.

Para la tinta/salsa negra

En una batidora de vaso combinar todos los ingredientes para la tinta menos el agua de remojo de las algas.

Añadir el agua de remojo de las algas poco a poco mientras se baten los ingredientes hasta obtener una salsa muy suave de textura muy parecida a la mayonesa.

Mezclar homogéneamente la salsa negra recién hecha con los otros ingredientes en el bol y dejar reposar mientras se prepara el all-i-oli de manzana.

Para el all-i-oli de manzana

Colocar la manzana, el agua, el zumo de limón, el ajo y la mantequilla de almendras en una batidora de vaso y batir hasta obtener una salsa muy suave.

Con la batidora en marcha, añadir el aceite de oliva muy poco a poco, para que no se nos corte el all-i-oli, y seguir batiendo hasta obtener una salsa suave emulsionada de textura como el all-i-oli.

Servir el arroz en platos y decorar con el all-i-oli y el perejil o la menta u otras hierbas aromáticas y brotes al gusto.

La fermentación de los alimentos no sólo realiza el papel de predigestión, haciendo que los nutrientes sean mucho más asimilables y aumentando su valor nutricional, sino que además es una manera ideal de preservar los alimentos durante un período más largo de tiempo.

En el caso de los fermentados o encurtidos, gracias a esta técnica tradicional natural, puedes preservar vegetales crudos durante meses; lo mejor, que se preparan en un momento.

La coliflor en crudo es un poco difícil de digerir,
pero si la sazonamos con sal marina o del Himalaya
o con agua de mar y la dejamos fermentar unos 3 días

en un recipiente de cristal tapado en la nevera,
será mucho más fácil de digerir sin que deje de tener
su punto crujiente.

Raviolone de almendra y brócoli con salsa de tomate

Para unos 8 raviolone

Ingredientes

Para los raviolone

2 T de harina de almendra (almendra molida)

1/2 T de agua de mar pura

Para el relleno verde

250 g de espinacas baby

1 brócoli pequeño

1 hoja de kale (col rizada)

1 limón, el zumo

1 C de levadura nutricional

1 C de mantequilla de almendras

Para la salsa de tomate

110 g de tomates secos, remojados durante
8 h o durante la noche

2 hojitas de laurel, recién molidas

100 g de piñones, activados

100 g de dátiles de Deglet Nour, remojados en
agua filtrada o de manantial durante la noche

1 ajo, chafado y con la piel

1 cebolla blanca pequeña

Método de preparación

Para los raviolone

En un bol, mezclar la almendra molida con el agua de mar poco a poco y removiendo con una espátula hasta obtener una pasta parecida a la de los mazapanes.

Hacer unas 16 porciones de la masa y, con la ayuda de un rodillo, aplanar entre dos láminas de papel de hornear.

Utilizar un cortapastas circular de unos 6 cm y cortar círculos de la masa de almendra. Ir colocando los círculos sobre recortes de papel de hornear de unos 7 cm, unos encima de otros, siempre con papel de hornear entre medio para que no se peguen entre ellos. Reservar en la nevera para que la masa gane consistencia al menos durante 1 hora.

Para el relleno

Colocar todos los ingredientes en un procesador de cocina y pulsar hasta obtener una masa gruesa para el relleno. Reservar.

Para la salsa de tomate

Colocar todos los ingredientes en una batidora de vaso y batir hasta obtener una crema homogénea y suave. Reservar.

Para el montaje

Retirar los círculos de pasta de almendras para los raviolone de la nevera.

Colocamos en uno de los círculos de almendra una cucharada grande rasa de relleno verde. Podemos ayudarnos del papel de hornear para que la masa no se rompa. Dejar como un centímetro alrededor del círculo sin nada de relleno.

Utilizar otro círculo de la masa y colocarlo sobre el relleno con cuidado.

Retirar el papel del círculo superior con cuidado, presionar con los dedos en los bordes para acabar de ayudar a pegar los lados del raviolone.

Ahora, con un cortarravioli circular de unos 5,5 cm de diámetro, cortar la masa excedente y colocar el primer raviolone en el plato donde serviremos.

Repetimos con el resto de raviolone.

Para servir, verter un poco de la salsa de tomate por encima de los raviolone y decorar con hojitas de albahaca.

Si queremos, podemos acabar decorando con unas gotitas de aceite de oliva virgen extra de primera presión en frío.

Entre las sustancias *anti-aging* que contiene el kale, encontramos grandes cantidades de carotenoides —provitamina A—, cobre, vitamina K y vitamina C; también ofrece fibra, flavonoides, clorofila, calcio, manganeso, magnesio, zinc, selenio, vitaminas C y K y, en menor proporción, vitamina E y el complejo de la vitamina B, sobre todo vitamina B9 o ácido fólico. Además, contiene ácidos grasos omega 3 y escaso omega 6 y todos los aminoácidos esenciales en discretas proporciones.

La col rizada o kale es una col de hojas verdes
y carnosas originaria de la costa sur y oeste de Europa.
Es muy fibrosa, así que a la hora de incluirla en la dieta
sin someterla al calor para no reducir drásticamente
sus propiedades antioxidantes, lo mejor es macerarla,
trocearla muy fina e incluso picarla
y mezclarla con otros ingredientes.

Tirabuzones de zanahoria

Para 2 personas

Ingredientes

Para los tirabuzones
2 zanahorias grandes, lavadas y con la piel

Para la salsa
1 remolacha
1 C de piñones
1 C de pasta de sésamo blanco, cruda
1/2 vaso de agua de mar pura
1 trocito de jengibre fresco, de 1 cm de grosor
1 c de nuez moscada, recién molida
1 c de comino en polvo
1/2 c de pimienta negra, recién molida

Para decorar
1 aguacate troceado, espárragos troceados o semillas de calabaza activadas
1 c de cebolla deshidratada en polvo
1 C de levadura nutricional

Método de preparación

Combinar todos los ingredientes para la salsa en una batidora de vaso y batir hasta obtener una salsa suave. Reservar.

Con un espiralizador, cortar las zanahorias como tirabuzones. Si no tenemos espiralizador, podemos utilizar un cuchillo para pelar patatas y cortar las zanahorias en tiras finas.

Servimos los tirabuzones de zanahoria en platos y añadimos la salsa por encima.

Decorar al gusto con trocitos de aguacate, espárragos o semillas de calabaza, cebolla deshidratada y levadura nutricional.

El comino es una semilla con un aroma dulce muy especial que, como otras especias dulces, ayuda a regular los niveles de azúcar en sangre. Tiene propiedades digestivas y es estomacal, antiespasmódico, carminativo y calmante. También se le atribuye la propiedad de ayudar a las madres en período de lactancia a producir más leche.

Lo mejor del ajo negro es que sus
propiedades medicinales,
antioxidantes y anti-aging
aumentan de manera exponencial: su
contenido en polifenoles es de 5 a 7
veces mayor que el del ajo blanco.

Al mismo tiempo, las propiedades picantes e irritativas
del ajo crudo desaparecen y lo podemos consumir tal
cual sin ningún efecto negativo en su digestión.

También se pueden servir las barquitas con el all-i-oli, el paté de alcaparras y las semillas por separado y que cada comensal decore su barquita de endivia al gusto.

Barquitas de endivias con all-i-oli negro y paté de alcaparras

Para 4 personas

Ingredientes

Para las barquitas

4 endivias, cortadas por la mitad a lo largo
1 T de all-i-oli negro

Para el all-i-oli negro

8 ajos negros, pelados
1 T de aceite de oliva virgen extra de primera presión en frío
1/2 T de agua filtrada o de manantial
1/2 T de algas wakame
1 C de hatcho miso
1 limón, el zumo
1/8 c de pimienta negra, recién molida

Para el paté de alcaparras

1/4 T de alcaparras al natural

Para decorar

1 C de semillas de cáñamo, peladas
1 C de pipas de calabaza, peladas

Método de preparación

Para el all-i-oli, colocar primero en un bol las algas, en seco, con la 1/2 taza de agua y remojar durante unas dos horas, o hasta que el wakame esté hidratado. Una vez el wakame esté hidratado, en una batidora de vaso batir los dientes de ajo junto con el zumo de limón, la pimienta, el aceite, y el hatcho miso. Una vez estén bien batidos, añadir el alga wakame con el agua de remojo y volver a batir hasta obtener una mezcla bien suave y cremosa. Ya estará listo el all-i-oli negro. Reservar en la nevera una hora antes de servir: esto ayudará al all-i-oli a tomar consistencia.

Para el paté de alcaparras, colocar las alcaparras en una batidora de vaso pequeña con un poco del agua donde se preservan y batir hasta obtener una textura más o menos suave. Para servir, simplemente untar las endivias con el all-i-oli y acompañar del paté de alcaparras.

Si se quiere, decorar con semillas de cáñamo y pipas de calabaza.

El ajo negro se obtiene a partir de un proceso de envejecimiento del ajo blanco o ajo fresco. Aunque a menudo se habla de este proceso de envejecimiento como de un proceso de fermentación, lo correcto sería hablar de envejecimiento, ya que en la obtención del ajo negro no intervienen bacterias ni levaduras.

El ajo negro no es un producto crudo, ya que es sometido a una temperatura de hasta unos 70 °C y a una humedad alta, 85-90 %, durante unos 40 días en su proceso de maduración. El resultado es un ajo negro, blando, de sabor dulce y nada picante. Durante el proceso, los compuestos picantes del ajo se convierten en compuestos fenólicos de alto valor nutricional.

Hojas de shiso y curry de mango con flor de almendra

Para 6 personas

Ingredientes

Para las hojas de shiso con flor de almendra
6 hojas de shiso, fermentadas y preservadas en sal
1 T de brotes de col lombarda o de brócoli
1 y 1/2 T de harina de almendras (almendra molida)
1/2 T de agua filtrada o de manantial

Para el curry de mango y espinacas
500 g de brotes de espinacas
1/2 c de cúrcuma en polvo
1/2 mango bien maduro
250 g de anacardos, activados
1/2 c de pimiento chile en polvo
1/2 c de semillas de mostaza, activadas
2 C de aceite de oliva virgen extra de primera presión en frío
1/2 c de comino en polvo, recién molido
2 T de agua filtrada o de manantial

Método de preparación

Para el curry de mango y espinacas
En una batidora de vaso, batir todos los ingredientes menos las espinacas hasta obtener una salsa cremosa y homogénea.

Colocar en un bol con las espinacas y mezclar muy bien pero con suavidad.

Reservar.

Para las flores de almendras
En un bol, mezclar la harina de almendras con el agua hasta formar una masa modelable tipo mazapán. Rectificar de agua si es necesario.

Envolver en papel de hornear y dejar reposar en la nevera como mínimo 2 horas para que la masa gane consistencia.

Entre dos hojas de papel de hornear, estirar la masa con la ayuda de un rodillo hasta obtener una lámina de unos 5 mm de grosor.

Con un cortapastas, cortar círculos de unos 10 cm de diámetro y hacer cuatro incisiones desde el centro hasta las esquinas, pero dejando un espacio en el centro de unos 2 cm sin cortar.

Colocar una cucharada pequeña de las espinacas del curry en el centro del círculo de almendra y coronar con los brotes.

Doblar la masa hacia el centro de brotes y espinacas un lado cada vez, siguiendo un orden consecutivo.

Apretar la flor que acabamos de hacer un poquito con las yemas de los dedos hasta que quede firme.

Lavar una hoja de shiso y secar con la ayuda de un paño de cocina de algodón limpio.

Colocar una hoja de shiso en un plato y servir encima la flor de almendra.

Repetir el proceso con el resto de la masa, brotes y hojas.

Servir acompañado del curry de mango restante, trocitos de mango y brotes de col lombarda o brócoli.

En las ciruelas ume fermentadas que encontrarás en los negocios especializados y en tiendas de *delicatessen* orientales, podrás ver hojas de shiso, cortadas en tiras, mezcladas con dichos frutos. Estas ciruelas deben su característico color rojo a la shisonina contenida en las hojas de shiso rojo junto a las que han fermentado.

Aunque más difícil de encontrar, también se puede adquirir el shiso en brotes o en planta en maceta e, incluso, fermentado y encurtido en hojas enteras. Tanto si es fermentado y encurtido como si es fresco, funcionará perfectamente en esta receta.

El shiso es una planta originaria de la China meridional.
Se usa extensamente en la medicina
y cocina tradicional china y japonesa.
Existen dos tipos de hoja:
el shiso verde y el morado o rojo.
Ambos tipos de hojas son ricas en omega 3.

El shiso rojo debe su color a un tipo de flavonoide de la
familia de las antocianinas, la shisonina, de gran poder
pigmentante. Su poder es tan antioxidante que estas
hojas se han utilizado tradicionalmente en la cocina
china y japonesa para ayudar a preservar
los fermentados y encurtidos durante largos periodos de
tiempo. También tiene propiedades antibióticas
y antivirales que detienen el crecimiento bacteriano.

Tortilla raw de brócoli y cebolla

Para 2 personas

Ingredientes
1 T de anacardos, activados
2 C de levadura nutricional
1 T de agua de mar pura
1 brócoli pequeño, sólo los floretes, cortados pequeñitos
1 cebolla blanca pequeña, picadita
1/2 c de cúrcuma en polvo
1/2 c de pimienta negra en polvo, recién molida
2 C de cascarillas de psyllium, en polvo

Método de preparación
Colocar los anacardos, el agua, la levadura nutricional, la pimienta negra y el psyllium en una batidora de vaso y batir hasta obtener una crema espesa y muy suave. En un bol, mezclar esta crema con el brócoli y la cebolla.

Colocar la mezcla en un aro de unos 18 cm en una lámina de teflex o papel de horno en la bandeja del deshidratador y deshidratar durante unas 8 horas a 38 °C.

Tras las 8 horas, dar la vuelta y deshidratar unas 12 horas más.

Volver a dar la vuelta y deshidratar 4 horas más.

Se puede servir la tortilla de inmediato cuando aún está tibia o se puede guardar en la nevera en un recipiente de cristal con tapa durante unos tres días o más. Si guardamos la tortilla más de tres días empezará a fermentar, y el sabor recordará ligeramente al del queso.

Tortilla raw de calabacín, cebolla y algas

Para 2 personas

Ingredientes

1 T de anacardos, activados
2 C de levadura nutricional
1 T de agua de mar pura
1/2 c de cúrcuma en polvo
1/2 c de pimienta negra
2 C de cascarillas de psyllium, en polvo
1/2 T de algas wakame, troceadas
1/2 calabacín pequeño, cortado en cubitos de 1 cm
1 cebolla blanca pequeña, picadita

Método de preparación

Esta tortilla se prepara igual que la de brócoli, con la única diferencia de que los ingredientes que no se baten y se mezclan enteros con la masa son las algas, el calabacín y la cebolla.

El calabacín suelta agua, al contrario que el brócoli, que la absorbe. Así que habrá que deshidratar algunas horas más que la tortilla de brócoli, entre cuatro y ocho horas más.

El anacardo se ha hecho común en Europa hace muy poco tiempo, a partir de los años noventa. Y, desde entonces, ha triunfado tanto por su sabor y textura como por la popularidad de sus beneficios.

Los anacardos son ricos en el complejo de vitaminas del grupo B (B1, B3, B5, B6, B9), vitamina K, en minerales como el cobre, el calcio, el magnesio, el manganeso, el potasio, el fósforo, el zinc o el selenio, así como en calcio y en ácidos grasos saludables, sobre todo omega 6, pero también pequeñas dosis de omega 3, carbohidratos (22 %), proteínas (11 %) y fibra.

Contiene también todos los aminoácidos esenciales. Para mejorar su digestibilidad, es mejor activarlos unas dos horas mínimo antes de usarlos. También los podemos fermentar y consumirlos a modo de yogur o queso; de esta manera su digestibilidad aún mejora más y aumentan sus propiedades nutricionales.

La lista de propiedades beneficiosas no acaba aquí. Además, el anacardo es un alimento rico en triptófano, un aminoácido esencial precursor de la serotonina que nos ayuda a relajar la mente y cuya deficiencia o carencia se relaciona con síntomas de depresión, ansiedad, angustia, tristeza, irritabilidad, trastornos del sueño, trastornos alimenticios y comportamientos compulsivos.

Para asimilarlo mejor, nuestro organismo necesita combinar los alimentos ricos en triptófano —anacardos, cacao, dátiles, sésamo, pipas de girasol y de calabaza, plátanos, calabaza, espirulina...— con carbohidratos, ácidos grasos omega 3, magnesio, zinc o vitamina B6. Si nos fijamos, el anacardo, de por sí, ya contiene todos estos nutrientes de manera natural.

El anacardo no es un fruto seco, sino la semilla
de un fruto originario de la región amazónica
y de excelentes propiedades medicinales y nutricionales.

En muchas recetas con setas se descarta
el pie de la seta. El pie de la seta es
comestible y de una textura muy similar al
sombrero. Lo ideal es reutilizarlo, si no
en la receta que estamos preparando en
ese momento, en otras.

Aprovecha cuando estés utilizando el deshidratador y deshidrata también
los pies de las setas. Simplemente, límpialos de tierra con un cepillito
para limpiar setas y descarta sólo las partes llenas de tierra que no se pueden limpiar.
Una vez deshidratados, puedes guardarlos en botes de cristal bien cerrados durante
meses y rehidratarlos con agua filtrada cuando decidas utilizarlos.

Sombreritos de portobello y champiñones

Para 2 personas

Ingredientes

Para las setas

5 setas portobello de unos 5 cm de diámetro
5 champiñones de unos 5 cm de diámetro
5 ajos negros, pelados
5 olivas negras muertas, deshuesadas y troceadas
5 C de levadura nutricional
5 C de pesto de piñones
2 C de aceite de oliva virgen extra de primera presión en frío
5 C de aceite de oliva virgen extra de primera presión en frío

Para el pesto de piñones

150 ml de aceite de oliva virgen extra de primera presión en frío
60 g de levadura nutricional
50 g de piñones
10 hojas grandes de albahaca fresca
1 ajo, chafado y sin la piel
1/8 c de sal gruesa marina

Método de preparación

Para el pesto de piñones

Colocar en un mortero los piñones —pueden estar previamente activados—,
junto a la sal gruesa marina, las hojas de albahaca y el ajo. Machacar bien en el
mortero, añadir el aceite de oliva y remover ligeramente.

Para las setas

Con un cuchillo pequeño o puntilla, cortar el pie de las setas y reservar.

Con un pincel de repostería, utilizar las dos cucharadas del aceite de oliva para
pintar bien todas las setas por el interior y el exterior.

Rellenar las setas portobello con el pesto de piñones y reservar.

Rellenar los champiñones cada uno con un diente de ajo negro chafado, una
aceituna negra, una cucharada sopera de levadura nutricional y rociar con
1 cucharada sopera de aceite de oliva.

Colocar todas las setas en las bandejas del deshidratador y deshidratar durante
16 horas. Servir tibio, acompañando con el pesto de piñones extra.

Setas con salsa curry de pipas de girasol

Para 2-4 personas

Ingredientes

1,5 T de setas al gusto (shiitake, maitake, champiñón, gírgolas)
2 C de tamari
1 C de sirope de arce
1 C de aceite de oliva virgen extra de primera presión en frío

Para la salsa de curry

1 T de semillas de girasol activadas
1 c de cúrcuma molida o 1/2 c de cúrcuma fresca
1 c de jengibre molido o 1/2 c de jengibre fresco
1 c de canela molida
1/4 T de agua de mar pura
1/2 T de agua de manantial o filtrada
1/4 c de chile en polvo
2 ajos, chafados y con la piel
1 cebolla pequeña, pelada y cortada a trocitos
4 tomates secos, remojados durante 8 h o durante la noche, el agua descartada

Método de preparación

En un bol, hacer una maceración rápida de las setas con el tamari, el sirope de arce y el aceite de oliva. Mezclar ligeramente y dejar macerar mientras se prepara la salsa de cúrcuma.

Para la salsa de cúrcuma, combinar todos los ingredientes en una batidora de vaso y batir hasta obtener una crema homogénea.

Mezclar en un bol con las setas y ya está listo para servir. Son un acompañamiento ideal para una ensalada verde abundante y sencilla.

El jengibre es una planta herbácea cuyo rizoma es muy utilizado en las cocinas del mundo. Es también una planta *anti-aging*, rica sobre todo en vitamina C, en minerales como el cobre, el magnesio, el manganeso, el fósforo y el zinc. También contiene diferentes proporciones de los diferentes aminoácidos esenciales, vitamina E y vitaminas del complejo B. Sin embargo, se consume en pequeñas cantidades debido a su sabor picante e intenso.

Contiene flavonoides como la quercetina y la capsaicina —sustancias antioxidantes que estimulan la producción de endorfinas—, que la clasifican como un alimento anticáncer y *anti-aging*.

Pero, sobre todo, destaca por sus propiedades digestivas: aumenta la producción de saliva y enzimas digestivas y estimula el páncreas. Además, tiene un efecto carminativo y propiedades antibacterianas y antivirales; favorece la salud del sistema respiratorio, y es un reconocido antiinflamatorio y antiálgico.

El jengibre tiene propiedades medicinales que evitan el mareo y la náusea y que contribuyen a la fluidificación de la sangre, lo que beneficia a la salud del sistema cardiovascular, previene contra trombosis y embolias y ayuda en problemas circulatorios de las extremidades.

En esta receta he utilizado semillas de albaricoque para hacer la mayonesa. Las semillas de albaricoque —también las de las cerezas, ciruelas, melocotones, almendras y manzanas— contienen importantes cantidades de vitamina B17 y polifenoles muy antioxidantes y anti-aging importantes en la lucha contra el cáncer.

Las puedes obtener abriendo las semillas de estos frutos con un cascanueces, pero también las encontrarás a la venta en negocios de salud y alimentación especializados.

El secreto del éxito en la cocina sana empieza por saber preparar salsas y aliños tan sabrosos como este, con los que acompañar platos sencillos pero llenos de nutrientes como lo puede ser la ensaladilla de esta receta. Y con lo fácil que es prepararlos y no tener que pasar horas en la cocina cada día. Los podemos guardar en la nevera durante días e incluso semanas, y siempre están listos para darle ese toque especial a nuestros platos.

Ensaladilla rusa

Para 4-6 personas

Ingredientes

Para la ensaladilla

1 manzana, con la piel y las semillas, cortada a daditos

1/2 pimiento rojo, cortado a daditos

1/2 pimiento amarillo, cortado a daditos

1/2 T de guisantes frescos (o congelados)

1/4 T de olivas negras muertas, deshuesadas

1/4 T de alga dulse, rehidratada en agua filtrada unos 5 minutos

1 calabacín, con la piel, cortado a daditos

1 zanahoria, cortada a daditos

1 y 1/2 T de mayonesa B17

Para la mayonesa B17

1 C de semillas de albaricoque, activadas

1/8 c de sal marina o del Himalaya

1/4 T de agua filtrada o de manantial

1 limón, el zumo

2 T de aceite de oliva virgen extra de primera presión en frío

Método de preparación

Prepararemos primero la mayonesa y la reservaremos en la nevera mientras cortamos luego las verduras.

Para la mayonesa B17

Colocar todos los ingredientes menos el aceite de oliva en una batidora de vaso y batir hasta obtener una crema muy suave sin ningún grumo.

Sin dejar de batir, añadir el aceite de oliva muy poco a poco, en un hilito, hasta que emulsione la salsa y tenga una textura densa como la de la mayonesa.

Para la ensaladilla

Colocar todos los ingredientes menos la mayonesa en un recipiente de cristal con tapa. Cubrir con la mayonesa, tapar y reservar en la nevera hasta la hora de servir.

Si no se consume de inmediato, se puede guardar la ensaladilla, cubierta con la mayonesa, en la nevera durante unos tres días.

Redondo de pepino y setas con salsa de ciruela

Para 6 personas

Ingredientes

Para el redondo de pepino

3 pepinos (o 3 calabacines)
75 g de espinacas
6–8 setas shiitake
1 zanahoria, rallada
1 C de tamari
1 c de sirope de arce

Para la salsa de ciruelas

1 zanahoria rallada
3 dientes de ajo negro
1/2 cebolla
1 T de albahaca fresca
1/4 T de agua de mar pura
1 pizca de pimienta negra en polvo, recién molida
1/2 limón, el zumo
3 C de piñones, pelados y activados
250 g de ciruelas secas
2 o 3 cebollitas dulces
1/4 kg de setas shiitake (o maitake, champiñones o rebozuelos, preferiblemente)

Método de preparación

Prepararemos primero los pepinos. Primero cortamos las puntas y, segundo, cortamos el pepino en dos mitades.

Con un descorazonador de manzanas, vaciar los pepinos. Reservar la pulpa, pues se añadirá luego a la salsa de ciruelas.

Troceamos ahora las setas shiitake (o nuestras setas de elección) y las maceramos con el tamari y el sirope de arce mientras preparamos la salsa de ciruelas. Así que, de momento, reservamos.

Para preparar la salsa de ciruelas, combinamos todos los ingredientes menos las setas y los piñones en una batidora de vaso hasta obtener una salsa cremosa y espesa.

Añadimos esta crema de ciruelas a un bol de cristal junto con las setas troceadas y los piñones, y mezclamos con una espátula.

Ahora rellenaremos los pepinos.

En un bol, combinar dos cucharadas soperas de salsa de ciruela a las setas maceradas y mezclar homogéneamente con una espátula.

Rellenar los pepinos empezando con hojas de espinacas, alternando con la mezcla de setas y la salsa de ciruelas y zanahoria rallada.

Repetir el proceso de relleno por capas hasta rellenar los tres pepinos.

Una vez rellenos, cortar los pepinos en rodajitas de unos 2 cm de grosor y servir acompañados de la salsa de ciruelas, setas y piñones.

La salsa de soja, y sus múltiples variaciones, es un condimento líquido y salado de uso extendido en Oriente. Es un derivado de la fermentación de la judía de soja y el grano del trigo cocinados al vapor. El tamari es su variación japonesa, pero, a diferencia de la salsa de soja, no contiene trigo (aunque a veces pueda contener trazas) y se elabora a partir del líquido excedente en la producción del miso.

Aunque ambas salsas son derivadas de la judía de soja, la cantidad de soja en esta salsa está muy diluida. Por otra parte, son salsas muy saladas que se consumen en muy poca cantidad. Técnicamente, ninguna de estas dos salsas son crudas, ya que se elaboran a partir de la fermentación de alimentos cocinados.

Las personas que son alérgicas al gluten pueden consumir tamari, siempre verificando que no contenga trazas de trigo. Se pueden encontrar marcas que comercializan esta salsa fermentada sin someter a un proceso de pasteurización, al que generalmente se someten todas las bebidas comerciales, y que supone un proceso desvitalizante, especialmente en el caso de los fermentados, donde la pasteurización destruye la vida prebiótica.

Dulces, meriendas y snacks

El sirope de arce, que igual que
los otros azúcares, siropes,
jarabes y melazas no es crudo,
tiene un índice glicémico medio,
es rico en minerales y
oligoelementos —potasio,
magnesio, fósforo, manganeso,
hierro, zinc, cobre y calcio—
y en vitaminas B2, B3 y B5.

Broqueta de frutas con salsa de chocolate

Para 4 personas

Ingredientes

250 g de fresones, cortados en cubitos de unos 3 cm
1/4 de piña, pelada y cortada en cubitos de unos 3 cm
2 kiwis, pelados y cortados en cubitos de unos 3 cm
1 melocotón, lavado y cortado en cubitos de unos 3 cm
100 ml de sirope de arce, grado C
100 g de cacao en polvo crudo

Método de preparación

En un bol, mezclar poco a poco el sirope de arce con el cacao en polvo sin dejar de remover con una espátula. Reservar.

Hacer broquetas con la fruta troceada, servir en platitos planos y bañar con la salsa de cacao y sirope de arce.

También se puede presentar la salsa de chocolate en un bol para que cada cual se sirva al gusto. Si la dejamos reposar en la nevera un par de horas, se espesará hasta quedar una crema untable.

El sirope de arce se elabora a partir de la savia pura del arce y se encuentra en los negocios de alimentación en tres grados diferentes, grado A, B y C, de color más claro a más oscuro. Estos grados corresponden al momento de la cosecha en el que se extrae la savia del árbol.

El grado A es la primera cosecha y es más claro porque contiene menor concentración de minerales y mayor concentración de azúcares. El grado C se extrae en la última etapa de la cosecha, es menos dulce, más denso y oscuro y contiene gran concentración de minerales, y por eso se lo considera de mayor calidad. Y el grado B es un grado intermedio.

Galletas de nuez y algarroba con trocitos de manteca de cacao

Para unas 14 galletitas

Ingredientes

250 g de nueces
75 g de algarroba en polvo
60 g de sirope de arce, grado C
60 g de manteca de cacao cruda
60 g de azúcar de coco
75 g de semillas de chía

Método de preparación

Colocar todos los ingredientes menos la manteca de cacao en un procesador de cocina y triturar hasta obtener una masa modelable. Colocar en un bol y reservar.

Trocear la manteca de cacao con un cuchillo hasta obtener trocitos de unos 5 mm × 5 mm. Añadir al bol con la masa de nueces y mezclar con una espátula hasta que estén homogéneamente repartidos.

Utilizar moldes para bombones grandes, galletas o magdalenas pequeñas y rellenar con la masa.

Dejar reposar en la nevera durante unas dos horas como mínimo y desmoldar.

La manteca de cacao es la parte grasa que se extrae de la semilla del cacao. Es una grasa saludable que contiene omega 9 y omega 6. Es rica en antioxidantes naturales que previenen el enranciamiento, y por eso la podemos preservar en botes de cristal bien cerrados en un sito fresco de 2 a 5 años.

Se le atribuyen propiedades antidepresivas, protectoras del sistema inmunitario y del sistema cardiovascular, propiedades antiinflamatorias que ayudan a prevenir artritis y dermatitis, y propiedades anticancerosas por su alto contenido en polifenoles.

La manteca de cacao tiene un ligero sabor a chocolate, aunque, a diferencia del chocolate o del cacao en polvo, no es excitante, ya que suele contener sólo trazas de teobromina, la excitotoxina que se encuentra presente en el cacao.

Un dulce bueno para el sistema cardiovascular,
la musculatura, la vista, la piel... Este si que es un
dulce sin culpa.

Bombones helados bañados en chocolate negro

Para unos 16 bombones

Ingredientes
250 g de chocolate negro fundido y atemperado (ver "Receta base para chocolate negro")
150 g de frutos del bosque variados y congelados
2 C de sirope de arce
1 C de pasta de almendra, cruda

Método de preparación
Colocar todos los ingredientes menos el chocolate en una batidora de vaso y batir hasta obtener una crema helada homogénea. Con este simple paso ya tenemos una receta supersaludable y muy nutritiva, incluso depurativa, de helado para el verano.

¿Aún se puede mejorar? Pues si te gusta el chocolate, sí, se puede.

Colocar el helado de frutos del bosque en moldes para bombones o cubitos de hielo y congelar durante unas dos horas o hasta que esté completamente sólido.

Una vez estén bien congelados, desmoldar y bañar los cubitos de helado uno a uno sumergiéndolos en el chocolate negro atemperado ayudándonos con un tenedor.

Una vez bañados en chocolate, servir inmediatamente. También se pueden devolver al congelador, guardándolos en un recipiente de cristal tapado.

Se pueden seguir los pasos en esta receta con moldes para helados en vez de bombones, para los días de más calor.

Los frutos del bosque son muy ricos en vitamina C, luteína y carotenos en general; el sirope de arce tiene un índice glicémico medio/bajo y es muy rico en minerales y hierro; la almendra es alcalinizante, rica en calcio, ácidos grasos esenciales saludables y contiene todos los aminoácidos esenciales. Un dulce bueno para el sistema cardiovascular, la musculatura, la vista, la piel... Este sí que es un dulce sin culpa.

La mermelada de ciruelas y pasas es también
una receta por sí misma. Se puede utilizar para
untar rodajas de manzana o pera, o como *topping*
y relleno para tartas. Es deliciosa y tiene una
textura aterciopelada irresistible.
Se puede guardar semanas en la nevera.
Y es 100 % salud con azúcares de lo más naturales.

Galletitas de almendras y mermelada de ciruelas

Para unas 18 galletitas

Ingredientes

Para las galletitas

2 T de harina de almendras (almendras molidas)
30 g de lúcuma en polvo
50 g de azúcar de coco
1 c de vainilla en polvo o semillas de vainilla
45 g de manteca de cacao, derretida (opcional)
1 naranja, el zumo
15 ml de sirope de arce
La ralladura de dos naranjas

Para la mermelada

250 g de ciruelas secas
250 g de pasas de Málaga
1/4 T de agua filtrada o de manantial

Método de preparación

Combinar todos los ingredientes secos para las galletitas en un bol y mezclar bien con una espátula. Una vez mezclados, añadir el sirope de arce, mezclar bien de nuevo con la espátula y, a continuación, añadir el zumo de naranja, poco a poco, sin dejar de mezclar.

Dependiendo de lo jugosas que sean las naranjas, a veces obtendremos más o menos zumo, por lo que podemos añadir el zumo poco a poco controlando la textura para que no quede una masa demasiado húmeda y poco modelable. La textura tiene que ser similar a la del mazapán.

Una vez que tenemos esta base de mazapán, añadir la manteca de cacao en estado líquido. Se puede derretir al baño María, aunque mejor aún si es en el deshidratador, donde controlaremos la temperatura. Para que la manteca se derrita más rápido, cortar con un cuchillo en trozos finos o rallar con un rallador de cocina. Una vez añadida la manteca derretida, mezclar rápidamente con una espátula para que no se endurezca antes de que se haya podido homogeneizar la masa. Dejar la masa reposar en la nevera durante unos 15 minutos.

Dividir en 18 porciones (o al gusto, dependerá del tamaño deseado para las galletitas) y hacer bolitas ayudándote de las manos. Chafar con las manos para crear galletitas y presionar con el pulgar el centro para hacer una hendidura. Reservar. Colocar los ingredientes para la mermelada en una batidora de vaso y batir hasta obtener una mermelada muy suave. Con una cucharilla pequeña, rellenar el centro de cada galletita con la mermelada de ciruelas y pasas.

Las pasas se consideran un alimento pediátrico, ya que son de fácil digestión y muy nutritivas: 1 kg de pasas de uva alimenta más que 1 litro de leche.

Las pasas de uva contienen calcio, potasio, silicio, fósforo, sodio, magnesio, proteínas, carbohidratos, vitaminas A, C, del grupo B, azufre, zinc y yodo.

En ayunas, las pasas actúan como un laxante muy suave, ayudan a depurar y a limpiar el organismo.

Receta base para chocolate negro

Ingredientes

250 g de manteca de cacao
100 g de azúcar de coco, molido fino
140 g de cacao en polvo
1 pellizquito de sal marina o del Himalaya (opcional)

Receta base para chocolate blanco

Ingredientes

40 g de anacardos
250 g de manteca de cacao
100 g de azúcar de coco, molido fino
1/8 c de sal marina o del Himalaya (opcional)
1/4 c pequeña de vainilla en polvo o semillas de vainilla

Receta base para chocolate "con leche"

Ingredientes

250 g de manteca de cacao
90 g de cacao en polvo
30 g de anacardos
1/4 c de vainilla en polvo o semillas de vainilla
80 g de azúcar de coco, molido fino
1 pellizquito de sal marina o del Himalaya (opcional)

Método de preparación

Las tres recetas de chocolate se preparan del mismo modo.

Derretimos la manteca de cacao en un bol al baño María, vigilando que la temperatura no suba más de 38 ºC o, como máximo, 42 ºC. También se puede colocar la manteca en un bol en el deshidratador y dejar que se derrita lentamente a 38 ºC. Para que tarde menos en derretirse, trocearemos la manteca en trocitos pequeños con un cuchillo o rallaremos con un rallador.

Una vez que la manteca está derretida al menos en un 75 %, verteremos en una batidora de vaso y batiremos junto con los ingredientes secos durante 1 minuto a la velocidad más lenta. Al batir hay que vigilar que no suba la temperatura para que el chocolate siga crudo y no pierda propiedades. Si se necesita batir más de 1 minuto, dejar descansar la mezcla unos 2 minutos y volver a batir de nuevo.

Una vez que tenemos la mezcla de chocolate líquido, ahora se tiene que atemperar el chocolate. Este paso es superimportante; sin él no conseguiremos un chocolate crujiente, que se deshaga en la boca, que brille y que no se derrita a temperatura ambiente cuando haga calor. Es este proceso de atemperado el que permite que el chocolate cristalice correctamente y tenga las características descritas.

Para atemperar, colocaremos la mezcla en un bol y removeremos con una espátula hasta que empiece a enfriarse y tenga una textura menos líquida. Para atemperar bien, el chocolate tiene que haber sido derretido a una temperatura de 42 °C máximo y luego haber bajado la temperatura, mientras se remueve, a una temperatura de 31,5 °C. Los *chocolatiers* que miman su chocolate, repiten este proceso dos veces. Si somos perfeccionistas, volveremos a batir el chocolate en la batidora de vaso hasta que llegue a 38 °C o 42 °C de nuevo, y volveremos a enfriar removiendo suavemente en un bol, para no crear burbujas. De esta manera, nuestros chocolates quedarán más crujientes, más brillantes, resistirán mejor la temperatura ambiente cálida sin derretirse y la fría sin volverse granulosos, y su textura será mucho más fina en la boca.

Una vez que se llega a la temperatura de 31,5 °C en el proceso de atemperado que se haya escogido, verter el chocolate en moldes. Si utilizamos moldes de silicona, nos aseguraremos de pulirlos antes con un paño de algodón que no deje pelusas. Esto es importante para la presencia del chocolate, porque de lo contrario tomará todas las huellas de la silicona y quedará manchado con zonas mate. También se pueden usar moldes de policarbonato: son más caros, pero son fantásticos y dejan un brillo muy especial.

Una vez que tenemos el chocolate en los moldes, lo dejaremos endurecer a temperatura ambiente, no en el refrigerador, pues cristalizará demasiado rápido y es muy posible que se agriete, quede manchado con vetas más claras, la textura se vuelva más áspera y no tendrá ese punto crujiente típico del chocolate bien hecho.

En unos 30 minutos o 1 hora, nuestros chocolates ya se habrán endurecido. Desmoldaremos, ya están listos para consumir. Una vez desmoldados, se pueden guardar en botes de cristal con tapa en la nevera o en un lugar fresco.

Importante:
si se tienen que guardar, que no sea en recipientes de
plástico. Aparte de lo tóxico que pueda ser el plástico,
que no es libre de BPA, el chocolate, como todas
las grasas, absorbe los aromas y olores ambientales.

En la nevera, en un frasco de cristal tapado,
durarán en perfecto estado a lo largo de un año.
Aunque seguro que no duran ni semanas.

Tarta de pepino, manzana y fresas

Para unas 8 personas

Ingredientes

250 g de fresas, cortadas en láminas finas
2 pepinos, cortados en rodajas muy finas
3 manzanas, cortadas en rodajas muy finas
2 C de aceite de coco
1 limón, el zumo
1 pellizquito de pimienta rosa, recién molida

Método de preparación

En un molde de aro desmoldable para tartas, crear diferentes capas con los ingredientes cortados en rodajas. Primero una capa de rodajas de manzana, luego una de rodajas de pepino y luego una de láminas de fresas.

Repetir hasta que se acaben los ingredientes, pero reserva 1/2 taza de fresas; se pueden reservar los trocitos que no quedaron del todo planos.

Combinar la 1/2 taza de fresas en una batidora de vaso con el zumo de limón, la pimienta y el aceite de coco y batir hasta obtener una crema homogénea. Verter sobre las hojas de pepino, manzana y fresas.

Reservar en la nevera durante unas 2 a 4 horas hasta que la crema de fresas y aceite de coco solidifique. Decorar con trocitos de fresas. Cortar y servir.

La pimienta rosa es originaria de los valles costeros de Perú y, aunque reciba el nombre de pimienta, botánicamente no está relacionada con la pimienta negra.

Es muy rica en terpenos, carotenoides, ácidos grasos omega 6 y 9, flavonoides —quercetina, rutina, cianidinas— y enzimas. Sus propiedades antioxidantes son tan potentes que se la considera un alimento contra el cáncer. Se añade a la dieta en pequeñas dosis, ya que en grandes cantidades podría ser tóxica.

Tiene también propiedades antibióticas, con efecto bactericida sobre múltiples especies patógenas, y antiparasitarias.

La pimienta rosa no tiene un sabor picante, sino afrutado y suavemente ácido, y un precioso color rojizo que ayuda a realzar visualmente cualquier plato.

Fluffy helado de plátano

Para unas 4 personas

Ingredientes

4 plátanos, cortados a trocitos y congelados
1/2 T de agua
1 C de mantequilla (pasta) de almendra

Método de preparación

Colocar todos los ingredientes en una batidora de vaso y batir hasta obtener una crema helada.

Colocar en un bol en el congelador durante 1 hora.

Tras pasar la hora, mezclar con una espátula y servir como helado. Se puede decorar con cerezas deshuesadas bien maduras a la hora de servir.

También se puede servir este fluffy acompañado de crepes mini de plátano. Sólo hay que batir tres plátanos en una batidora de vaso, verter la mezcla en pequeños círculos en las láminas del deshidratador y deshidratar durante 8 horas; dar la vuelta y deshidratar 2 horas más o hasta que estén completamente flexibles y secos.

La fruta deshidratada se puede guardar en frascos de cristal bien cerrados en un lugar fresco durante meses.

Natillas de mango y algas

Para 4 personas

Ingredientes

1 C de alga cochayuyo, remojadas durante 2 horas

90 g de mango deshidratado, rehidratado durante unas 6 horas (no descartar el agua)

1 C de ralladura de limón

4 C de sirope de arce

1/4 c de vainilla en polvo o semillas de vainilla

1/4 c de canela en polvo, recién molida

1 C de azúcar de coco, para decorar

Método de preparación

Colocar todos los ingredientes menos el azúcar de coco en una batidora de vaso y batir hasta obtener una crema densa pero muy suave.

Servir en cazoletas o boles pequeños y decorar con el azúcar de coco.

Reservar en la nevera al menos 1 hora antes de servir, para que los sabores se integren bien y la crema gane consistencia.

El alga cochayuyo es un alga originaria de la costa peruana y chilena. Su nombre deriva del quechua y quiere decir hierba acuática. En sus países de origen, estas algas han tenido un importante papel nutritivo en las comunidades indígenas.

El alga cochayuyo tiene todas las innumerables propiedades y beneficios de las algas. Nutre a la vez que limpia el organismo, es curativa y preventiva, y una fuente de buena calidad de proteínas, carbohidratos, ácidos grasos, minerales y oligoelementos.

Sus beneficios terapéuticos la convierten en una superalga, ingrediente esencial en dietas de control de peso, para combatir el colesterol, en dietas depurativas, en casos de acidez de estómago y gastritis, en trastornos hepáticos, en el estreñimiento, en casos de síndrome premenstrual, en la prevención del bocio, para personas con problemas cardiovasculares y con riesgo de generar trombos o embolias, para combatir la acumulación de mucosidades, para combatir problemas dermatológicos y el acné, para fortalecer pelo, piel y uñas, y en dietas revitalizantes o reconstituyentes.

Son ricas en calcio —contienen muchísimo más que la leche—, magnesio, azufre y, en menor cantidad, yodo —nutriente indispensable en nuestra dieta para prevenir problemas de salud relacionados con nuestra glándula tiroides.

Estos panes de higos tradicionales tienen la ventaja de estar hechos en cuestión de minutos y sin cocinar ni deshidratar, por lo que los nutrientes de sus ingredientes se mantienen intactos y llenos de sabor.

os puedes guardar durante meses en recipientes de cristal con tapa y, cortados en triángulos,
ueden ser tus barritas energéticas, tu tentempié para remontar un momento crítico durante
u día a día o, simplemente, una golosina deliciosa.

Pan de higos

Para 2 panes de unos 15 cm

Ingredientes
400 g de higos secos, cortados en cuartos y los rabitos descartados
50 g de nueces, peladas, activadas y deshidratadas
100 g de almendras crudas, peladas, activadas y deshidratadas
100 g de harina de almendras (almendras molidas)
1 c de semillas de anís, recién molidas
3 estrellas de anís, recién molidas
1/2 c de canela, recién molida
1 C de ralladura de piel de naranja

Método de preparación
Combinar todos los ingredientes en un bol y mezclar bien con una cuchara de madera.

Una vez mezclados, amasar con las manos hasta obtener una masa parecida a la del pan, un poco más seca y menos elástica.

Dividimos la masa en dos partes. Utilizar aros de unos 15 cm sobre la superficie de trabajo y rellenar, apretando con los dedos, con la masa de higo seco y semillas.

Desmoldar y ya está listo para consumir.

Los higos secos son muy calóricos, ricos en carbohidratos naturales, pero también son muy proteicos y contienen un porcentaje de todos los aminoácidos esenciales que necesitamos a diario.

Destacan también por su contenido en el complejo de la vitamina B, vitamina K y su alto contenido en varios minerales —fósforo, potasio, zinc, selenio, hierro y, sobre todo, calcio, cobre, manganeso, y magnesio—. Esto los hace grandes aliados de nuestra salud esqueleto-muscular.

Su alto contenido en calcio y magnesio los hacen ideales para etapas de crecimiento y para la madre en período de lactancia.

Al ser muy ricos en fibra, favorecen el tránsito intestinal, con lo que son también muy beneficiosos para la salud de nuestro sistema gastrointestinal.

Pastelitos deliciosos de cacao con frutos rojos

Para 3 pastelitos

Ingredientes

Para la masa

1 T de pasas de Málaga, remojadas 8 h en 1/4 T de agua filtrada (no descartar el agua)
1 pellizquito de sal marina o del Himalaya
1/2 T de algarroba cruda en polvo
1/2 T de cacao crudo en polvo
1 c de jengibre en polvo
1 C de ralladura de naranja

Para decorar

1/2 T de algarroba en polvo
2 C de sirope de arce
1/4 T de frambuesas
1/4 T de arándanos
1/4 T de moras

Método de preparación

Combinar los ingredientes para la masa, menos el cacao y la algarroba, en una batidora de vaso y batir hasta obtener una mezcla muy suave.

Es importante no descartar el agua de remojo de las pasas, para no perder el dulce y parte de los nutrientes que, como con toda la fruta y las verduras remojadas, se diluyen en el agua de remojo. Por eso es importante añadir sólo la cantidad justa de agua; si añadimos más, la masa nos quedará muy líquida y no la podremos modelar.

Colocar la mezcla de pasas batidas en un bol junto con el cacao y la algarroba en polvo, utilizando un tamiz para añadir la algarroba y el cacao y evitar que nos queden grumos.

Mezclar con una espátula hasta obtener una masa modelable. Reservar.

En un bol, colocar el resto de la algarroba en polvo.

Hacer tres porciones iguales con la masa y dar forma de esfera.

Rebozar cada esfera en el bol de algarroba y emplatar con la ayuda de un aro de unos 6 cm de diámetro, presionando con una espátula o los dedos. Servir y decorar con sirope de arce y frutos del bosque al gusto.

Los podemos servir con mantequilla anti-aging (página 245) y mermelada de mango. Para prepararla sólo necesitamos mango muy maduro batido, como hemos hecho para la masa de los croissants.

Croissants mini de mango

Para unos 16 croissants

Ingredientes

400 g de mango maduro, sólo la pulpa
1/2 T de chía, recién molida
1/2 T de harina de coco
1/2 T de azúcar de coco
2 C de harina de coco, para trabajar la masa
1 C de sirope de arce
1 c de semillas de cáñamo

Método de preparación

Colocar el mango y el azúcar de coco en una batidora de vaso y batir hasta obtener una crema muy suave.

En un bol, combinar la crema de mango, la chía y la 1/2 taza de harina de coco y mezclar homogéneamente.

Dejar reposar unos 5 minutos para que la chía absorba el exceso de líquido y se esponje. La masa debe quedar modelable.

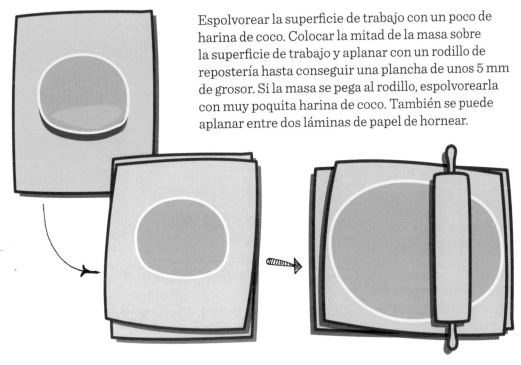

Espolvorear la superficie de trabajo con un poco de harina de coco. Colocar la mitad de la masa sobre la superficie de trabajo y aplanar con un rodillo de repostería hasta conseguir una plancha de unos 5 mm de grosor. Si la masa se pega al rodillo, espolvorearla con muy poquita harina de coco. También se puede aplanar entre dos láminas de papel de hornear.

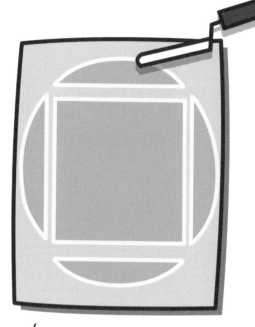

Extender bien la masa con el rodillo y con una espátula recortar un cuadrado de unos 18 cm × 18 cm. Reservar la masa sobrante. La masa debería alcanzar para 5 de estas planchas cuadradas.

Una vez que tengamos la primera plancha de masa para los croissants, con una espátula recortamos tres triángulos dividiendo en cinco cada cuadrado con 4 líneas en diagonal. Cada triángulo tendrá una base de aproximadamente 6 cm y un largo de 18 cm. Sobrará un poco de masa a lado y lado del cuadrado.

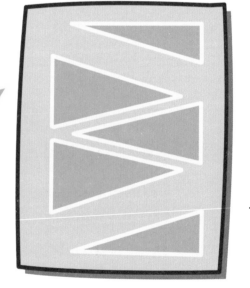

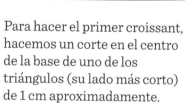

Para hacer el primer croissant, hacemos un corte en el centro de la base de uno de los triángulos (su lado más corto) de 1 cm aproximadamente.

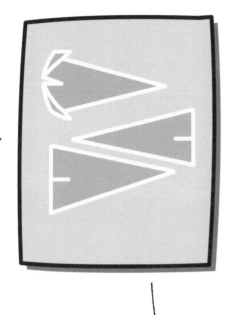

Enrollamos desde la base hasta la punta dando forma de media luna.

Repetir con los otros dos triángulos. Repetir el proceso con el resto de la masa.

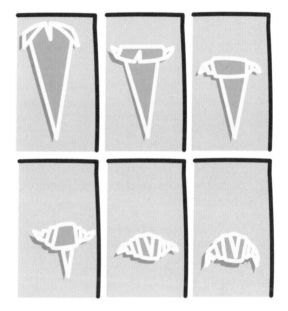

Colocar todos los croissants en el deshidratador y deshidratar durante 8 horas. Deben estar secos por fuera, pero húmedos y un poco esponjosos por dentro.

Una vez transcurridas las 8 horas, retirar los croissants del deshidratador y dejar enfriar.

Antes de servir, pintar con sirope de arce y decorar con semillas de cáñamo.

En vez de hacer croissants, también podemos hacer panecillos dulces, de unos 7 cm de largo. Por la manera en que están hechos, los croissants se deshidratan muy rápido, pero los panecillos tardarían un poquito más en deshidratarse, entre 12 y 14 horas, dependiendo del tamaño. Igual que los croissants, antes de servir, pintar los panecillos con sirope de arce y decorar con semillas de cáñamo.

Helado Very Frutti

Para 2 personas

Ingredientes

1 T de nueces, activadas
1/2 T de agua filtrada o de manantial, congelada en cubitos
1 C de algas cochayuyo, rehidratadas
1/2 T de sirope de arce
1/2 limón, el zumo
1/2 c de vainilla en polvo o semillas de vainilla
2 kiwis cortados en cubitos pequeños

Opcional: cubitos de mango o frutos del bosque para un helado *tutti frutti* 100 % salud

Método de preparación

Colocar todos los ingredientes menos la fruta en una batidora de vaso y batir hasta obtener una crema helada muy suave.

Colocar la crema en un bol, tapar y reservar en el congelador durante unas 2 a 3 horas, removiendo con una cuchara cada 30 minutos para que el helado no cree cristales.

Antes de servir, mezclar en un bol con la fruta al gusto y servir en copas en forma de bolas.

Como en el caso del helado de chocolate (ver receta "Cubano, para el verano"), si no lo consumimos todo al momento, al congelar se creará un bloque muy duro para luego poder servir.

Podemos utilizar el mismo método que el explicado en el helado de chocolate para volver a tener un helado cremoso. Es mejor no mezclar la fruta hasta el instante de servir, así no la trituraremos al batir el helado cada vez.

Recuerda, los frutos secos mejor combinarlos sólo con fruta ácida o semiácida. Así que si les añades mango, kiwi, frutos del bosque troceados en cubitos y congelados en vez de agua congelada, tendrás un helado cremoso de frutas delicioso.

Con esta receta tienes una base para helado con frutos secos que puedes adaptar al gusto que quieras.

De las recetas de helados en este libro, esta es la más interesante por dos motivos: porque contiene sólo fruta, de digestión básicamente en el intestino —recuerda las desventajas digestivas y menos saludables de los alimentos fríos y congelados— y porque es muy fácil de hacer.

Sorbete de frutos del bosque

Para 4 personas

Ingredientes

300 g de frutos del bosque, congelados
1 manzana entera, troceada, con la piel, las semillas y el corazón
1 naranja, el zumo

Método de preparación

Colocar la manzana y el zumo de la naranja en una batidora de vaso y batir hasta obtener un puré suave.

Añadir los frutos del bosque congelados y batir hasta obtener una crema helada densa. Colocar en un bol con tapa y reservar en el congelador entre 15 y 30 minutos. Tras estos 15 a 30 minutos, el sorbete ya estará listo para servir. Podemos utilizar esta receta como base para cualquier sorbete. Si añadimos plátano congelado en vez frutos del bosque, podemos sustituir la naranja por agua o leche de almendras. Si es otra fruta dulce en vez de ácida, añadimos zumo de fruta dulce o semiácida en vez del de naranja —zumo de pera, manzana, uva, melocotón, ciruela.

En vez de pensar que la correcta combinación de alimentos es un hándicap, haz como yo y utilízala para crear combinaciones superricas, digestivas y creativas. ¿Te imaginas un helado con zumo de uva negra, manzana e higos frescos congelados? Es uno de mis favoritos. Se pueden añadir unos trocitos de semillas de cacao troceadas (cacao nibs) y un chorrito de aceite de pipas de calabaza a la hora de servir y ¿qué obtenemos? El helado *gourmet* más saludable y rejuvenecedor.

Eso sí, no hay que olvidarse de trocear la fruta antes de congelarla, para luego tener trocitos sueltos que poder batir sin problemas.

Otras combinaciones igual de deliciosas y saludables para hacer helados de frutas pueden ser las siguientes: manzana + kiwi batido + trocitos de piña congelada + albahaca; manzana + zumo de uva + trocitos de ciruela roja congelada; manzana + grosellas batidas + trocitos de melocotón congelados; manzana + trocitos de limón batidos con agua + hojitas de romero fresco + espinacas congeladas.

Crema pastelera raw con coco y naranja

Para 2 tazas

Ingredientes

3 cocos verdes, sólo la pulpa
1/3 T de sirope de arce
1/3 T de agua de coco verde
1/2 naranja, el zumo
1/4 c de vainilla en polvo o semillas de vainilla
1/8 c de sal marina o del Himalaya
1/8 c de cúrcuma en polvo
2 C de aceite de coco

Método de preparación

Colocar todos los ingredientes en una batidora de vaso y batir hasta obtener una crema suave un poquito más líquida que la crema pastelera.

Reservar en un recipiente de cristal tapado en la nevera unas 2 horas.

En cuestión de 2 horas tendremos la textura de la crema pastelera, pero también se puede servir la crema pasados unos 30 minutos en la nevera; será un poquito menos densa, pero la diferencia de textura es mínima.

Esta crema es deliciosa para acompañar fruta.

El coco es un fruto seco de muy fácil digestión y, cuando se trata del coco verde o coco joven, contiene muy pocas cantidades de grasa. Eso sí, hay que recordar que el coco contiene almidón. Así que puede ser difícil de combinar con otros alimentos para una buena digestión. Así que, para evitar al máximo las malas digestiones, procuraremos combinarlo con alimentos neutros

Al contrario de lo que pensamos,
la mayoria de las algas tienen un
sabor dulce, una vez que las lavamos
con agua dulce o las remojamos.

eneralmente, las algas se suelen utilizar en recetas saladas y cocinadas, aunque el resultado
e una receta en crudo con algas puede ser espectacular y, decididamente, muy saludable.

Pastelitos con cabello de sirena

Para 16 pastelitos

Ingredientes

250 g de almendra molida
60 g de sirope de arce
1 T de algas cochayuyo remojadas durante 8 horas (el agua descartada)
1 T de higos secos, sin el rabito y troceados
1 C de zumo de limón
1 C de canela en polvo, recién molida
1 C de jengibre en polvo, recién molido
1 C de almendras troceadas

Método de preparación

En un bol, combinar la almendra molida con el sirope de arce y mezclar
homogéneamente con una espátula hasta conseguir una pasta homogénea
y modelable.

En un molde para tartas desmoldable de unos 20 cm × 20 cm, colocar la masa de
almendra y distribuir homogéneamente presionando con una espátula o con los
dedos. Reservar.

En una batidora de jarra o procesador de cocina, colocar el cochayuyo y batir hasta
obtener una pasta homogénea.

Añadir los higos y batir o procesar ligeramente hasta obtener una pasta gruesa, con
tropezones de higo seco al gusto. Esta mezcla de higos secos y alga recuerda mucho
al cabello de ángel que se elabora con cidra y azúcar. Una alternativa mucho más
saludable, nutritiva y fácil de preparar: el cabello de sirena.

Colocar el relleno de cochayuyo e higos, el cabello de sirena, sobre la base de
almendras y distribuir homogéneamente con una espátula.
Decorar con trocitos de almendra, y espolvorear con canela y jengibre en polvo
al gusto. Desmoldar, cortar en dieciséis cuadritos y servir como pastelitos
individuales.

Cuando remojes las algas, no tires el agua del remojo. Es un caldo rico en sales minerales muy beneficiosas. Lo
puedes utilizar para mil cosas. Desde regar las plantas a añadirlo a tus zumos salados, sopas y cremas crudas.

O incluso puedes preparar un té de algas alcalinizante y mineralizante para tomar en ayunas, y ayudar así a alcalinizar, depurar y mineralizar tu cuerpo nada más levantarte por la mañana. Combina 1/2 litro de agua de remojo de
algas con 1/2 litro de agua filtrada o de manantial tibia y el zumo de tres limones.

Puedes tomar esta bebida tibia, para no destemplar el cuerpo, a lo largo de la mañana. Te sorprenderá su sabor y no
sentirás hambre hasta que llegue la hora del desayuno o el almuerzo.

La importancia de una cosmética natural

Como vimos en el capítulo dedicado a la salud de la piel, la piel es un sistema bien complejo y multifunción expuesta a múltiples estímulos y factores ambientales.

A menudo, no le damos la importancia que merece y desatendemos su cuidado. Además de ser la membrana que nos envuelve e interfiere con funciones sensitivas, nos protege de agentes externos, regula nuestra temperatura corporal, cumple funciones de secreción glandular, excretoras y de transpiración.

Lo básico e imprescindible es alimentarnos con alimentos reales para obtener los nutrientes que necesitan nuestros sistemas, órganos, tejidos y células. Una alimentación incorrecta repercute en una acumulación de residuos tóxicos que acabarán eliminándose por la piel. En medicina natural, la piel es como un segundo hígado, un tercer riñón y un tercer pulmón. También es básico procurar que esté hidratada; para ello el consumo de agua es clave, lo mismo que la hidratación exterior.

El consumo de grasas saludables, como también vimos, juega un papel imprescindible a la hora de mantener su elasticidad e impermeabilidad, así como para protegerla de los efectos ambientales y de los rayos solares.

La superficie de la piel está en un continuo proceso de regeneración cutánea: células muertas (envejecidas) y toxinas la recubren en un proceso de regeneración natural.

Para ayudar en ese proceso, la alimentación y la hidratación —beber agua y zumos vegetales y de frutas frescos, comer fruta jugosa y verduras— son clave. Pero también es clave tratar la piel de manera no agresiva, ni olvidar su higiene correcta y nutrirla también desde fuera.

Para ayudar a la piel en su proceso de regeneración celular podemos realizar una exfoliación muy sencilla a diario antes de la ducha que, además, activará la circulación y nos ayudará a sentirnos más enérgicos.

Esta manera sencilla de exfoliación consiste en cepillar en seco la piel con un cepillo de cerdas naturales o un guante de crin. Empezaremos por las extremidades, primero las piernas, luego los brazos, seguiremos por el torso y la espalda; iremos subiendo masajeando y cepillando la piel de los pies a las ingles, de las manos a las axilas y, finalmente, la espalda y el torso de manera ascendente con pequeños movimientos circulares. Después de este masaje-exfoliación matinal, una ducha de agua fresca es ideal o, al menos, con el agua tan fría como puedas soportar. Y, si la ducha de agua fría es demasiado para ti, lo conveniente es acabar la ducha con 1 o 2 minutos de agua fría (como mínimo en piernas y brazos) para activar la circulación.

Por otra parte, hay que recordar que las grasas se disuelven con agua caliente; lo mismo se aplica a nuestra grasa corporal exterior, nuestro verdadero "revestimiento" externo. Cuanto más calientes y prolongadas son las duchas o baños calientes, menos beneficios nos aportan.

Utilizar un filtro de agua para la ducha es muy recomendable, ya que el agua que llega a nuestras casas está tratada y contiene, entre otros productos y residuos, cantidades de cloro que no benefician a nuestra piel.

Utilizar productos de higiene personal o hidratantes con añadidos químicos, alcohólicos e incluso derivados del petróleo es uno de los rituales diarios menos beneficiosos para este importante sistema. Lo ideal para nutrir la piel por fuera sería utilizar productos lo más naturales posibles, con ingredientes orgánicos de origen vegetal, sin conservantes ni aditivos de ningún tipo.

Una loción natural y muy sencilla a la hora de proteger la piel, e incluso el cabello, sería el aceite de coco virgen extra de primera presión en frío, o aceite de coco crudo. Es el mismo que utilizaremos para nuestras recetas de cocina. No necesitamos más que este aceite para sustituir cualquier tipo de cremas comerciales. Aplicándolo a diario, después de la ducha, y masajeando, veremos cómo penetra en la piel en cuestión de segundos sin dejarla grasa; al contrario, la piel adquiere una elasticidad y un brillo muy saludables, y el aroma del aceite de coco es muy suave y agradable. El aceite de coco también se puede utilizar como pasta de dientes y para los enjuagues bucales. No sólo tiene un efecto blanqueante y refrescante, sino que es antibacteriano, antivírico y antifúngico. Ideal para mantener una salud bucal envidiable.

Otro aceite hidratante natural, calmante, relajante y con un aroma delicioso es la manteca de cacao virgen cruda. Como el aceite de coco, es la misma que se vende para consumo alimentario. En el caso de la manteca de cacao, suele tener un aspecto sólido, como de pequeñas rocas que se pueden cortar con un cuchillo de cocina. La manteca de cacao se derrite a temperatura corporal —entre los 35 y los 38 °C—, con lo que simplemente frotando el cacao sobre la piel tibia conseguiremos que se vaya deshaciendo y penetre en la piel. No es tan rápido y sencillo como el aceite de coco, pero un trocito de manteca de cacao en un botecito pequeño de cristal con tapa es el mejor y más puro bálsamo labial que podamos utilizar y llevar con nosotros.

Una norma bien sencilla a seguir a la hora de elegir un producto cosmético para nuestra piel e higiene sería utilizar sólo aquellos productos que ingeriríamos sin ningún problema. Después de todo, los productos que penetran en la piel acaban, sin filtros, en el torrente sanguíneo en cuestión de segundos.

A continuación, te dejo algunas recetas muy sencillas de cosmética natural para que pongas en práctica esta nueva manera de entender la cosmética como restauración celular respetuosa y una manera consciente de alimentar uno de nuestros sistemas más importantes.

―――

Para ayudar a la piel en su proceso de regeneración celular podemos realizar una exfoliación muy sencilla a diario antes de la ducha que, además, activará la circulación y nos ayudará a sentirnos más enérgicos.

Cuando compremos cereales, semillas y frutos secos, es siempre conveniente —como con cualquier alimento siempre que podamos— que sean de origen orgánico, cosa que nos garantiza la ausencia de pesticidas y químicos diversos —antifúngicos, insecticidas, antibacterianos— utilizados para su más larga preservación en los comercios.

Crema hidratante de avena

Ingredientes
1/2 T de leche de avena
1/2 T de manteca de coco
1 c de aceite de germen de trigo
1/2 limón, el zumo
1 C de agua de mar pura
1 C de cascarillas de psyllium, molido muy fino

Método de preparación
La leche de avena se puede preparar con avena cruda en grano o con copos de avena.

Si preparamos la leche de avena con el grano crudo, primero hay que activar los granos durante la noche o durante 8 horas antes de preparar la leche. La proporción que necesitas es de 1 taza de avena en grano o copos de avena por 3 tazas de agua.

Tras el activado, combinar los dos ingredientes en una batidora de vaso y triturar hasta obtener una crema suave pero densa. Colar utilizando una bolsa para preparar leches vegetales, para que no queden restos de partículas de avena. Combinar los ingredientes de la lista en una batidora de vaso y batir hasta obtener una crema muy suave. Colocar en un bol y dejar reposar en la nevera hasta que se enfríe y se espese la emulsión.

Una vez que se haya espesado y enfriado en la nevera, batir a mano enérgicamente en un bol grande con un batidor de varilla pequeño para que la mezcla se airee y solidifique hasta obtener una crema suave pero con una textura similar a la de la nata semimontada.

Guardar en un botecito de cristal con tapa en la nevera, para evitar que fermente. Te durará entre una y dos semanas en la nevera.

Los copos de avena, a diferencia del grano de avena integral, no son crudos y han perdido parte de sus beneficios *anti-aging* durante el proceso previo a su comercialización. Primero, para que no se enrancie el grano después de quitarles la gluma y luego el salvado, las dos cascarillas duras que lo envuelven de manera natural en la planta, se somete a un ligero tostado, proceso que les da su característico sabor. Tras el tostado, se expone el grano al vapor, cosa que lo ablandará y lo hará maleable. Finalmente, se procede al prensado del grano entre rodillos para obtener los copos de avena. El prensado facilita la hidratación del producto final por parte del consumidor; y cuanto más finos son los copos de avena, más fácil es su hidratación.

Bálsamo labial anti-aging

Para dos barritas de labios

Ingredientes

6 g de manteca de karité, preferiblemente sin refinar

8 g de manteca de cacao, cruda

6 gotas de aceite de germen de trigo

3 gotas de aceite de zanahoria

3 gotas de aceite de aguacate

2 gotas de aceite esencial de menta

Método de preparación

Combinar todos los ingredientes en un recipiente de cristal o acero inoxidable al baño María. Remover con una espátula para que se mezclen bien los aceites.

Retirar y verter en recipientes para barras de labios, o en botecitos de cristal con tapa.

Dejar reposar en la nevera como mínimo 1 hora para que los aceites se endurezcan más rápido. No usar hasta el día siguiente, para asegurarnos que los aceites han solidificado bien.

Para preparar tus barritas de labios, puedes utilizar los aceites que prefieras. Puedes sustituir los de esta receta por tus aceites esenciales preferidos, pero es importante que mantengas los aceites sólidos —la manteca de karité y la de cacao— y las proporciones del resto de aceites para poder tener una barra sólida.

El aceite esencial de menta es refrescante y calmante, ideal para labios irritados o con fiebre, tan típicos de los cambios estacionales o del exceso de sol.

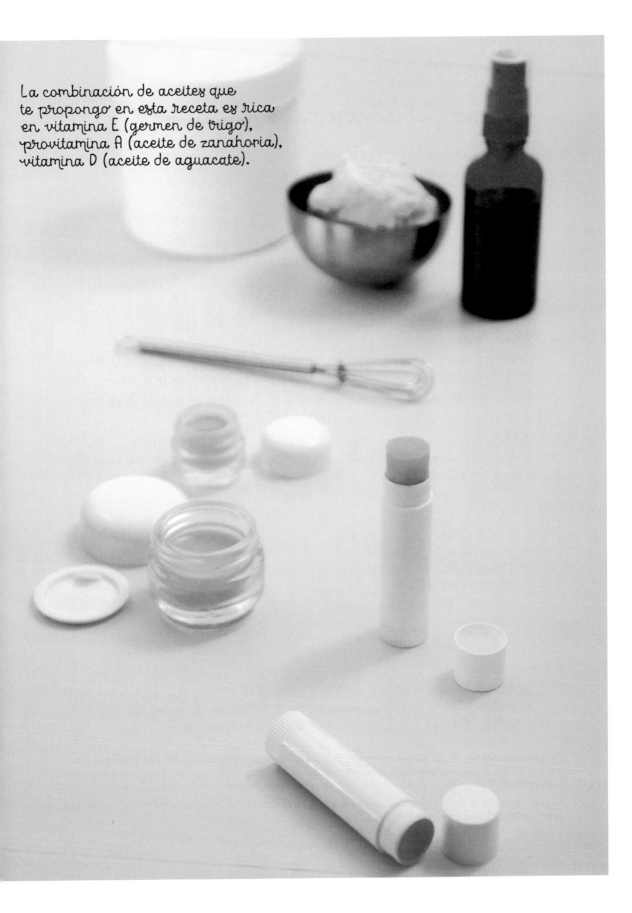

La combinación de aceites que
te propongo en esta receta es rica
en vitamina E (germen de trigo),
provitamina A (aceite de zanahoria),
vitamina D (aceite de aguacate).

Esta crema es muy oleosa,
por eso funciona mejor como una
crema de noche.

Crema facial de emergencia o de noche, para pieles secas y/o maduras

Para 150 gramos

Ingredientes

50 g de de manteca de cacao, cruda
50 g de manteca de karité, preferiblemente sin refinar
50 g de aceite al gusto: de zanahoria, de germen de trigo, de almendras, de aguacate o una combinación de todos

Método de preparación

Combinar todos los ingredientes en un recipiente de cristal o acero inoxidable y derretir al baño María removiendo constantemente con una espátula.

Verter en un recipiente de cristal con tapa y reservar en la nevera.

La crema estará lista en un par de horas, aunque es mejor esperar al día siguiente para que los aceites solidifiquen bien.

En verano, la mezcla será mucho menos sólida debido a la temperatura, que ablanda los aceites.

Esta crema es muy nutritiva y favorecerá la regeneración celular de la piel durante el sueño. Al día siguiente, la piel amanece elástica y relajada, y las arrugas de expresión se suavizan de inmediato.

Desodorante con agua de rosas

Para unos 190 ml

Ingredientes
1/4 T de agua de rosas
1/4 T de agua de mar pura
1/8 c de bicarbonato
3 gotas de aceite de menta piperita
3 gotas de aceite del árbol del té

Método de preparación
Combinar todos los ingredientes en un bote con dispensador de espray y agitar
bien antes de usar.

Si practicas ejercicio a diario y llevas una alimentación natural y saludable, el olor corporal fuerte deja de ser un
problema: el sudor y la piel son vías de eliminación de nuestro organismo.

Si te parece que este es un desodorante muy suave para el olor corporal, suprime el bicarbonato y añade 1/4 T de agua oxigenada. Obtendrás un desodorante de aspecto turbio, pero más efectivo para paliar el olor corporal.

Desodorante en crema o barra

Para unos 100 ml

Ingredientes

1 C de aceite de coco, en estado líquido
1 C de aceite esencial del árbol del té
1 c de aceite esencial de tomillo
1 c de agua de rosas
3 C de manteca de cacao, en estado líquido

Método de preparación

Combinar todos los ingredientes en una batidora de vaso y batir hasta obtener una crema muy suave.

Colocar en un recipiente de cristal con tapa y dejar reposar en la nevera hasta que se enfríe y se espese la emulsión sin que se separen los aceites de las bases acuosas.

También podemos utilizar un botecito para desodorante en barra, que encontraremos en negocios especializados en cosmética casera. E incluso se puede reciclar un envase de desodorante en barra comercial.

Si es necesario, remover con una espátula cada 15 minutos para conseguir una emulsión bien homogénea hasta que se espese la mezcla.

Guardar en un botecito de cristal con tapa en la nevera o un armario que no esté cerca de una fuente de calor.

Puedes guardar este desodorante en su recipiente de cristal con tapa en un armario, en un lugar donde no haya calor directo, ya que el aceite de coco se derrite a partir de los 25 ºC. En verano, mejor guardar la mezcla en la nevera o utilizar este desodorante sólo en invierno y el desodorante de agua de rosas para el verano.

Pasta de dientes

Para unos 140 ml

Ingredientes

1/4 T de arcilla blanca o verde, para uso interno
1/4 T de agua de mar pura
1 C de aceite de coco, en estado líquido
6 gotas de aceite esencial de menta piperita o al gusto
1/8 c de sal marina o del Himalaya

Método de preparación

Combinar todos los ingredientes en un recipiente de cristal y mezclar bien con una espátula pequeña hasta obtener una mezcla suave sin grumos. Guardar en un recipiente de cristal con tapa.

La arcilla blanca está compuesta principalmente por magnesio y sílice; suele utilizarse en problemas de la piel y para hacer enjuagues bucales y gargarismos. La arcilla verde es rica en magnesio, sílice y potasio; suele utilizarse para tratar la inflamación y los dolores musculares y articulares. Ambas ayudan a regular la temperatura, son antiinflamatorias, analgésicas, desintoxicantes y remineralizantes.

Las arcillas son muy ricas
en minerales y oligoelementos.
Son muy suaves y de amplio uso en
cosmética, no sólo porque remineralizan,
sino porque, al mezclarse con agua, tienen
un efecto calmante, antiinflamatorio y
absorben toxinas. Las hay de varios colores,
dependiendo de su composición natural.

Una vez que tenemos nuestro gel o champú preparado, podemos añadirle aceites esenciales, ramitas de hierbas aromáticas, pétalos de flores... Dependerá de los beneficios extra que queramos aportarle a nuestro gel, champú, o jabón líquido.

Champú con nueces de lavado

Ingredientes
20 g de cáscara de nuez de la India para lavado
160 ml × 3 (480 ml totales) de agua filtrada o de manantial

Método de preparación
La base de nuestro jabón líquido la elaboraremos con nueces indias de lavado.

Ponemos a hervir durante 5 minutos 20 g de cáscaras de estas nueces en 160 ml de agua. Dejamos reposar durante 1 hora y colamos las nueces.

Reservamos el líquido y repetimos la operación dos veces más con las mismas nueces que ya hemos usado y el resto del agua, 160 ml cada vez.

Una vez que hemos preparado este jabón líquido las tres veces, podemos triturar las nueces con una batidora de varilla y un poco del jabón líquido para sacarles el máximo provecho.

Podemos colar este batido o dejar los minúsculos trocitos de nueces flotando en nuestro jabón líquido. Eso dependerá de si queremos un resultado más o menos fino a la vista.

Para un champú o gel calmante, estimulante y *anti-aging* podemos añadir infusión de té verde, infusión de manzanilla, infusión de ortiga verde, pétalos de caléndula, harina de avena (copos de avena molidos) o arcilla blanca.

Para cabellos muy secos o con caspa, o para eczemas, añade a tu gel-champú infusión de ortiga, infusión de manzanilla y arcilla blanca al gusto.

Con el champú elaborado con cáscara de nuez de la India no hace falta suavizante. Pero si quieres un suavizante, el vinagre de manzana natural utilizado después del lavado del cabello es un suavizante ideal capaz de desenredar el cabello más enredado. Sólo tienes que aplicarlo y enjuagar levemente el cabello, o bien diluirlo en agua a partes iguales, aplicar al cabello y dejar sin enjuagar. El suave olor a vinagre desaparece cuando el cabello se seca.

Las nueces de lavado o nueces de jabón son un fruto de un árbol oriundo de la India y el Nepal, el Sapindos Mukorossi, que sus habitantes han utilizado tradicionalmente como detergente completamente natural. Se utilizan sólo las cáscaras de estas nueces, que contienen una sustancia detersiva, la saponina, con un efecto idéntico al jabón. También podemos utilizarlas para el lavado de la ropa; ablandan la ropa, por lo que no se necesita añadir suavizante, son eficaces en la eliminación de manchas y tienen un olor neutro y natural muy suave que recuerda a la resina.

En algunos negocios las encontrarás también en polvo: esta versión nos evitará el proceso de decocción.

Son un producto natural completamente biodegradable, con lo que, a la vez que nos cuidamos nosotros, cuidamos el planeta.

Crema de afeitar

Para unos 125 ml

Ingredientes

1/3 T de aceite de coco virgen de primera presión en frío
2/3 T de manteca de karité, preferiblemente sin refinar
1/4 T de aceite de oliva virgen extra de primera presión en frío o de aceite de yoyoba
10 gotas de aceite esencial de lavanda
5 gotas de aceite esencial de menta piperita
1 C de arcilla blanca

Método de preparación

Derretir el aceite de coco y la manteca de karité en un bol de cristal al baño María removiendo con una espátula.

Retirar del calor y añadir el resto de ingredientes. Mezclar bien batiendo con una batidora de varilla manual.

Guardar en la nevera hasta que se solidifique, unos 30 minutos o 1 hora.

Una vez solidificado, retirar de la nevera y batir enérgicamente con un batidor de varilla de mano pequeño para que la mezcla se airee y emulsione, hasta obtener una crema suave pero con una textura similar a la de la nata montada.

Guardar en un recipiente de cristal con tapa en la nevera o en un armario que no esté cerca de una fuente de calor.

La manteca de karité se extrae de los frutos del árbol karité en las sabanas africanas, una especie de almendra carnosa con cáscara muy fina. Esta manteca es comestible y en el oeste de África se utiliza en la cocina local.

La manteca de karité contiene ácidos grasos esenciales omega 3, 6 y 9, provitamina A (carotenoides) y vitamina E, todos ellos potentes sustancias anti-aging, ideales para proteger la piel de agresiones y para tratar la piel agrietada.

Bibliografía

Andoh, Elizabeth, Washoku: *Recipes from the Japanese Home Kitchen*, Ten Speed Press, Nueva York, 2005.

Bèliveau, Richard y Gingras, Denis, *Recetas con los alimentos contra el cáncer*, RBA Integral, Barcelona, 2010.

Berdonces, Josep Lluís, *Especias que curan. Historias, remedios y recetas de hierbas y especias del mundo*, RBA Integral, Barcelona, 2015.

Boutenko, Victoria, *La revolución verde*, Gaia Ediciones, Móstoles, 2012.

Brazier, Brendan y Jackman, Hugh, *Thrive: The Vegan Nutrition Guide to Optimal Performance in Sports and Life*, Da Capo Press, Boston, 2007.

Campbell, T. Colin y Campell, Thomas M., *The China Study*, Benbella Books, Dallas, Texas, 2006.

Cousens, Gabriel, *There is a Cure for Diabetes*, North Atlantic Books, Berkeley, California, 2008.

Cuevas, Olga y Redondo, Lucía, *Tratamientos naturales al alcance de todos*, Cenahider, Barcelona, 2011

Dufour, Anne y Festy, Danièle, *La revolución de los omega 3*, Ediciones Robinbook, Barcelona, 2007.

Festy, Danièle, *Antioxidantes. Guía práctica*, Ediciones Robinbook, Barcelona, 2007.

Gandhi, Mohandas Karamchand (Mohatma), *La base moral del vegetarianismo*, Editorial Central, Buenos Aires, 1986.

Jensen, Bernard, *Foods that Heal*, Penguin Group USA, Nueva York, 2014.

Jensen, Bernard, *Limpieza de los tejidos a través del intestino*, Yug, México, 1992.

Lezaeta Acharán, Manuel, *La medicina natural al alcance de todos*, Editorial Pax México, México, 1997.

Matveikova, Irina, *Inteligencia digestiva*, La esfera de los libros, Madrid, 2011.

Miletto, G., Jones, L., Somers, S., *The Food Hospital*, Penguin Books, Londres, 2011.

Palmetti, Néstor, *Alimentos saludables*, el autor, Córdoba, 2006.

Palmetti, Néstor, *Cuerpo saludable*, el autor, Córdoba, 2008.

Palmetti, Néstor, *El mito de las carencias*, el autor, Córdoba, 2011.

Palmetti, Néstor, *Grasas saludables,* el autor, Córdoba, 2007.

Palmetti, Néstor, *Nutrición vitalizante*, el autor, Córdoba, 2013.

Palmetti, Néstor, *Plantas saludables*, el autor, Córdoba, 2007.

Ronald Morales, Albert, *Frutoterapia y belleza*, Editorial Edaf, Madrid, 2005.

Ronald Morales, Albert, *Frutoterapia. El poder curativo de 106 frutos que dan la vida*, Ediciones Libertarias, Madrid, 2006.

Ronald Morales, Albert, *Frutoterapia. Las frutas, el oro de mil colores*, Editorial Edaf, Madrid, 2011.

Seignalet, Jean, *La alimentación, la tercera medicina*, RBA Integral, Barcelona, 2013.

Shelton, H. M., *La combinación de los alimentos*, Ediciones Obelisco, Barcelona, 2013.

Shinya, Hiromi, *The Enzyme Factor*, Millichap Books, Seattle, 2010.

Shinya, Hiromi, *The Rejuvenation Enzyme*, Millichap Books, Seattle, 2013.

Smolensky, Michael y Lamberg, Lynne, *The Body Clock Guide to Better Health*, Henry Holt and Company, Nueva York, 2000.

Vetrano, Vivian Virginia, *Vitamin B12 Reviewed*, 2012.

345

Índice

Créditos - 4
Agradecimientos - 7
Presentación - 9

15
ALIMENTACIÓN *RAW FOOD O* **ALIMENTACIÓN VIVA**
Introducción: ¿Crudismo? ¿Crudivorismo? ¿Crudiveganismo?
o, ¿Alimentación viva? - 16
La alimentación viva y la alimentación original - 18
Una lógica biológica o ¿cuáles son los alimentos
que deben incluirse en la dieta humana? - 22
Capítulo 1: Primer principio: consumir aquellos alimentos
que la naturaleza diseñó para mí - 26
Salud y pirámides alimentarias. El nefasto protagonismo del almidón - 31
Manos para recoger y pelar frutas - 35
Capítulo 2: Segundo principio: consumir los alimentos crudos de la manera
menos elaborada posible y bien combinados - 38
Pero ¿qué son las enzimas? - 41
La química digestiva de los alimentos - 44
Los grupos de alimentos vegetales para una correcta combinación - 52
Capítulo 3: Tercer principio: descansar lo suficiente,
practicar ejercicio y evitar hábitos poco saludables - 56
Capítulo 4: Activación, germinación y brotado,
los grandes aliados de la alimentación viva - 60
Capítulo 5: Comer colores - 64
Amarillos y naranjas - 68
Rojos y rosas - 69
Morados, azules y negros - 70
Blancos y amarronados - 71
Verdes - 72
Capítulo 6: Sol líquido, luz de vida - 74
Capítulo 7: Mañana mismo empiezo a comer crudo - 78

83

ALIMENTACIÓN ANTI-AGING. LA CIENCIA DE NOSOTROS

Capítulo 1: Envejecimiento. oxidación, antioxidantes - 86

Capítulo 2: La cocina de la eterna juventud - 90

Capítulo 3: Primeros pasos hacia una nutrición *well–aging* - 94

99

LA CIENCIA DE NOSOTROS

Capítulo 1: ¿Qué es la piel? - 102

Nutrientes *well–aging* para la piel - 105

La piel nos habla. Lo que la piel nos dice - 114

Capítulo 2: Grasas, músculos, corazón - 116

Nutrientes *well–aging* para nuestros músculos - 122

Capítulo 3: El corazón - 126

Nutrientes *well-aging* para el corazón - 129

Capítulo 4: Sistema inmune - 132

Nutrientes *well-aging* para el sistema inmunitario - 136

Capítulo 5: Huesos y articulaciones - 146

Nutrientes *well-aging* para huesos y articulaciones - 151

Capítulo 6: El sistema nervioso entérico y el segundo cerebro - 152

Nutrientes *well-aging* para la salud intestinal - 156

Capítulo 7: El cerebro y los nervios - 158

Nutrientes *well-aging* para el sistema nervioso y el cerebro - 160

Capítulo 8: Cambios hormonales - 164

Nutrientes *well-aging* para el sistema endocrino - 168

Capítulo 9: Los 20 alimentos más ricos en antioxidantes - 174

179

RECETAS RAW FOOD ANTI-AGING

Sobre las unidades de medida utilizadas en las recetas - 181

Leches vegetales y desayunos - 183

Leche de almendras y plátano - 185

Horchata súper - 186

Desayuno de semillas con leche de quinua - 189

Café–detox para el hígado con nube *anti-aging* - 190

Leche instantánea de sésamo y naranja - 193

Leche merengada de coco - 194
Cubano, para el verano - 199
Leche de almendras con chirimoya - 200

Zumos verdes, batidos verdes y elixires - 203
Chlorella y apio lemon shot - 205
Elixir de piña y albahaca - 206
Zumo de pepino con limón - 209
Zumo de pimiento rojo, manzana y jengibre - 210
Batido de espinacas y naranja - 213
Zumo beta - 214

Entrantes - 217
Velouté de espárragos del mar con nata de almendras - 219
Salmorejo de fresas - 220
Crema de calabaza - 223
Taboulé con semillas de cáñamo y algas - 224
Sopa de sandía y menta - 227
Ensalada de rúcula con aderezo de melocotón - 228
Ensalada Omega 3 con queso de macadamia - 231
Espárragos con salsa rawmesco - 232
Ceviche de cochayuyo y dulse - 235
Ensalada de granada, higos y rúcula, con frutos del bosque y olivada - 236

Panes y acompañantes - 239
Pan de almendras y sarraceno - 241
Pan de germinados de centeno y avena - 242
Mantequilla *anti-aging* - 245
Galletitas de avena con queso crema de almendras y algas - 246
Pan de lino, manzana y pipas de calabaza - 249
Queso de macadamia - 250

Platos principales - 255
Arrawz negro - 257
Raviolone de almendra y brócoli con salsa de tomate - 261
Tirabuzones de zanahoria - 264
Barquitas de endivias con all-i-oli negro y paté de alcaparras - 267
Hojas de shiso y curry de mango con flor de almendra - 268
Tortilla *raw* de brócoli y cebolla - 273
Tortilla *raw* de calabacín, cebolla y algas - 274
Sombreritos de portobello y champiñones - 277

Setas con salsa curry de pipas de girasol - 278
Ensaladilla rusa - 281
Redondo de pepino y setas con salsa de ciruela - 282

Dulces, meriendas y snacks - 287
Broqueta de frutas con salsa de chocolate - 289
Galletas de nuez y algarroba con trocitos de manteca de cacao - 290
Bombones helados bañados en chocolate negro - 293
Galletitas de almendras y mermelada de ciruelas - 294
Receta base para chocolate negro - 297
Receta base para chocolate blanco - 297
Receta base para chocolate "con leche" - 297
Tarta de pepino, manzana y fresas - 300
Fluffy helado de plátano - 303
Natillas de mango y algas - 304
Pan de higos - 307
Pastelitos deliciosos de cacao con frutos rojos - 308
Croissants mini de mango - 311
Helado *Very Frutti* - 314
Sorbete de frutos del bosque - 317
Crema pastelera *raw* con coco y naranja - 318
Pastelitos con cabello de sirena - 321

323
LA IMPORTANCIA DE UNA COSMÉTICA NATURAL

Crema hidratante de avena - 329
Bálsamo labial *anti-aging* - 330
Crema facial de emergencia o de noche, para pieles secas y/o maduras - 333
Desodorante con agua de rosas - 334
Desodorante en crema o barra - 337
Pasta de dientes - 338
Champú con nueces de lavado - 341
Crema de afeitar - 342

344
BIBLIOGRAFÍA

Beber el zumo recién exprimido de un limón diluido en una taza de agua tibia nada más levantarnos es la manera más anti-aging con la que podemos romper el ayuno a diario.

También podemos tomar esta bebida a lo largo del día, endulzada con unas gotas de stevia o con la infusión de las hojas de esta planta. Aparte de hidratarnos, el agua tibia con limón tiene un efecto alcalinizante, mejora la digestión, ayuda a reforzar el sistema inmune y a realizar la detox matinal natural diaria, contribuye a regular los niveles de colesterol "malo", a reducir los niveles de azúcar en sangre y a normalizar la presión arterial. Su vitamina C estimula la producción de colágeno, la regeneración celular y la salud de huesos, dientes, piel, vista y articulaciones.

RAW FOOD ANTI-AGING